서곡

The Prelude, or Growth of a Poet's Mind;
An Autobiographical Poem

by William Wordsworth

서곡

대산세계문학총서 090

윌리엄 워즈워스 지음　김승희 옮김

문학과지성사

2009

대산세계문학총서 090_시
서곡

지은이 윌리엄 워즈워스
옮긴이 김숭희
펴낸이 이광호
펴낸곳 ㈜문학과지성사
등록번호 제1993-000098호
주소 04034 서울 마포구 잔다리로7길 18(서교동 377-20)
전화 02) 338-7224
팩스 02) 323-4180(편집) 02) 338-7221(영업)
전자우편 moonji@moonji.com
홈페이지 www.moonji.com

제1판 1쇄 2009년 12월 14일
제1판 3쇄 2024년 4월 22일

ISBN 978-89-320-2021-1
ISBN 978-89-320-1246-9(세트)

한국어판 ⓒ 김숭희, 2009
이 책의 판권은 옮긴이와 ㈜문학과지성사에 있습니다.
양측의 서면 동의 없는 무단 전재 및 복제를 금합니다.

이 책은 대산문화재단의 외국문학 번역지원사업을 통해 발간되었습니다.
대산문화재단은 大山 愼鏞虎 선생의 뜻에 따라 교보생명의 출연으로 창립되어
우리 문학의 창달과 세계화를 위해 다양한 공익문화사업을 펼치고 있습니다.

차례

제1권 서론―유년기와 학창 시절　7
제2권 학창 시절(속편)　38
제3권 케임브리지 체류　61
제4권 여름방학　92
제5권 책　114
제6권 케임브리지와 알프스　145
제7권 런던 체류　185
제8권 회상―인류 사랑으로 이어진 자연 사랑　224
제9권 프랑스 체류　257
제10권 프랑스 체류와 프랑스혁명　287
제11권 프랑스(종결)　318
제12권 상상력과 심미안, 얼마나 손상되고 또 회복되었는가　342
제13권 같은 주제(속편)　359
제14권 결론　378

옮긴이 해설 · 윌리엄 워즈워스 필생의 대작 『서곡』　401
작가 연보　419
기획의 말　424

일러두기

1. 번역은 William Wordsworth, *The Prelude: A Parallel Text*, Penguin Classics(1972년 수정판)을 저본으로 하였다.
2. 원문의 이탤릭체는 번역문에서도 이탤릭체로, 원문에서 고유명사가 아님에도 대문자로 표기된 강조 부분은 번역문에서 고딕체로 표시하였다.
3. 번역은 원문의 뉘앙스를 살리기 위해서 직역을 원칙으로 하였으나, 때에 따라서 정확한 의미 전달을 위해서 의역을 하기도 하였다.
4. 본문 중의 주(註)는 모두 옮긴이 주이다.

제1권
서론
유년기와 학창 시절

오 축복을 간직한 이 부드러운 미풍,
내 뺨을 스치는 동안, 녹색 들판들과
저 멀리 파아란 하늘에서 실어오는
기쁨을 절반쯤 아는 듯한 방문객이여.
그 사명이 무엇이든, 이 부드러운 바람은
어느 누구보다도 내게 더 고마운 존재.
오랫동안 수척했던 불만스러운 체류자가
거대한 도시¹ 벗어났으니, 이제는 자유로이,
새처럼 자유로이 원하는 곳에 정착하리.
어느 거처가 날 반길까? 어느 골짜기가   10
내 안식처가 될까? 어떤 숲 아래
내 보금자리를 지을까? 어느 맑은 시냇물의

---

1 이 시의 제8권 209~15행이 암시하듯, 워즈워스가 갖고 있던 도시에 대한 이미지는 런던과 고슬라Goslar가 종합된 것이다.

속삭임 들으며 느긋이 휴식에 빠져들까?
온 땅이 고스란히 내 앞에 펼쳐져 있도다.[2]
난 기쁜 마음으로, 자유를 겁내지 않으며,
사방을 둘러본다. 내가 택한 안내자로는
떠도는 구름만 한 것이 없을 터이나,
길을 잃진 않으리. 다시 숨을 고른다!
어느새 생각은 황홀경에 빠지고,
마음은 부풀어 올라,   20
저 부자연스럽던 내 자아의 짐,
내 것 아니고, 나완 아무 상관없던
숱한 지친 날들의 중압감이 사라지도다.
길고 긴 평화로운 날들 (그런 대담한 언어가
인생의 어떤 약속들과 일치할 수 있다면),
편안하고 방해받지 않는 기쁨의 긴 세월이
내 앞에 펼쳐지리. 난 이제 어디로 갈까,
큰길이나 오솔길로, 혹은 길 없는 들판 헤치며?
언덕이나 골짜기, 혹은 강물에 둥둥 떠다니는
무엇인가가 내 여정을 안내해줄까?   30

　　사랑스러운 자유여! 하지만 자유인들, 그 기쁨

---

2 밀턴Milton의 『실낙원』 제12편 646행: "세상이 온통 그들 앞에 펼쳐져 있었다"의 변용. 워즈워스는 시인으로서의 그의 마음의 성장을 기록한 자전적 작품인 이 시를 '인간에게 이르는 하느님의 길'을 설명하는 밀턴의 서사시와 비교한다. 밀턴의 시가 끝나는 지점에서 이 시를 시작함으로써, 워즈워스는 스스로를 밀턴의 위대한 전통의 계승자로 자처했다.

축성하는 재능 없다면 무슨 소용 있을까?
천상의 달콤한 숨결이 내 몸으로
불어오는 동안, 마음속 깊은 곳에서도
그에 화답하는 미풍 느꼈던 것 같고, 그 미풍은
소생시키는 미덕과 함께 조용히 일었지만,
이제 폭풍우 되고, 차고 넘치는 활력 되어
제 피조물 뒤흔들고 있으니. 둘이 하나 되어
오래 머뭇거리던 서릿발을 부수는 한편,
초록색 약속들, 쏜살같은 시간에 쫓기는   40
활기찬 날들, ― 심원한, 참을성 있는 생각의 짐 지고
규칙적인 고결한 예배, 아침과 저녁 기도들을
빠뜨림 없이, 조화로운 시를 쓰는
달콤한 여가의 날들에의 희망을 실어온
이 두 바람과 그들의 일치된 힘에 감사를!³

    이렇게, 오 벗이여!⁴ 현재의 기쁨을
노래의 제재로 삼는 데 익숙지 않던 내가
그날은 잊히지 않을, 운율 맞춘 시구에
내 영혼 쏟아부었네, 그리고 여기에
적어, 탁 트인 벌판들을 향해   50

---

3 1~45행: '유쾌한 서두glad preamble'로 알려진 부분으로서, 1799년 11월에 쓰어지고 1804년 1월 말경 『서곡』에 삽입된 듯하다. 여기서 워즈워스는, 도브 코티지Dove Cottage에 살 집을 마련하고자 얼스 호수Ullswater에서 그래스미어Grasmere로 걸어가는 동안 느꼈던 충만하고도 낙천적인 기분을 기록하고 있다. 이 내용은 제7권 1~4행에서 다시 언급된다.
4 콜리지Coleridge를 말한다. 이 시는 워즈워스가 콜리지에게 이야기하는 형식으로 되어 있다.

한 예언을 하였으니, 선별되고
소생된 영(靈)에 사제의 옷 입히려고
시행(詩行)들 자발적으로 흘러넘쳤고,
그 같은 거룩한 봉사가 내 희망이었네.
내 음성도 날 격려했지만, 그 불완전한 소리의
마음속 내적 반향은 훨씬 더 기운을 돋우었네.
난 두 소리 모두에 귀 기울였네, 그 소리들에서
다가올 일들에 대한 유쾌한 자신감을 얻으며.

   만족에 겨워, 그리고 이제 기꺼이
이 설렘에서 한숨 돌리며 계속 나아갔네,   60
기운차고도 진지한 걸음으로. 그리고 마침내
어느 그늘진 풀밭에 당도하여, 나무 밑에
자리 잡았네, 일부러 상념의 고삐 늦추고,
또 더욱 고요한 행복에 침잠하면서.
때는 가을, 서녘으로 기운 지 두어 시간 남짓한
햇볕의 온기가 따스하게, 꼭 알맞게 느껴지던
청명하고도 평화로운 날이었네. 하늘엔
은빛 구름, 풀잎엔 반짝이는 햇빛, 그리고
그늘 속에 가려져 또 다른 그늘 드리우던 숲엔
완전한 고요가 감돌았네. 숱한 상념들   70
떠올랐다 사라지고, 마침내 잘 알고 있던
한 **골짜기**가 생각났네. 난 그 골짜기에서
언젠가 본 듯도 한 오두막의 문 앞에

이르기까지 곧장 가기로 마음먹었네.
순전한 기억 속 어떤 그림도 그토록 아름답게
여겨진 적 없었으니. 머릿속에 떠오른 그 장면을
새록새록 샘솟는 사랑으로 응시하는 동안,
공상보다 더 뛰어난 능력이 확신을 주었네,
어떤 영광스러운 일이 거기서 즉시 시작되고,
어쩌면 또 거기서 완성되리라는. 그래서 긴 명상에　　　　　80
잠겼고, 명상의 내용 또한 결코 놓치지 않았네,
이따금 울창한 상수리나무 숲 속
여기저기서, 깍정이 벗겨진 도토리 하나가
마른 잎 사이로 부스럭거리며 떨어지거나, 곧바로
톡 소리 내며 맨땅에 떨어지는 때를 제외하고는.
난 그 폭신한 자리에서 일어나지 않았네,
태양이 지평선에 거의 닿을 때까지도. 그제야
도시의 연기가 원을 그리며 올라가는 광경을
저 멀리 농촌 풍경인 양 한 번 힐끔 돌아본 후,
죄보처럼 혹은 **도망자**처럼 명민하게,　　　　　　　　　　90
하지만 결의에 찬 **순례자**로서,
때마침 그 시각의 쾌적함까지 누리며,
그 선택된 골짜기로 난 길을 따라나섰네.
참 놀라운 저녁이었네, 그리고 내 영혼은
다시금 제 능력 시험했으며, 아이올로스의

---

5 1799년에 워즈워스가 누이동생 도러시Dorothy와 함께 정착했던 그래스미어 골짜기.

방문⁶ 역시 결여되지 않았지만, 그 하프는
곧 소리를 빼앗겼고, 조화를 이루던 높고 낮은
소리들은 뒤엉킨 소리들 사이로 흩어졌으며,
마침내 완전한 정적이 흘렀네! "될 대로 되라지.
당장의 좋은 것 외에 다른 생각해서 뭐 하겠나?"   100
그래서, 나는 일과 후 집으로 가는 일꾼처럼
주위를 온화하게 감싸는 석양빛 받으며
계속 나아갔네. 그 순간의 안식에 다시금
비천한 멍에를 씌우고자 하는 어떤 바람도
남아 있지 않았네. 길게 말해서 무엇 하겠나?
기분 좋게 느릿느릿 걸어가노라니
사흘이 지나자 은신처에 당도했네.
그 후의 세세한 것들, 평범하게
이어지는 생활 ─ 희귀하거나 적어도
그렇게 여겨지는, 끝없이 비축되는 사물들,   110
한 동네, 내 주변 어디서나 발견되는 일상 ─
자족함, 그리고 아침부터 밤까지 지속되는,
평온한 즐거움 등에 대해선 말을 아끼려네.
그런데 문득 한 간절한 갈망이 솟구쳤네,
새것들을 축적하거나, 때맞춘 개입을
통해 옛것을 소멸로부터 구해내고자,

---

6 아이올로스Aeolus: 바람의 신. 때마침 바람이 불어왔다는 것을 시인은 이렇게 표현했다. '아이올리언 하프Aeolian Harp'는 낭만주의 시인들 사이에서 즐겨 사용되는 은유로서, 바람에 의해 악기가 연주되듯 시인의 영감에 의해 시가 창작되는 것을 암시한다.

읽거나 생각하면서, 어떤 결정적 목표 향해
확고하게 나아가고픈 갈망이. 또 그와
더불어 여전히 더 높은 희망들 생겨났네,
여러 해 동안 정처 없이 둥둥 떠다니고 있었던   120
꿈같은 환상들에 외적 생명을 부여하고, 또 그런
존재들에게 내 가슴을 짓누르던 많은 느낌들을
적절히 나누어줄 수 있을지도 모른다는 희망이.
하지만 그 희망 좌절되었고, 반가운 빛이
동녘에서 밝아오는가 싶더니 곧 사라지고
조용한 아침으로 익어가지 못하는 하늘과
더불어 날 조롱하고 있기에, 만약 내 마음이
지난날의 담대한 약속 기억해내어,
어떤 고상한 주제와 기꺼이 씨름한다 해도,
그 희망 소용없고, 내 마음 어디를 향하든   130
날마다 새로워지는 장애물 발견할 뿐이네.

   그러니 이제, 더 소박한 작업인 현재의 선물들[7]
위해 저 고상한 희망들은 잠시 포기함이
좋을지도 모르지. 하지만, 오 친애하는 벗이여!
시인이란, 조용한 존재이긴 하나, **연인**처럼
걷잡을 수 없는 때가 있네. 주체할 길 없는
저만의 상념들 외엔 낙담할 이유가 없음에도,

---

7 현재의 선물들 present gifts: 쓰기도 쉬울뿐더러 즉각적인 보상을 받을 수 있는 짤막한 시 작품들.

아프지도 특별히 좋지도 않을 때 찾아드는
변덕들 말이네. 그의 마음은 어미 비둘기처럼
착실한 생각 품고 앉았을 때 가장 즐겁지만,   140
항상 그 목적으로 사는 건 아니고,
오히려 아무것도 모르는 새처럼 자극받아
곤경에 처한 듯 숲으로 내몰리기도 한다네.
내겐 지금, 너무 오래 지속된다는 이유만으로도
비난받아 마땅한, 이 같은 열정이 있네.

 그토록 힘겨운 작업을 준비코자 하는
사람이 그러하듯, 나 자신을 철저히
탐문하게 되는 경우, 그 결과는 종종
고무적이네. 내겐 저 최초의 위대한 선물인
활기찬 영혼도, 보편적 진리들도 결여된 것   150
같지 않기 때문인데, 이 **진리들**이란 그 자체로
일종의 **원리**이자 **동인**(動因), **숨은 능력들**이며,
살아 있는 정신을 떠받쳐주는 조력자들이니,
나는 형식, 이미지 등 지식들도 겸비했고,[8]
아마도 힘겹게 얻어질뿐더러 **시인**의 찬사를
얻기 위해서 꼭 필요하긴 하지만 덜 중요한
숱한 다른 보조 장치들도 부족하지 않다네.
난 시간과 장소와 방법들 찾고 있고, 또 이것들은

---

[8] 154행은 이 시에서 적절한 주제 탐색이 시작되는 부분이다.

얼마든지 넘쳐나지만, 확고부동한 선택의
대상이 될 만한 것은 어디에도 없네.　　　　　　　　　　160
아직도 이름이 기억나는 적지 않은 무리,
내가, 완전한 자신감에 넘쳐, 이들을 외로운
추방에서 불러내어, 지금 살아 있거나,
미래에 살아가게 될 사람들의 마음속에
머물도록 하고 싶을지도 모르네.
때로는 야심 찬 선택 **능력**으로 인해,
도도한 샘물의 범람을 진짜 바다로 오인하여,
어떤 영국적 주제, 밀턴도 노래하지 않고 남겨둔
어떤 오래된 낭만적 이야기를 택하게 되겠지.
더 자주, 나는 **기사**(騎士)들의 숲 속 어느　　　　　　170
한적한 장소로 눈을 돌려, 시골 목동들에게 피리를
불기도 하고, 혹은 강가나 샘터에서 쉬고 있는
기사들 가운에, 하프를 손에 들고 앉아서,
그들이 맞서고 또 강인한 정신으로 이겨냈던
무시무시한 마법에 관한 진지한 이야기들,
그리고 창과 창이 부딪치고, 칼과 칼이 대결한
전쟁을 방불케 하는 무훈담들에 귀 기울이네.
마치 방패에 새겨진 화려한 문장(紋章)⁹을
의식하듯, 결전은 그처럼 영예로웠지.
거기서부터, 악행 일소(一掃)의 서원(誓願)에 따른　　　　　　180

---

9 과거 영국에서는 황실뿐 아니라 귀족 가문마다 그 가문을 상징하고 대표하는 고유한 문장을
　가지고 있었고, 기사의 방패에는 가문의 문장을 새기는 것이 전통어었다.

원정의 변화무쌍한 장면들 사이로 한 노래 위한
영감이 불어와, 참을성 있는 용기와 흠 없는 진리,
확고한 헌신, 꺼지지 않는 열정, 그리고
신실한 사랑을 성스럽게 하는 기독교적
온유함에 조화로운 찬사를 바쳤네.
때론, 뼛속 깊이 감동받아, 말할 수 있겠지,
정복당한 미트리다테스[10]가 어떻게 북방으로 갔는지,
그리고, 여러 해 동안 은밀히 숨어 지내다가,
로마 제국을 멸망시킨 종족의 조상, 오딘[11]이
되었는지, 세르토리우스[12]의 친구들과   190
추종자들이 어떻게 스페인 밖으로 도망쳐
행운의 섬들에서 피신처를 찾았는지, 그리고
그들의 관습들, 기술과 법령들을 버리고,
서서히 다가오는 죽음으로 사라졌는지,
그 좁은 영토에서 굶주림으로 수효가 줄고,
급기야 하나둘씩 소멸되었는지, 그러나
자유의 혼은 1천 5백 년이 지나도록 살아남아,
유럽인들이, 도저히 막을 수 없을

---

10 미트리다테스Mithridates: 소아시아 폰투스Pontus의 왕이었던 미트리다테스 6세(B. C. 132?~B. C. 63)는 B. C. 66년에 폼페이에 패할 때까지 로마와 전쟁을 했다.
11 오딘Odin: 북유럽 신화에서 아사Aesir 신족(神族)의 지배자이며 지식, 문화, 시가, 전쟁을 관장하는 최고의 신.
12 세르토리우스(Sertorius, B. C. 123~B. C. 72): 로마의 독재자 술라Sulla에 반대했던 스페인의 민주적 통치자. B. C. 72년에 그가 살해당하자, 그의 추종자들은 카나리아 제도(Canary Islands, 192행의 '행운의 섬들')로 도망쳤다. 세르토리우스와 미트리다테스 이야기는 플루타르크의 『영웅전』에서 가져왔다.

힘과 기술 앞세우고 쳐들어왔을 때,
마치 흑사병처럼 그 힘을 떨쳤고,   200
장렬한 죽음으로써, 타고난 영웅들의 종족을
패망시켰는지. 혹은 기록할 수도 있겠지,
폭정시대에, 제왕 실록에는 기록되지 못한,
어떤 고귀한 영혼의 소유자가 **진리** 수호 위해
어떻게 묵묵히 고통당했는지. 혹은 말할 수 있겠지,
어떻게 한 프랑스인[13]이, 인도의 섬들을
최초로 정복한 자들의 비인간적 행동들에
대해서 곱씹던 나머지, 사명감에
불타 혈혈단신 대양을 건너갔는지,
피압박자들을 위로하기 위해서라기보다는,   210
메마른 바람처럼, 주변을 돌고 돌아 압제자를
말려버리고자. 또 어떻게 구스타브[14]가
달레칼리아 광산에서 필요한 도움을 청했는지.
월리스[15]는 또 어떻게 스코틀랜드 위해 싸웠는지,
어떻게 월리스라는 이름을 남겨, 사랑하는
조국 방방곡곡에 야생화처럼 피어나게 했고,
위대한 행적들 남겨, **유령**의 무리처럼,

---

13 도미니크 드 구게Dominique de Gougues: 스페인 사람들이 자행한 프랑스인 학살에 복수하기 위해 1568년에 플로리다로 건너간 프랑스 신사.
14 구스타브 1세(Gustav, 1496~1560): 달레칼리아Dalecarlia 광산 광부들의 도움을 받아 1521~1523년에 그의 나라 스웨덴을 덴마크의 지배에서 해방시켰다.
15 윌리엄 월리스(William Wallace, 1270~1305): 영국의 스코틀랜드 지배에 반대하는 세력을 이끌었던 스코틀랜드의 영웅. 1305년에 처형당했다.

깎아지른 바위들과 강둑, 조국강산의 성소들을
독립과 준엄한 자유정신으로 무장한
제 고장의 혼으로 채우게 했는지.   220
때론 나 자신의 열정과 평소의 생각에
더 친근한, 내 가슴속 이야기를
창작하는 것이 내게 더 잘 어울리고,
대체로 고상하나 실체가 없는
다채로운 이야기들은, 그 이야기를
밝게 비추는 바로 그 태양에 녹아
안개처럼 허공에 흩어지네! 그러자 한 소망,
내 가장 좋아하는 최상의 갈망이 솟구치네,
우리의 일상적 삶을 소중하게 하는 철학적인
진리의 노래를 향한 그리움과 더불어.   230
그리고 인간의 가슴속 깊은 곳에서 우러나는
열정적 명상과 함께, 오르페우스[16]의 수금에
심오하게 어울리는 불멸의 시가 샘솟네.
그러나 이 끔찍한 짐에서 일찌감치 달아나서
나 자신을 달랜다네, 좀더 성숙해지면
더욱 무르익은 정신과 더 투명한 통찰력을
얻게 되리라 믿으며. 이렇게 나의 날들이
모순 속에 흘러갔네. 어쩌다 무능하게 자란 탓에,

---

16 오르페우스Orpheus: 시인이며 하프의 명수. 죽은 아내 에우리디케Eurydice를 쫓아 하계로 내려와 아름다운 음악으로 하계를 매료시켜 아내를 지상으로 데려올 수 있게 허락받았으나, 하계를 거의 벗어나는 마지막 순간에 '뒤를 돌아보지 말라'는 금지된 명령을 어겨 영원히 아내를 잃었다는 이야기의 주인공.

막연한 동경과 견디기 힘든 절실한 충동을,
소심한 능력과 신중함을,   240
끝없는 지연과 용의주도함을
구분해낼 재간도 없이 말이네.
겸양지덕과 온건한 경외심 자체가
종종 외투인 양 보다 교묘한 이기심을
덮으며 날 기만하네. 그것이 지금
모든 기능을 텅 빈 저장고에 잠가두고,
안절부절 끼어들어 소박함과
자명한 진리를 쫓아내는 애절한
눈빛에 의지하여 지금 날 속이네.
아! 이보다는 훨씬 낫겠지, 들판과   250
시골길들 사이로 마구 헤집고 쏘다니며,
흘러가는 시간을 물을 필요도 없이,
텅 빈 상념에 잠겨, 모든 것을 팽개쳐도
비난받지 않으며, 느긋이 휴일을 보내는 편이.
매 시간 제 일에 불성실한 마음 탓에
당황하고 괴로워하며 사느니보다
열정이니 정당한 야망이니 하는 이름들을
듣지 못한 편이 훨씬 좋으리. 감성을 되찾아도,
그 즉시 어떤 공허한 생각이 희망들에
대한 금지령처럼 걸려 있음을 느낄 뿐.   260
이것이 내 몫이라. 택한 주제에서 여전히
어떤 불완전한 점을 발견하기 때문이든,

완전한 성취를 이루기엔 나 자신이
너무 부족하고 또 부족하기 때문이든,
주춤하고, 의기소침하여, 아무 의욕도 없이,
헛된 당혹감으로부터의 안식을 찾고 있네,
많이 받았으나 아무것도 되갚을 것 없는
악한 집사(執事)처럼 무익하게
무덤을 향해 여행하면서.
                     이 때문이었을까,
모든 강들 중 가장 아름다운 저 강이   270
제 속삭임과 내 유모의 노래를 즐거이 섞었고,
오리나무 그늘과 바위투성이 폭포들로부터,
그리고 도랑과 얕은 개울들로부터, 내 꿈 따라
흐르던 한 음성을 내보냈던 것이?[17] 이 때문에, 그대는,
오 더웬트[18]여! 품 안의 아기였던 내가 바라보던
수풀 우거진 모래톱을 굽이쳐 흐르면서,
내 생각들을 아이의 편안함 이상의 것으로
달래주던, 끊임없는 음악을 지어냈던가,
짜증스러운 인간의 거처 한복판에 있는 내게
언덕과 숲 사이에서 숨 쉬는 대자연의 고요를   280
어렴풋이나마 미리 맛보게 하면서.
산골짜기들을 지나고, 아직 남아 있는,

---

[17] 269행의 질문 "이 때문이었을까 Was it for this"로 이 시가 본격적으로 시작된다. 워즈워스는 긴 명상 끝에 마침내 이 시에 창조적 에너지를 쏟아부을 수 있는 주제 — 그를 시인으로 형성시킨 힘들 — 로 돌아왔기 때문이다.

[18] 더웬트 Derwent: 워즈워스의 출생지인 코커머스 Cockermouth 지역을 흐르는 강 이름.

산산이 부서진 봉건시대의 기념물,
저 탑들의 그림자를 제 부드러운 가슴에
껴안을 때쯤이면, 반짝이던 푸른 강물은
우리 산책로 가장자리를 따라 흘렀으니, 우리가
정말 사랑했던, 빼놓을 수 없는 놀이친구였지.
오, 다섯 살배기 아이였던 난, 숱하게도,
그 강줄기에서 갈라져 나온 물레방아 개울에서
긴긴 여름날 온종일 미역을 감곤 했네.   290
햇볕을 쬐다간 물에 첨벙 뛰어들고, 또다시 볕을
쬐기를 거듭하며 여름내 물속에서 살거나, 아니면
노랑 쑥갓 꽃 만발한 숲 사이로 뛰어다니며,
모래 벌판을 헤맸으며, 바위와 언덕, 숲,
그리고 저 멀리 스키도[19]의 높은 봉우리가
심오한 광채 띤 구릿빛으로 물들 때는,
나 홀로 하늘 아래 서 있곤 했네, 마치
인디언[20] 평원에서 태어나, 제멋대로
엄마의 오두막을 빠져나와 멀리 달아나서,
뇌우 속에서 벌거벗은 야만인 놀이라도 하듯.   300

   내 영혼은 아름다운 파종기를 보냈고, 나는
미와 두려움 모두에서 자양분 얻으며[21] 자랐네.

---

19 스키도 Skiddaw: 호수 지역 Lake District 북쪽에 있는 높은 산.
20 아메리카의 원주민인 아메리칸인디언.
21 자연의 아름다움뿐 아니라 장엄한 경치가 자아내는 숭고함에 의해서도 영향을 받으며.

고향에서도 많은 총애 받았고, 머지않아
우리 터전이 된 사랑스러운 골짜기[22]에서도
그에 못지않은 애정 받았지 — 거기서 우린
더 넓은 지역에서 맘껏 뛰놀 수 있었네.
열 살이 채 되기 전, 산등성이에 내린 서리가
서릿바람의 한파를 몰아와 가을의 마지막
크로커스를 꺾어버릴 무렵, 내 즐거움은
덫을 한 꾸러미 어깨에 걸머지고 완만한   310
푸른 잔디 사이로 도요새가 출몰하는 탁 트인
언덕으로 쏘다니는 것이었네. 밤이 이슥하도록,
덫과 덫 사이를 재빨리 오가며, 애타게
부지런히 돌아다녔고, — 달과 별들은
머리 위를 환히 비추고 있었지. 난 혼자였네,
그리고 자연 속에 깃든 평화를 훼방하는
골칫덩이처럼 느껴졌네. 이렇게 밤잠 설치고
쏘다니다 보면 때때로, 어떤 강한 욕구가 일어
더 나은 이성을 압도하고, 그래서
다른 사람이 애써 잡아놓은 새를 슬쩍   320
손에 넣기도 했네. 그런 짓을 했을 때
나는 들었네, 고독한 언덕들 사이에서
날 쫓아오는 낮은 숨소리들을, 그리고
분간할 수 없는 움직임 소리들, 그것들이

---

22 그래스미어 골짜기.

밟고 지나간 풀밭처럼이나 고요한 발소리들을.

　따스한 봄기운이 골짜기의 밭을 휘감았을 때도,
여전히 우리 약탈자들은, 높다란 곳에 지어진
어미 새의 둥지들 찾아 헤맸네. 우리의 목적은
비록 하찮고 불명예스러웠지만, 결말은
비천하지 않았네. 오! 내가 까마귀 둥지 위에　　　　　　　　　330
매달렸던 그때, 엉킨 풀뿌리와 미끄러운 바위의
살짝 벌어진 틈새를 붙잡고 간신히 매달려,
세찬 광풍에 떠받쳐 있기라도 한 것 같은
형국으로 (그렇게 여겨졌네), 풀 한 포기 없는
바위를 어깨에 짊어지고 있었던, 오, 그때,
위험천만한 바위 끝에 혼자 걸려 있는 동안,
마른 바람이 얼마나 기이한 소리로 요란스레
내 귓가에 불어왔던가! 하늘은 이 세상 하늘 같지
않았고 ─ 구름은 또 얼마나 기괴하게 움직였던가!

　흙으로 빚어진 우리이나 불멸의 정신만은　　　　　　　　340
조화로운 음악처럼 자라며, 어둡고 불가사의한
어떤 훌륭한 솜씨 있어, 부조화의 요소들을
조화롭게 하고, 그것들을 하나의 사회 안에서
서로 달라붙게 한다네. 얼마나 기이한가,
내 마음속에 마구 섞여 있는 모든
공포, 고통 그리고 유년의 상처들,

회한, 곤혹스러움, 나른함 등이 힘을 합쳐,
내가 스스로에게 한 점 부끄럼 없을 때의
바로 그 평온한 삶을 형성하는 데 꼭 필요한
한 부분을 이룰 수 있다니! 그 결과에 찬사를!   350
자연의 겁 없는 출현이든, 평화로이 떠도는
구름 틈새로 쏟아지는 무해한 햇살처럼
부드러운 경고와 더불어 찾아오는 경우든, 또는
더욱 분명한 역할이 제 목적에 가장 알맞기에
더 가혹한 간섭을 하든, 황공하게도
자연이 내려주신 모든 수단들에 감사를.

   어느 여름날 저녁 (자연에 이끌려) 나는
흔히 그렇듯 바위 동굴 안쪽 버드나무에
매어 있던 작은 보트 하나를 찾아냈네.
난 곧장 묶은 사슬을 풀고, 배에 탄 후   360
배를 물 쪽으로 밀었네. 그건 은밀한 행위요
불안한 즐거움이었고, 산울림 소리도
들려왔으나 내 보트는 움직여 나갔네.
배 지나간 자리마다, 양쪽으로, 작은 원을
이룬 물결들이 달빛에 한가로이 반짝이고,
마침내 모두 한데 녹아 하나의 불꽃같은
빛줄기 이뤘네. 하지만 이제, 제 솜씨 뽐내며
노 젓는 사람마냥, 앞만 보고 똑바로 나아가
목표 지점에 도달하고자, 내 시선을

울퉁불퉁한 바위산 정상에, 지평선의 370
가장 높이 솟은 경계선에 고정시켰네, 왜냐면
그 위엔 별들과 잿빛 하늘뿐이었으므로.
그 배는 꼬마 요정처럼 작은 보트였고,
난 힘껏 고요한 호수를 저어 나갔기에,
물결 헤치며 떠오를 때, 내 보트는
백조처럼 물살을 가르며 전진했다네.
바로 그때, 그때까지 지평선의 끝이었던
바위 절벽 뒤에서, 커다랗고 검은, 거대한
봉우리가 자연발생적 힘으로 넘치는 듯, 불쑥
머리를 쳐들었네. 내가 노를 젓고 또 젓는 동안, 380
그 음산한 형체는 점점 더 커지더니
나와 별들 사이에 우뚝 치솟았네, 그리고 여전히
살아 있는 물체인 양 저만의 목적을 갖고
한결같은 동작으로 성큼성큼 내 뒤를
따라오는 듯했네. 나는 떨리는 손으로 배를 돌려,
고요한 물을 가르며 부지런히 저어
버드나무가 있는 은신처로 되돌아갔네.
거기서 배를 계류장에 대고 보트에서 내린 후,
무겁고 심각한 기분으로 풀밭을 지나
집으로 향했네. 그러나 그 광경을 본 후, 390
오랫동안, 알 수 없는 존재방식들에 대한
단정할 수 없는 어렴풋한 느낌이
머릿속을 휘저었네. 내 생각들 주변엔

어떤 어둠이 감돌았는데, 그건 고독이랄까 혹은
버림받아 막막한 상태라고 해도 되겠지. 친숙한
형체는 전혀 남아 있지 않았네, 나무, 바다,
하늘의 상쾌한 이미지도, 초록 들판의 색깔도.
다만 산 사람들과는 달리 존재하는 거대하고
강력한 형체들만이 내 맘 속에서 종일 서서히
움직였는가 하면, 밤엔 꿈자리마저 어지럽혔네.　　　　　400

　　우주의 **지혜**와 **영**이시여!
형체들과 이미지들에 호흡과 영속적인
움직임 주는, 영원한 생각인 그대 **영혼**이
낮이나 별빛 아래서 이렇게 내 유년기의
최초의 여명으로부터 나를 위해
우리 인간 영혼을 형성하는 격정들을
뒤섞어준 것은 헛되지 않았다오. 또 그것들을
초라하고 평범한 인간의 성과물들이 아니라
고상한 대상들, 영속적인 것들—
삶과 자연과 뒤섞어, 그로써 생각과　　　　　410
느낌의 요소들을 정화시키며, 또한
그런 훈련을 거쳐, 고통과 두려움을
모두 축성해줌으로써, 마침내 우리는
심장박동에 깃든 어떤 장엄함을 인식한다오.
또한 친절이 모자라 이러한 사귐이 내게
인색하게 주어진 것도 아니었소. 11월이 되어

정오의 숲 속, 골짜기를 휘감는 물안개에 싸여
외로운 풍경이 더욱 외로워질 때,
그리고 한여름 밤의 고요 가운데,
잔잔히 흔들리는 호숫가, 어둑어둑한   420
산 밑으로 고독에 잠겨 집으로 향할 때면,
그와 같은 교감을 느끼곤 했다오.
나는 여름내 밤낮으로 들판에서,
또 물가에서 자연과의 교감을 느꼈소.

   그리고 무서리 내리는 계절, 해 지고,
어스름한 황혼녘에 오두막 창문들에서
저 멀리까지 불빛이 새어나올 무렵,
난 그들의 부름에 개의치 않았으니, 그때가
우리 모두에게 정말 행복한 시간이었고 — 내겐
황홀한 시간이었소! 크고도 뚜렷하게 마을 시계가   430
여섯 번을 쳤고, — 나는 커브를 그리며 활주했소,
집 따윈 안중에도 없고 지칠 줄 모르는 말처럼
우쭐대며 기쁨에 들떠서. 우린 모두 스케이트를 신고,
한데 어울려 매끄러운 얼음판을 씽씽 달렸다오,
울려 퍼지는 나팔 소리, 일제히 짖어대는
사냥개 소리, 그리고 잡힌 토끼 등 —
숲 속의 오락인 토끼 사냥을 흉내 내면서.
그렇게 우린 어둠과 추위를 뚫고 달렸고,
유쾌한 비명을 질러댔다오. 그 소음에

부딪쳐 절벽들은 크게 울렸고,   440
앙상한 나무들과 얼음 덮인 바위는
금속처럼 반짝였는가 하면, 먼 산들은
이 북새통에도 놓칠 수 없는 낯선
고독의 소리를 보냈고, 동쪽 하늘에선
별들이 초롱초롱 빛나고, 서쪽 하늘에선
주홍빛 저녁노을이 사라지고 있었다오.
나는 자주 이 떠들썩한 틈을 빠져나와
조용한 만(灣)으로 가거나, 혹은 장난스레
곁눈질하며 이 소란한 무리를 뒤로했다오,
쏜살같이 달아났는가 하면 여전히 내 앞서   450
달리며 유리 같은 빙판에 반사되던
별 그림자를 가로질러보고자, 그리고 종종
우리의 온몸을 온전히 바람에 내맡긴 후,
양옆의 어둑어둑한 강둑들이 일제히
여전히 재빨리 빙빙 돌면서
어둠을 뚫고 맹렬히 다가올 때면,
난 즉시 발뒤꿈치에 몸을 의지하면서 잠시
멈췄다오. 하지만 고독한 절벽들은 여전히
내 주위를 맴돌았소 ─ 마치 지구가
눈에 띄게 매일의 회전을 하듯!   460
내 뒤로 펼쳐진 절벽들의 엄숙한 행렬이
차츰 희미해지는 동안, 나는 서서 바라보았소,
모든 것이 단잠처럼 고요해질 때까지.

그대, 하늘과 땅에 가득한 **자연의**
존재들이여! 그대, 산들의 **환영들**이여!
고독한 장소들에 깃든 **영혼들**이여! 그대들이
그런 임무 수행했을 때, 그대들이 숱한 세월
그렇게 개구쟁이 시절의 나를 쫓아다니며,
동굴들과 나무들, 숲과 산들, 자연의
모든 형체들에 위험이나 갈망의 형상들을　　　　　　　　470
새겨놓고, 그리하여 승리와 기쁨,
희망과 두려움 간직한 온 땅의 표면을
바다처럼 끓어오르게 했을 때,
내 그대들의 희망이 천박했다
생각할 수 있겠소?
　　　　　　　　　　쓸모없지 않은 체험이기에,
1년 내내 우리를 유쾌하게 해주었던
오락과 놀이가 어떻게 바뀐다 할지라도,
난 항상 이 주제를 추구하게 되기를.

　　우리는 항상 시끄러웠지. 하늘의 태양도
우리 골짜기보다 더 아름다운 곳 보지 못했고,　　　　　　　480
우리보다 더 풍요로운 행복과 기쁨 누리거나
제 땅에 더 잘 어울리는 무리는 보지 못했을 터.
난 정말 기꺼운 마음으로 기록할 수 있으리,
가을의 숲, 그리고 우윳빛 하얀 열매들이

무리 지어 그늘 드리운 개암나무 쉼터들,
녹음이 우거진 여름내, 별빛조차 들지 않는
바위틈과 연못가를 지나, 산 개울로 가려진
구불구불한 계곡의 외딴 작은 폭포까지
강렬하고도 흠잡을 데 없는 마력으로 우릴 이끌었던,
어리석은 희망의 진정한 상징, 낚싯대와 낚싯줄을.   490
— 빛바래지 않는 회상이여! 지금 이 시각
내 가슴속에 다시 살아나는 듯하구나,
화창한 오후 어느 산꼭대기에서,
양털구름 사이로 높이 뜬 종이 연이
맹렬한 준마인 양 그 고삐를 당긴다든가,
혹은 바람이 세차게 부는 날 초원에서
맞바람에 정면으로 부딪쳐, 연이 갑자기
곤두박질치고, 폭풍우에 꺾이던 그때의 느낌이.

  우리가 머물던 소박한 오두막이여,
그대의 가솔(家率) 돌보기는 그대 몫이었지.   500
내 그대를 잊을 수 있을까? 그대가 서 있던
유쾌한 들판 가운데서 그토록 아름답던
그대였는데. 혹은 내가 여기서 잊을 수 있을까?
소박한 위로를 베풀어준 그대의 소박하고도
품격 있는 외양을. 하지만 그대에겐
남모르는 즐거움과 환희가 있었지.
저녁이면 우린 열심히, 지치지도 않고,

따스한 이탄 난롯가에서 놀이에 열중했네.
여러 작은 정사각형들로 칸을 나누고
그 위에 십자가와 기호들을 적은,   510
평평한 서판²³과 연필을 갖고서, 시 속에
적기엔 너무도 소박한 경쟁을 벌이며
머리와 머리를 맞대고 쥐어짜며 궁리했네.
또는 눈처럼 흰 가문비나무, 벚나무, 혹은
단풍나무 탁자 둘레에 다닥다닥 붙어 앉아
건장한 군대를 루 또는 휘스트²⁴ 전투로
몰아갔네, 세상에서처럼 소홀히 여겨지지도,
그들이 담당했던 바로 그 임무 때문에라도
배은망덕하게 내팽개쳐지지 않고,
숱한 긴 싸움 동안 아껴두었던 군대를.   520
그건 거친 집단이었고, 거기선 적지 않게
역할이 바뀌었네. 어떤 평민 카드들의 경우,
운명의 장난으로, 타고난 신분의 가능성을
뛰어넘어 영예롭게 되었으며, 고인이 된
유력자들의 면면을 대표하기도 했다네.
오, 그들이 판에 떨어질 때의 요란한 울림이란!

---

23 평평한 서판smooth slate: 삼목(三目) 놓기tick-tack-toe에 필요한 도구. '삼목 놓기'는 수평으로 된 두 줄의 평행선과 이것에 수직으로 교차하는 두 줄의 평행선을 그려 아홉 개의 구획을 만들고, 두 명의 경기자가 번갈아가며 그 구획에다 O와 X의 기호를 기입, 세로·가로·사선 중 어느 방향으로나 세 개를 연속해서 자기 기호를 먼저 그려넣은 사람이 이기는 어린이 놀이이다.
24 루Loo 또는 휘스트Whist: 모두 카드놀이의 일종이다.

아이러닉한 다이아몬드들, ─ 클럽²⁵들, 하트들, 다이아몬드들,
스페이드들, 가련할 만큼 유사한 무리여!
천국에서 쫓겨난 벌컨²⁶처럼, 조소와
조롱들로 위태롭게 된, 저 새까만 잭들이   530
소년들의 기지에 주요 재료를 제공했네,
으뜸 패 에이스, 이지러진 달,
소멸되는 마지막 광채로 빛나는 여왕들,
왕족의 풍모에 가해진 위해에 성난
군주들을. 한편 밖에서는 끊임없이
비가 내리거나, 서리가 소리 없는
날카로운 이빨로 맹위를 떨치고 있었네.
그리고, 놀이에 열중한 우리를 종종 방해하면서,
이스웨이트²⁷의 갈라진 빙판 밑에선
갇힌 공기가 빠져나오려고 안간힘 쓰면서   540
초원과 산들을 향해 끊임없이 큰 소리로
으르렁거리고 있었네, 보트니아 만²⁸을 따라
떼 지어 다니며 포효하는 이리들처럼.

  또한, 자연이 어떻게 먼저 외적 열정²⁹으로써

---

25 클럽club: 클로버clover 그림이 있는 카드.
26 벌컨Vulcan: 로마 신화 불카누스Vulcanus의 영어 이름. 유피테르Jupiter와 유노Juno 사이에 태어난 불과 대장장이의 신.
27 이스웨이트Esthwaite: 호수 지역에 있는 많은 호수 가운데 하나.
28 보트니아Bothnia 만: 스웨덴과 핀란드 사이에 북쪽으로 펼쳐진 발틱 해의 만. 겨울철에는 대부분 얼어붙는다.

장엄하거나 아름다운 형태들로 마음을 채우고
다음에 그것들을 사랑하게 했는지[30] 내 빈틈없이
추적했지만, 어떻게 다른 즐거움들, 그리고
더 미묘하게 얻어진 기쁨들을 누리게 되었는지
여기서 소홀히 여길 순 없으리. 어떻게
그 질풍노도와 같던 시절에조차 이따금,　　　　　　　　　550
단순함 가운데 어떤 지적 매력을 지닌 듯
여겨지는, 저 신성하고도 순수한 감각의
움직임들을 느꼈는지. 내 생각이 옳다면,
존재하는 모든 것들에 우리의 새 삶을
적합하게 하고, 우리 존재의 여명기에
삶과 기쁨 사이의 결속을 다지게 하는,
저 최초의 친화력에 속했음이 분명한
그 고요한 기쁨을 느끼게 되었는지.

　그렇다네, 난 기억하네, 강산이 변하여
10년의 여름이, 움직이는 세월의 면모들을　　　　　　　　　560
내 맘속에 새겨놓았을 때, 심지어 그때에도
골짜기를 휘감아 도는 안개의 은빛 화환,
혹은 공중에 걸린 구름 빛깔로 얼룩진

---

29 외적 열정extrinsic passion: 시인의 마음에 영구적인 인상을 남기게 될 자연 경치들과는 무관한 느낌들.
30 워즈워스의 관심사는 자연이 그의 마음에 남긴 깊은 인상을 탐색하는 것이다. 그의 유년의 기억들과 기쁨들은 그와 자연의 관계의 한 단계를 대표할 뿐이며, 그는 이 시에서 자연이 인간에게 끼치는 보다 심원하고 신비스러운 영향을 탐색한다.

잔잔한 물의 평원으로부터 순수한 감각적
기쁨을 들이마시며, 천지창조만큼이나 오래된
미(美)와의 무의식적 교감을 느꼈음을.

  웨스트모어랜드[31] 모래사장, 컴브리아 암벽으로
둘러싸인 개울들과 만(灣)들, 그들이 말해주리,
어떻게, 바다[32]가 저녁 그림자 벗어던지고,
멀리 떨어진 언덕 위 목동의 오두막 향해   570
떠오르는 달 맞이하는 환영사 보낼 때,
내가 어떻게, 이런 꿈같은 장면들을 낯설게
여기며 서 있었는지, 그 장관(壯觀)을
또렷이 기억나는 어떤 유사한 광경과도 연결 짓지
못하고, 고요함이나 평화로움 특유의 어떤 느낌도
떠올리지 못한 채. 하지만 난 서 있었네,
달빛에 반짝이는, 아득히 펼쳐진 수면을
물끄러미 바라보는 동안에도, 꽃을 찾아다니는
한 마리 벌처럼, 빛의 벌판에서 털끝 틈새로
보이는 듯했던 새로운 즐거움을 모으면서.   580

  이렇듯 종종, 사시사철 산과 들로
내닫던 아이에게 즉각 따라오게 마련인

---

31 웨스트모어랜드Westmoreland: 영국 잉글랜드 서북부에 있는 주. 일부는 호수 지역을 이룬다.
32 아일랜드Ireland 해: 아일랜드와 잉글랜드 사이에 있는 대서양의 일부 해(海).

평범한 기쁨 한가운데서, 폭풍처럼

피를 끓어오르게 하곤 잊히는

저 짜릿한 환희 가운데서, 그때조차 난

방패의 섬광같이 번쩍이는 빛을 느꼈네. ─ 땅과

어디에나 있는 자연의 공통의 얼굴이 내게

잊을 수 없는 것들을 말해주었네. 때로는, 사실,

예기치 못한 맞닥뜨림과 기이한 우연에 의해

(사악한 요정들의 소행인, 어울리지 않는   590

결합과도 같이), 하지만 헛되거나

쓸모없지는 않게, 우연히도 그 기쁨들이

부차적 대상들과 외양들을 남겨주었을 땐,

당시에는, 죽은 듯, 잠들어 있을 수밖에 없었지만,

보다 성숙한 계절이 불러내었을 때 그것들은

마음을 부풀게 하고 고양시켰다네.

─ 그리고 평범한 기쁨이 제 힘에 겨워

기억 밖으로 사라질 경우엔,

그 기쁨의 목격자인 장면들은

구체적 형상들로 머릿속에 또렷이   600

각인되어, 눈에는 일상적 광경으로

보였다네. 그래서 깊은 인상을

남기는 두려움의 힘에 의해서,

즐거움과 그토록 빈번히 반복된,

되풀이되는 행복에 의해서, 또한

잊힌 사물을 대신하는 모호한 느낌들의

힘에 의해서, 그 자체로 그토록 밝고, 그토록
아름답고, 그토록 장엄한, 바로 이 장면들이
그때 그 시절은 가고 없어도, 언제나
소중하게 다가왔고, 그 모든 형태들과　　　　　　　　　　610
변화무쌍한 색채들이 보이지 않는 고리로
그 애정들에 단단히 묶였다네.

　　　　　　　　　난 일찍
내 이야기를 시작했네— 믿건대, 기억나지 않는
날들에 대한 맹목적 사랑 때문에
호도됨 없이 — 내 여명기를 환호했던 꽃들 중
적어도 날 위해 가장 향기로운 꽃조차 단 한 송이도
남아 있거나, 그럴 수 없는 곳에서 꽃들을 상상하면서.³³　　616a
오, 남달리 연민의 정이 그토록 깊은 **벗이여**!
내가 언변도 없이 어리석게 지루한 이야기를
장황하게 늘어놓은 것처럼 보이진 않으리.
줄곧, 내 희망은, 지나간 시절로부터 활력소가 될　　　　　620
생각들을 끄집어낼 수 있다면 하는 것이었네.
그래서 마음의 평정을 회복할 수 있다면,
또 어쩌다 비난도 듣겠지만, 그 비난이 내게
박차를 가해서, 성숙한 어른이 된 지금, 영예로운
수고를 할 수 있다면 하는 것 말이네. 하지만
이 희망들이 헛된 것으로 판명되어, 나 자신을

---

33 기억나지 않는 인생의 기간을 기억의 '꽃들'로 상상하며.

이해하는 법을 배울 수도, 그대가 더 나은
지식을 갖고서도 사랑하는 내 마음이 어떻게
형성되었는지 알 수도 없다면, 내가 그대의
혹평을 두려워해야 할까, 만약 이 노래가,　　　　　　　　630
매혹적인 환영(幻影)들, 우리 삶을 되돌리며
가장 멀리 떨어진 유아기를 눈앞에 거의 되살려,
그 위에 태양빛 반짝이는, 저 사랑스러운
형태들과 달콤한 감각들을 간직한
저 회상된 시간들을 망각하기를 저어한다면?

　적어도 한 목적은 이뤘나니, 내 마음은
활기를 되찾았고, 이 쾌적한 느낌이 날
떠나지 않는다면, 이로써 이후의 세월 통해
내 삶의 이야기를 쏟아놓을 수 있으리.
길은 내 앞에 활짝 열렸네. 주제는 단 하나,　　　　　　　　640
그리고 그 범위도 확실히 정해졌네. 그래서
이 시점에서 이 주제를 택했네, 날 좌절시켜
길을 잃게 할지도 모르는, 더 방대하거나
다양한 논지를 요하는 다른 작업보다는.
게다가 이 수고를 그대가 환영하리라는
모종의 기대마저 있다네, 영예로운 **벗이여!**

제2권
학창 시절(속편)

이제까지, 오 벗이여! 우린 노력했네,
다 떠올리지는 못했지만, 내 유년기를 보냈던
단순한 방법들, 그중에서도 최초로 강들,
숲들, 벌판들에 대한 사랑으로 날 이끌었던
그 방법들을 회상하고자. 그 열정 아직
처음 그대로, 거저 얻은 자양분으로
생겨났던 것처럼 지탱되었다네.
매주마다, 달이면 달마다, 우린 여전히
떠들썩하게 지냈으니까. 여름철이면 놀이는
당연히 어둑어둑할 때까지 이어졌기에,   10
문 앞에 의자 하나 남아나지 않았고, 벤치며
문간 계단도 텅 비었었네. 일꾼은 곧 잠에
곯아떨어졌고, 더 늦도록 앉아 있던
노인마저 잠들었네. 하지만 흥겨운 시간은

지속되고 소음은 커져만 갔으니, 마침내
온 땅이 캄캄하고, 검은 구름 사이로 별빛 반짝일
때가 되어서야, 우린 집으로 잠자리로 향했네,
열에 들뜬 지친 몸으로 가쁜 숨을 몰아쉬면서.
아! 영원히 젊기만 한 사람이 있을까,
지적 교만과 도덕적 자만을 다스릴   20
경고의 음성조차 필요치 않은 사람이?
하나라도 있을까, 모든 인류 중 가장 현명하고
탁월하다 할지라도, 이룰 수 없는 결합을 때때로
갈망하지 않는 사람이? — 할 수만 있다면
어느 누가, 의무와 진리에 어릴 적 갈망의
그 간절함을 주려고 하지 않을까?
차분히 가라앉게 만드는 한 영이 이제
내 몸을 누르고, 아직도 내 마음속에
그토록 또렷이 자리 잡고 있는 그 시절과
나 사이의 공백이 너무도 넓게 느껴져,   30
그 시절 생각할 때면, 종종 내 속에 두 의식이
자리 잡은 듯하네, 나 자신에 대한 의식과
어떤 다른 **존재**에 관한. 조그만 우리 마을[1]
장터 한복판에 놓여 있던, 아무렇게나 생긴
자연석(自然石)이 유년의 놀이의 표적이랄까

---

1 혹스헤드Hawkshead: 워즈워스는 아홉 살이던 1779년부터 케임브리지 대학에 입학하던
   1787년까지 8년간 이 마을의 앤 타이슨Ann Tyson의 집에서 하숙하며 혹스헤드 그래머 스쿨
   Hawkshead Grammar School에 다녔다.

중심이었네. 그 후 오랜 세월이 지나
그곳을 다시 찾았을 때, 그 오래된
잿빛 돌은 어디론가 사라지고, 그 대신
산뜻한 공회당이 한때 우리 몫이었던 땅을
차지하고 있었네. 거기서 바이올린도 켜고, 40
모두 즐거워하시게! 하지만 내 벗들이여! 난 알지,
자네들 중 적지 않이 나처럼 별이 총총히 빛나던
부드러운 밤들, 그리고 그 돌에 이름을 남겼던,
60여 년이란 긴 세월 동안 한결같이 여기 앉아
각종 행상 품목 즐비한 탁자를 바라보던
그 늙은 아낙을 생각하리라는 것을.

　우린 항상 시끌벅적했고, 세월은 또
얼마나 쏜살같이 지나갔던가. 그러나 좀더
조용한 기쁨에 대한 일상적 욕구가 일던 때가
찾아왔네, 그럴 때면 마음을 사로잡는 자연의 50
형체들이, 그것들이 없었더라면 덜 즐겁고
시큰둥한 소일거리가 되었을, 휴일을 즐기려는
모든 계획과 치기 어린 모든 놀이에
나란히 덧붙여졌다네.
　　　　　　　　　여름이 오면,
우리의 소일거리는, 화창한 반공일(半空日)마다,
윈더미어²의 잔잔한 수면을 가르는
보트 경기였네. 때로는 끊임없이 지저귀는

새들의 노래가 울려 퍼지는 섬 하나를,
때로는 울창한 상수리나무에 뒤덮이고,
벌판인 양 골짜기 가득 백합이 만발한   60
그 옆의 자매 섬을, 또 때로는 세번째 작은 섬,
한때 성모 마리아에게 봉헌되고, 매일
성가를 부르며 예배를 드렸으나 지금은
폐허가 된 전각만 쓸쓸히 남아 있는 그 섬을
목표 삼아 노를 저었네. 그런 경기가
끝나면, 우린 어떤 실망감도 없이,
불안도, 아픔도, 질투심도 없이,
승자와 패자 모두 똑같이 즐거워하며,
그늘 밑에서 쉬었네. 그리하여 힘센 자랑도
우월한 기량 뽐내는 헛된 영광도   70
모두 누그러지고, 그렇게 서서히
마음속에 고요한 독립심이 생겼네. 그리고
나를 아는 **벗**, 그대에겐 비난받을 염려 없이
첨언해도 되겠지, 이로써 앞날을 위한
조심스러움과 온건함이 뒤따랐고,
고독이 지닌 자족의 힘을, 어쩌면
너무도 많이, 느끼도록 배웠음을.

  우리의 일용 음식은 소박한, 사비니족³ 식사였네!

---

2 윈더미어 Windermere: 잉글랜드 서북부, 호수가 산재하고 산수가 매우 아름다운 경치로 유
  명한 지대에서 가장 큰 호수.

당시 우린 활력 넘치는 가난의 축복에 대해서
바라던 것 이상으로 잘 알았고— 따라서 미식(美食)[4]   80
탓에 신체의 힘이 약해질 리 없었네. 약간의
주급을 빼면, 우린 1년의 4분의 3가량을
무일푼으로 살았으니까. 그러나 1년에 두 번
방학이 끝나고 학교로 돌아갈 무렵,
우리의 지갑들은 조금씩 더 무거워졌고,
그 덕택에, 저 오래된 잿빛 돌의 아낙이
빈약한 상(床)에서 공급했던 것보다
더 값비싼 것들 장만할 수 있었네.
그래서 서늘한 풀밭에서, 혹은 숲 속에서,
혹은 강변에서, 혹은 그늘진 샘가에서   90
소박한 만찬들을 즐겼네. 부드러운 바람이 나뭇잎
사이로 살랑거리고, 어느덧 한낮의 태양이
흥겨운 우리 주변을 밝게 비추는 동안.
매 학기 반년이란 긴 세월을 보내며, 이따금
어떻게 우리 용돈에서 거금을 털어, — 날뛰는 말을
자랑스레 제어하고 신나게 박차를 가했는지
얘기한다고 내 목표를 소홀히 하는 건 아니라네.
우리에게 부족한 말을 제공해준, 빈틈없던

---

3 사비니Sabine족: 사비니인. 주로 로마 동북부의 아페닌Apennine 산맥 지방에 살며, 기원전 290년경 로마인에게 정복당한 이탈리아 중부 지방의 고대 민족. 사비니족 식사란, 시골풍의 소박한 음식을 뜻한다.
4 미식delicate viands: 미각을 돋우기 위한 음식.

그 여관 주인, 우린 어쩌다 그럴듯한 구실로
그를 속이고, 말을 몰아 먼 곳까지 달리기도   100
했네. 그 옛날 드루이드⁵가 예배했던
유명한 사원까지, 또는 저 거대한 수도원⁶의
낡은 성벽까지. 벨라도나⁷가 만발한 골짜기에
성모 마리아를 기념하여 세워진 그곳엔
아직도 무너져내리는 폐허 더미가 있네, 금 간 아치,
종탑, 성화들 그리고 살아 있는 나무들과 함께.
아 거룩한 장면이여! 우리의 말들은 완만한
푸른 초원에서 풀을 뜯었지. 굽이치는 대양에서
불어와 머리 위를 휩쓰는 서풍도 비껴가는,
내륙의 평화보다 더 깊은 고요가 감도는   110
그 외딴 골짜기에서 나무들과 탑들은 모두
고요하고 하나같이 미동조차 없는 듯했네.
그곳은 그토록 깊숙한 은신처요,
안식과 고요를 주는 피신처였네.

    우린 다시 말에 올라타 명령을 내리곤,
채찍과 박차를 가하며 부속 예배당⁸을 지나

---

5 드루이드Druid: 갈리아Gaul, 브리튼Britain, 아일랜드에 살았던 고대 켈트족 사이에서, 그리스도교가 전해지기 이전의 신앙이었던 드루이드교의 사제. 당시 최고의 학자로서 예언이나 마술을 행했으며, 재판관인 동시에 민족 시인이기도 했다. 드루이드는 4세기경 사라졌다.
6 혹스헤드에서 32킬로미터 정도 떨어진 퍼니스 수도원Furness Abbey.
7 벨라도나: 가지 과에 속하는 식물.
8 폐허가 된 수도원의 부속 예배당.

서툰 경주에 돌입했네. 그리고 다리를 꼰 기사와
대수도원장 석상과 굴뚝새 한 마리를 스쳐 지나갔네.
한때 옛 교회당 정면 입구에서 그토록 아름답게
노래했던 굴뚝새 한 마리, — 며칠 전 내린 비로   120
땅은 질척하고, 담쟁이덩굴은 그 장소의 흐느낌과
숨결들인, 내부에서 불어오는 희미한 바람에 흔들려,
오들오들 떨며, 지붕 없는 담장으로부터 커다란
눈물방울들 뚝뚝 떨어뜨렸지만 — 아직도 여전히,
보이지 않는 그 새는 홀로 어둠 속에서 그토록
아름답게 지저귀고 있었기에, 그곳에 내 거처
마련하고 영원히 그 음악 소리 들으며 살 수
있었으면 했네. 우린 담장 따라 바람처럼 달려서
골짜기로 내려와, 유쾌하게 까불며 한 바퀴 돌고,
길이 울퉁불퉁하든 평탄하든 개의치 않고   130
집으로 내달렸네. 오, 그대 바위들과 개울들이여,
그리고 저녁 공기 타고 흐르는 고요한 영이여!
이처럼 즐거운 시간에도 난 때때로 느꼈다오,
그대들의 존재를, 가파른 산기슭 따라서
천천히 달리며 호흡을 고를 때나, 바닷물에
반짝이는 달빛 받으며 우레 같은 말발굽으로
평평한 모래사장을 짓밟고 달려갈 때면.

   초승달 모양의 매혹적인 만을 따라
길게 뻗은 위낸더° 동쪽 해안 중간쯤엔

선술집이 하나 있었네, 근처 오두막들처럼   140
원시적으로 소박하게 지어진 집이 아니라,
문 주위엔 경마차들, 마부들 그리고 종자들
서성이고, 안에선 디캔터[10]들, 유리잔들 그리고
피처럼 붉은 포도주가 넘쳐나는 멋진 장소가.
옛적에, 큰 섬에 이 넓은 홀[11]이 세워지기 전,
이 거처는 더욱더 시인의 사랑을 받아
마땅했던, 하나밖에 없는 밝은 불빛과
시카모어[12] 그늘 뽐내던 오두막이었네.
하지만 — 한때 문간에 적혔던 시구(詩句)도
사라지고, 번쩍이는 간판 가득 메운 커다란   150
황금빛 글자들이, 어느 시골 환쟁이의 가볍고
조롱 섞인 솜씨 덕에, 그 오래된 사자[13]
몰아내고 그 자리를 빼앗긴 했지만 —
이 시간까지 그곳은 그 모든 유치한 과시와
더불어 내게 너무도 애틋하다네. 또 정원은
산비탈에 꾸며져 있었고 그 밑으로는 조그만
론볼링장[14]이 파랗게 펼쳐져 있었네. 발밑으론
숲이 우거졌고, 나뭇잎 새로 그리고 나무 위로

---

9 위낸더Winander: 윈더미어 호수의 다른 이름.
10 디캔터decanter: 포도주 따위를 담아두었다가 따르는 데 쓰이는, 목이 가느다란 유리병.
11 이 '넓은 홀'은 1780년대에 벨Belle 섬에 세워졌다.
12 시카모어sycamore: 유럽 및 서아시아 산 단풍의 일종으로, 잎이 크기 때문에 차양용으로 심는다.
13 사자는 영국을 상징하는 동물로서 영국의 문장(紋章)에도 그려져 있다.
14 론볼링장bowling-green: 나무 공 경기를 하는 잔디밭.

저 멀리 호수의 물결 반짝이고 있었네. 게다가 우린
다과, 딸기, 살살 녹는 크림까지 실컷 먹었다네.   160
거기서, 반나절이 다 가도록 완만한 잔디밭에서
경기를 즐기는 동안, 멋진 기술 덕택이었든,
어쩌다 운 좋게 승리를 했든, 기쁨의 함성이
모든 산에 메아리쳤네. 그러나 밤이 오기 전,
보트를 타고 한가롭게 그늘진 호수를 저어
돌아올 때면, 그리고 어느 작은 섬 해안까지
우리 패거리의 음악가[15]를 싣고 가서,
그를 그곳에 내려놓고, 그 홀로
바위에 걸터앉아 플루트 부는 동안
천천히 섬을 떠나올 때면 ― 아, 그때,   170
적막하고도, 죽은 듯 고요한 물결이 즐거움도
버거운 양 내 마음 누르고, 그토록 아름다웠던
적이 일찍이 없었던 하늘마저 내 가슴에
내려앉아, 꿈처럼 날 보듬어주었네!
이렇게 내 공감의 범주는 확장되었고, 또 이렇게
날마다, 시야에 들어오는 일상의 모든 것들
사랑스러워져갔으니, 이미 나는 태양을 사랑하기
시작했던 것이네. 소년인 난 태양을 사랑했네,
내가 태양을 사랑한 이래, 우리의 지상
생애의 담보와 보증, 또는 우리가 보면서   180

---

15 훗날 케임브리지, 트리니티 칼리지의 특별 연구원이 된 로버트 그린우드Robert Greenwood. 워즈워스의 하숙집 주인이던 앤 타이슨은 그를 '플루트 부는 소년'으로 기억했다.

살아 있음을 느끼는 빛으로서가 아니라,
삼라만상에 부어주는 태양의 은혜 때문도 아니라—
바로 이런 이유로, 즉 숱한 철없던 날들에,
아침 동산들 위로 눈부시게 쏟아지는 햇살과
서산으로 뉘엿뉘엿 저무는 태양을 보았었고,
그럴 때면, 크나큰 행복에 겨워, 내 몸속의
피는 저만의 즐거움 위해 흐르는 듯했으며,
가슴은 기쁨으로 벅차올랐기 때문이네.
또한, 애국적이고 가정적인 사랑에 견줄 만한,
강렬하나 겸허한, 유사한 느낌들로 인해서   190
밤하늘의 달도 사랑스럽게 여겨졌네,
마치 달이 다른 지역은 모르고 그대에게
속한 듯, 그렇다네, 그대 사랑스러운 골짜기여!
특별한 권리에 의해서 그대와 그대의 잿빛
오두막들에게 속한 듯, 언덕들 사이 중천에
걸려 있는 동안, 나는 달을 응시하고 서서
내 목적들을 꿈결같이 날려 보내곤 했기에.

　내 마음을 최초로 농촌 사물들과 이어준
그런 우연한 매력들은 나날이 시들해졌네,
그래서 이젠 서둘러 말하려 하네,   200
지금까지 중재적이고 2차적이던 자연이
어떻게 마침내 그 자체로 내 추구의 대상이
되었는지. 하지만 그 누가 자기 지성을

기하학적 규칙들로 나누고, 영토처럼
원과 정방형들로 분할할 수 있을까?
자신의 습관들이 씨앗인 양 처음 뿌려진
시간을 낱낱이 아는 사람이 있을까?
누가 막대기로 가리키듯 말할 수 있을까,
'내 마음의 강의 이 부분이
저 먼 샘에서 왔다'고? 그대는, 내 **벗이여!**　　　　　　210
자신의 생각들을 보다 깊이 통찰했으며,
그대에게 과학은 단지 그 자체로만 여겨져,
우리의 영광도 절대적 자랑거리도 아니고,
대용품이자, 우리 결함의 보조수단으로
보일 뿐이네. 우리에게 차이를 증대시키고,
하찮은 경계들을 우리가 만든 것이 아니라,
우리 인식의 대상으로 여기게 하는,
그다지 중요치 않은 그 거짓 능력[16]의
주제넘은 노예도 그대는 아닐세.
이런 형식적 기술들에 현혹되지 않는　　　　　　　　　220
그대에게, 만물의 통일성이 드러났다네,
그리고 그대는, 정신력을 단계와 순서에
따라 배치하는, 감각작용의 저장고
분류 기술에서 많은 이들보다 덜 능숙한

---

16 자연과학적 탐구. 우리는 대상을 전체로 파악하는 대신에 분류하고 분석하도록 교육받는데, 워즈워스는 이러한 분석적 이성에 입각한 자연과학적 탐구를 단지 상상력의 결핍을 보충하는 대용품 정도로 여긴다.

나와 더불어 의심하고, 달변의 문구로써,
단일한 독립적 사물로서의 각 존재의
역사와 탄생을 꿰뚫게 되리.
마음 분석 작업은 힘겨운 일, 헛된 희망,
만약 가장 분명하고 구체적인 낱낱의 생각이
모호하고 하찮은 감각이 아니라   230
신중히 고려된 이성의 언어들로
시작되지 않는다면.
      어린 아가는 축복받은 존재,
(이 땅에서의 우리 삶의 여정을 내 힘껏
추측해보자면,) 아가는 축복받은 존재,
엄마의 품에서 양육되고, 엄마의 가슴에 안겨
흔들리다 쌔근쌔근 잠들고, 그 어린 영혼으로
엄마의 눈빛에 담긴 느낌들 빨아들이네!¹⁷
아가를 위해, 한 사랑스러운 존재¹⁸ 속엔, 끝없는
감각의 교감 통해 사물들을 빛나게 하고
고양시키는 한 미덕 깃들어 있다네.   240
그는 당황하고 우울한 외톨이가 아니니,
그를 바깥 세계와 연결시켜주는

---

17 이 구절에서는 어린아이의 성장과정에 있어서의 느낌의 중요성을 강조한다. 느낌은 생각보다 선행되고, 어린아이가 결과적으로 배우게 되는 것은 최초의 느낌을 통한 자연과의 관계에 기초한다.

18 「틴턴 사원Tintern Abbey」에 언급된, "모든 생각하는 것들, 모든 사고의 모든 대상들"(102행)을 움직이게 하는 우주적인 신성한 존재가 여기서는 어머니라는 "한 사랑스러운 존재 one dear Presence"로 대치되었다.

자연의 중력과 가족의 유대가
그의 어린 혈관에서 서로 섞인다네.[19]
갓 피어난 꽃 한 송이, 아가는 꽃을 꺾지도
못할 만큼 여린 손으로 그것을 가리키나,
가장 순수한 지상의 원천에서 샘솟는 사랑은
벌써 아가를 위해 그 꽃 아름답게 해주었고,
내면의 부드러움에서 비롯된 연민의 그늘들
벌써 그의 주변을 에워싸, 보이지 않게   250
폭력과 해악의 표적 지닌 것들 가려준다네.
확실히 그런 **존재**가 살아간다네,
연약하고, 연약한 만큼이나 속수무책인
피조물이지만, 이 활동적인 우주의
거주자로서. 왜냐하면 느낌이 그에게,
감각능력이 발달해감에 따라서,
한 위대한 우주적 **정신**의 대변인인 양,
창조자이자 수취인으로서, 보이는 현상들과
연합하여 작업하면서, 창조하는 능력을
부여하였기에. — 진실로, 이것이 우리네   260
인간 삶의 최초의 시적 정신이라네.
이 정신은 이후 한결같은 세월의 힘에 눌려
대부분 완화되거나 억제되지만, 어떤 이들에겐
성장과 파멸의 모든 변화를 넘어 유지되네,

---

19 어린아이가 자연의 일부가 되는 것은 '어머니와의 유대'를 통해서이다. 이는 마치 아이가 '중력'의 힘에 이끌리는 것과 흡사하다.

죽음을 맞이할 때까지 탁월하게.
						어린 시절,
아가였던 내가 엄마의 가슴에 안겨
감촉으로 무언의 대화를 나눴던 최초의
시간으로부터 오래 지나지 않은 시점부터
나는, 우리 존재의 위대한 생득권인
유아적 감수성이 내 안에서 어떻게					270
증대되고 유지되는지 그 방식을 드러내고자
노력해왔네. 하지만 더욱 험난한 길
내 앞에 놓여 있고, 끊어진, 구불구불한
길목마다 우리에겐 영양(羚羊)의 근육과
독수리의 날개라도 있어야 하지 않을까.
이제 어떤 알 수 없는 이유로 내 마음에
근심이 생겼으니 말이네. 난 홀로 남겨져,
이유도 모르는 채 보이는 세계를 추구하고 있었네.
내 애정들의 버팀목들은 제거되었으나,[20]
몸체는 여전히 서 있었네, 마치 그 자체의					280
영으로 지탱되는 듯! 보이는 모든 것들이
사랑스러웠고, 그래서 더 좋은 것들을 향해
내 마음 열렸다네, 보다 더 분명하고
밀접한 친교를 향해서. 어릴 땐 기쁜 일들

---

[20] 워즈워스는 여기서 어쩌면 어머니의 죽음을 암시하는지도 모른다. 워즈워스가 만 8세가 채 못 되었던 1778년 3월에 어머니가 돌아가시자 자녀들은 뿔뿔이 흩어져 친척들에게 맡겨지고, 워즈워스와 도러시는 이로부터 9년 동안 서로 만나지 못했다(126쪽 주 26 참고).

참 많기도 하지, 하지만 오! 매시간 지식을
접할 수 있고, 모든 앎이 오직 기쁨이요,
슬픔이란 존재하지 않을 때, 산다는 건
얼마나 큰 행복인지! 계절들은 찾아왔고,
내 어디로 향하든 사계절이 각기
변화무쌍한 특성들 펼쳐 보였네, 가장　　　　　　　　　290
기민한 이 사랑의 힘이 없었을 땐 소홀히
여겨졌던 것들을. 그리고 이제 다른 곳에선
알 수 없는 영원한 관계들의 기록을 남겼네.[21]
그리하여 삶과 변화와 아름다움,
'최상의 사교'보다 더 역동적인 고독[22] —
고요한, 거슬리지 않는, 내적 화음들에 의해
고독만큼이나 달콤해진 사교, 그리고
방심한 눈엔 띄지 않지만, 사물들에서
감지되는 차이인, 다양한 특성들로 인한
마음의 고요한 파문들, 그리고 이로써　　　　　　　　　300
동일한 원천으로부터 더 숭고한 기쁨
맛보았네. 종종 고요한 별빛 아래
홀로 걷곤 했는데, 그때마다
형태나 이미지로 더럽혀지지 않은,
고양된 기운을 내뿜는 소리에서

---

21 사계절이 각기 제공하는 (봄의 꽃들, 여름의 풍성함, 가을의 낙엽, 겨울의 서리 등) 일시적 광경들이 이제는 사랑의 힘에 의해서 마음속에 영원히 기록되었다.
22 『실낙원』 제9편 249행에서 아담은 "고독이 때로는 최상의 사교다For solitude sometimes is best society"라고 말하였다.

어떤 힘을 느꼈기 때문이네. 또 다가오는
폭풍우로 캄캄해진 밤이면, 바위 밑에
서 있곤 했네, 태고의 땅 휩쓰는 유령 같은 언어,
혹은 멀리서 불어오는 바람 속으로 희미한
자취를 감추는 곡조에 귀 기울이며. 310
그로부터 난 비전의 힘을 마시게 되었고,
그림자 같은 환희의 덧없는 느낌들이
무익하다 여기지 않았네. 그러나 그것들이
보다 더 순수한 우리 마음과 지적인 삶과
밀접히 연결된 것은 이 때문이 아니라,
무엇을 느꼈는지는 기억하지 못하나
어떻게 느꼈는지는 기억하는 영혼이
어떤 숭고함에 대한 희미한 감각을 보유하고,
지적 능력의 발달과 함께, 그것을 갈망하기 때문이네,
여전히 발달을 거듭하는 지적 능력과 더불어, 320
그 능력이 어떤 목표를 달성한다 해도, 여전히
추구할 무엇인가가 있음을 느끼며.
       그리고 어둠과
소란함 속에서뿐 아니라, 아름답고 고요한
장면들 속에서도, 기쁨의 감정으로 마음을
움직이게 하는, 저 우주적인 힘과
잠재된 특질들 안에 내재된 적합성과
사물의 본질들이 내게 찾아왔네,
그 자체의 덕목이 아닌, 덧붙여진

영혼으로 강화된 채. 내 아침 산책은
일렀다네, ─ 종종 등교 시간 전 8킬로미터 정도 되는 330
우리의 작은 호수 주위를 기분 좋게 거닐곤 했지.
행복한 때였네! 이 산책은, 동행했던,
당시 열렬히 사랑에 빠졌던 한 벗[23] 덕분에
더 즐거웠네. 그가 얼마나 풍부한 감성으로
이 시구(詩句)들을 정독했던지! 숱한 세월이
우리 사이에 흘러들어, 지금 우린
서로에게 소식 끊은 채, 그때 그 시절이
전혀 없었던 것처럼 살아가고 있지만.
또 자주 나는, 훨씬 일찍 우리 오두막 걸쇠를
들어올리고, 인가에서 아무 연기도 340
피어오르기 전, 혹은 지빠귀가 높이 앉아
숲을 향해 날카로운 기상나팔 불기 전, 아직
잠에 빠진 골짜기가 완전한 고독에 잠겼을 때,
동터오는 희미한 첫 새벽빛을 받으며
돌출한 바위에 홀로 걸터앉았었네. 어떻게
근원을 알아낼 수 있을까? 당시 내가 느꼈던
놀라운 사물들에의 믿음을 어디서 찾을 수 있을까?
이러한 순간들이면 이따금 그토록 거룩한 고요가
내 영혼을 뒤덮곤 했기에, 육체의 눈은

---

23 존 플레밍John Flemming을 말한다. 워즈워스는 그의 시 「이스웨이트 골짜기The Vale of Esthwaite」에서 "우정과 플레밍은 같은 말Friendship and Flemming are the same"이라고 썼다.

철저히 잊히고, 내가 본 사물들이 350
내 안의 어떤 것, 하나의 꿈, 마음속
풍경인 양 나타났네.
                다 말하면 길어지겠지,
어느 봄과 가을이, 어느 겨울의 눈이,
어느 여름의 그늘이, 어느 낮과 밤이,
저녁과 아침이 그리고 마르지 않는 근원들에서
솟아나는 잠과 백일몽이, 아낌없이 쏟아부어
내가 자연과 동행할 수 있도록 경건한
사랑의 정신을 길러주었는지를. 하지만
내가 최초의 창조적 감수성을 여전히
간직했다는 것, 그리고 내 영혼이 360
세상의 일상적 행위로 억눌리지 않았다는
사실만은 잊히지 않으면. 창조적 능력이
내 안에 있었고, 창조하는 손은 이따금
반항적이며 변덕스러운 기분으로 움직였고,
제멋대로의 편협한 정신이 일반적 견해와
충돌을 일으키기도 했지만, 대체로
교제를 나누었던 외부 사물들을
철저히 추종했다네. 한 도움의 빛이
내 마음에서 흘러나와, 지는 해에 새로운
광채를 더했고, 아름답게 노래하는 새들, 370
살랑거리는 미풍들, 저마다 그토록 달콤하게
속삭이며 흐르는 샘물들도 마음의 지배에

순종하였고, 한밤중의 폭풍우도
내 눈앞에서 더 캄캄해졌으니,
이로써 나의 경의가, 이로써 나의 헌신이,
또 이로써 나의 환희가 가능했네.[24]
　　　　　　　　어쩌면, 내가
수고로운 일과 그 결실을 항상 사랑했었다는
점도 간과해선 안 되리. 이것은
내게는 이성적인 사고보다 더 즐겁고,
또한 그 특성에 있어 더욱 창조적인 작용을　　　　　380
닮았기에 보다 더 시적으로 여겨지네.
내 노래는 저 영원히 존속하는 건축물,[25]
수동적 마음으론 어떤 형제애도
발견할 수 없는 대상들 안에서 유사성을
관찰함으로써 세워진 구조물에 대해
말하곤 했네. 내 열일곱번째 해가 찾아왔네.
그리고, 이젠 내 마음속 아주 깊이
뿌리 내린 이 습관 탓인지, 혹은
모든 사물을 공감으로 응집시키는
삶의 위대한 사회적 원칙의 과잉 탓인지,　　　　　390
나 자신의 즐거움이 생명 없는 것들로
옮겨졌네. 혹은 계시된 진리의 능력이

---

24 워즈워스는 역설적으로 자연에 충성을 바치고 '환희' — 이 세계를 잠시 떠나는 황홀한 느낌 — 를 경험한다. 그의 상상력이 자연을 지배하여, 마음에 작용하는 자연의 효과를 고조시키기 때문이다.
25 '저 영원히 존속하는 건축물that interminable building'은 시인 자신의 마음을 가리킨다.

실제로 존재하는 사물들과 대화를
나누었고, 이 무렵 나는 축복들이
바다처럼 내 주위에 펼쳐진 것 보았네.
이렇게 하루하루 흘러가고, 해가 바뀌는 동안,
나는 자연과 그 흘러넘치는 영혼으로부터
너무도 많이 받았기에, 내 모든 생각들이
정감에 흠씬 젖었다네. 나는 오직,
움직이는 모든 것들과 정지된 듯 보이는   400
모든 것들 위에, 생각의 범주와
인간의 지식 초월하여, 육안으론 안 보이나
가슴속에 살아 있는 모든 것들 위에,
도약하고 달리고, 외치고 노래하거나,
상쾌한 공기를 가르는 모든 것들 위에,
파도 밑, 그렇다네, 파도 속에서, 그리고 깊디깊은
바닷속을 활강하는 모든 것들 위에 펼쳐진
존재의 정서를, 형언할 수 없는 축복과 더불어,
느꼈을 때만 만족했네. 이상하게 여길 것 없네,
피조물이, **창조주**를 찬미의 표정과   410
사랑의 눈으로 바라볼 때처럼,
하늘과 땅 사이에서 이런 식으로
모든 형태의 피조물과 교감하는 동안,
내 황홀감 고조되고, 큰 기쁨 느꼈다 해도.
그들은 한 노래를 불렀고, 그 노래가 들려왔네,
육체의 귀가 그 노래의 가장 소박한

서곡에 압도당하여, 제 기능을 잊고
편히 잠들었을 때, 가장 크게 들려왔네.

   만약 이 생각이 틀렸고, 다른 믿음이
경건한 마음에 더 쉽사리 접근할 수 있다면,   420
그대 산들과 호수들과 우렁차게 떨어지는 폭포들,
내 고향 언덕들 사이를 휘감는 그대
안개와 바람들이여, 만약 내가 감사의
목소리로 그대들에 관해 말할 줄 몰랐다면,
이 땅을 그토록 사랑스럽게 여기게 하는 모든
인간 정서가 내겐 참으로 부족했을 터.
젊은 시절 내가 순수한 마음을 간직했고,
세상과 섞이면서도, 나만의 온건한
기쁨들에 만족하고, 신과 자연과
친교하며 살아왔고, 사소한 적대감들   430
그리고 천박한 욕망들을 제거했다면,
그건 그대들의 선물이라오. 이 두려움의 시대,
희망이 짓밟힌 우울한 사막 같은 시대에,
무관심과 무감동, 사악한 환호에 둘러싸여,
선량한 이들이, 어떻게 그러는지 우리는
모르나, 평화와 조용하고도 가정적인
사랑이라는 고상한 이름으로 위장한 채,
통찰력 있는 자들을 조롱하는 자리에
기꺼이 섞이면서, 모든 면에서

이기심의 나락으로 떨어질 때, 440
이 태만과 낙담의 때에, 내가 여전히
우리의 본성에 대해 절망하지 않고, 로마인보다
더 큰 자신감, 모든 슬픔 안에서도 버팀목과
삶의 축복이 되는, 사라지지 않는 믿음을
간직할 수 있다면, 그건 그대들의 선물이라오,
그대 바람과 우렁찬 폭포들이여! 그건 그대들 것이오,
그대 산들이여! 그대들 것이오, 오 자연이여! 그대가
내 고고한 명상들에 자양분을 공급했으며,
우리의 이 불안한 마음 위해, 그대 안에서
결코 쇠하지 않는 기쁨의 원칙과 450
가장 순수한 열정을 찾는다오.

      그대, 내 **벗이여!**
대도시에서, 사뭇 다른 광경들 속에서 자랐지.
하지만, 우린, 다른 길을 거쳐, 마침내
같은 지점에 당도했네. 바로 이런 연고로
난 그대에게 이야기하네, 경멸이나, 비겁한
혀들이 넌지시 내비치는 조롱, 그리고
사람과 사람 사이의 대화에서 그렇게도 자주
인간의 얼굴에서 미와 사랑의 모든 흔적을
지워버리는 저 모든 침묵의 언어들을
두려워하지 않고서. 그대는 고독하게 진리를 460
추구해왔기에, 그리고 참으로 오래 갈망했던,
자연의 성전에서 섬길 수 있는

자유가 주어진 그날들 이래, 그대는
가장 근면한 자연의 사제가 되었으며,
여러 면에서 나의 형제라네, 주로 자연에
대한 우리의 깊은 헌신에서.
       잘 있게, 친구!
몸도 마음도 건강한 평온한 삶을
누리기를! 사람들과도 종종 어울리며, 그러나
더 자주 그대 자신을 위한, 그대만의 삶을
추구하면서, 오래오래 수(壽)를 누리길,   470
그리고 인류에게 축복이 되기를.²⁶

---

26 466~471행: 워즈워스와 도러시가 도브 코티지로 이사하고자 할 무렵, 콜리지는 런던의 『모닝 포스트 Morning Post』의 기자 생활로 되돌아가기로 결심했었다.

제3권
케임브리지 체류

구름 덮인 넓은 평원으로 마차 바퀴
굴러가던 그날 아침은 음산했네.[1]
긴 지붕을 한 킹스 칼리지[2] 채플의 줄지어 늘어선
망루들과 첨탑들이 어스레한 숲 위로 높다랗게
치솟은 광경이 최초로 시야에 들어오기까지
우리 기분을 활기차게 하는 것은 아무것도 없었네.

   계속 앞으로 달려가며, 우린 길에서
가운과 술 달린 모자[3]를 착용하고, 시간에
쫓기듯, 혹은 맑은 공기와 운동을 원해서인 듯,
거리를 활보하는 한 학생을 보았네. 10

---

[1] 워즈워스는 1787년 10월 30일, 혹은 바로 그 직후에 케임브리지에 도착했다.
[2] 킹스 칼리지King's College: 케임브리지 대학교를 구성하는 많은 단과대학들 중 하나.
[3] 오늘날 대학생들이 졸업식에서 착용하는 술 달린 모자와 가운은 당시 대학생의 교복이었다.

그는 지나갔지만 — 쏜살같이 뒤로 사라질
때까지 난 그에게서 눈을 뗄 수 없었네.
우리가 목표 지점에 점점 더 가까이 갔을 때,
그 도시는 우릴 소용돌이처럼 빨아들이는 듯했네.
우린 성 밑으로 계속 달렸고, 마그달레나 다리를
건너는 동안 캠 강[4]을 한번 훑어보았으며,
마침내 유명한 후프 여관 앞에서 하차했네.[5]

    내 기분은 고조되었고, 생각은 희망으로 넘쳤네.
지난날 안면만 있었으나, 거기선 친구처럼 여겨졌던
벗들도[6] 있었고, 가난하고 소박한 학생들이 이제   20
영예롭게 우쭐대며 붙어다녔네. 반가운 얼굴들
가득한 세계에서 난 이리저리 돌아다녔고,
질문들, 지시들, 경고들 그리고 충고들이
사방에서 쏟아졌네. 자랑스러움과
기쁨 넘치는 신선한 시절이었지! 나 스스로
돈깨나 있는 사업가인 양 여겨졌고,
필요에 따라 이 가게에서 저 가게로,
닥치는 대로, 학생주임[7]이나 재단사를 찾아서,

---

4 캠Cam 강: 케임브리지 옆을 동북으로 흘러 우즈Ouse 강으로 유입되는 강.
5 워즈워스는 케임브리지 생활을 이야기하는 부분에서 처음부터 익살맞고 다소 비꼬는 의사(擬似) 영웅시체를 도입했다.
6 워즈워스가 다녔던 혹스헤드 그래머 스쿨은 아주 작은 학교였지만, 그에겐 케임브리지에서의 새로운 생활을 함께할 친구가 아홉 명이나 있었다.
7 학생주임: 튜터tutor. 옥스퍼드나 케임브리지 대학에서 학생의 면학, 주거 및 그 밖의 일에

편안하고 느긋한 마음으로 이리저리 쏘다녔네.

   난 **몽상가**였고, 그 모든 것은 **꿈**이었네.   30
난 기쁨에 넘쳐 잡다한 구경거리 사이로 배회했네.
칙칙하거나 화려한 가운들, 박사들, 학생들, 거리들, 대학건물로
둘러싸인 안뜰들, 복도들, 교회의 양 떼들, 출입구들, 탑들.
이 모두가 북부 산촌 출신 풋내기에겐
낯선 광경이었네.
          마치 어느 **요정**의
요술 지팡이가 날 바꿔버린 듯, 난 즉시
돈 많은 부자가 되어, 실크 스타킹에,
멋진 의복 차려입었고, 된서리 내리는 계절의
서리 덮인 나무처럼 머리엔 분가루를 뒤집어썼네.⁸
난 귀족풍의 드레싱 가운도 눈감아주었네,   40
부족한 수염을 보충해주었던 다른 성인(成人)
표시들과 함께. ― 몇 주가 신속히 지나갔네,
온갖 초대들, 저녁식사들, 포도주와 과일,
순조롭던 교내생활, 그리고 신사 차림에 걸맞은,
모든 자유로운 바깥일들로 분주한 동안.

   복음 전도자 성 요한⁹이 내 수호성인이었네.

   대해 직접적으로 지도 감독을 하는 사람.
8 1790년대에 이르러 영국의 복식이 프랑스의 혁명당원 옷차림의 영향을 받기 전, 신사와 숙녀 모두 머리에 분가루를 바르는 것이 관습이었다.

세 개의 고딕식 안뜰이 그의 것인데, 첫째 건물에
내 거처가 있었네, 어두컴컴한 구석방이.
바로 그 밑으로는 대학의 주방들에서,
벌들보다는 덜 조화롭지만, 그에 못지않게   50
분주한 웅성거림이 들려왔네, 귀를 찢는 듯한
날카로운 명령과 꾸중들이 뒤섞인 채.
근처엔 트리니티[10]의 시끄러운 시계가 걸려 있어,
밤낮 없이, 15분 간격으로 어김없이 시간을
알려왔고, 시간이 바뀔 때마다 남자와
여자의 음성으로 번갈아 전해주었네.[11]
웅장한 오르간 소리도 가까이서 들렸으며,
달빛이나 은혜로운 별빛으로 밖을 내다보면
베갯머리에서 예배당 현관이 바라보였고,
거기엔 고요한 표정으로 프리즘을   60
손에 든 뉴턴의 동상[12]이 서 있었네,
홀로 낯선 **생각**의 바다를 헤쳐나가며
영원히 항해하는 한 정신의 대리석 지표가.

　학업 부담이라든가, 의자를 더 놓을 수
없을 만큼 꽉 찬, 도처에 널려 있는 강의실,

---

9 워즈워스는 1787년 10월 30일에 케임브리지의 성 요한 대학St. John's College에 입학했다. 이 대학은 사도 요한을, 옥스퍼드의 성 요한 대학은 세례 요한을 기념하여 세워졌다.
10 케임브리지 대학교 내의 트리니티 대학.
11 매시간 시계가, 처음에는 테너 성부로 다음엔 소프라노로, 두 번씩 쳤다.
12 뉴턴의 동상은 1755년에 루빌리악Roubiliac에 의해서 세워졌다.

언제 어디서나 학업에 충실한 모범생들,
공부 반 놀이 반의 게으름뱅이들, 고집 센 반항아들,
정직한 멍청이들에 관해선 — 중요한 날들,
마치 사람을 저울에 올려놓고 무게를
다는 듯한 시험들! 지나친 희망들,   70
그로 인한 떨림과 엄청난 두려움들,
소소한 질투들, 좋고 나쁜 성공들에 관해선
더 잘 아는 이들이 아는 대로 말하라지.
난 그러한 영광을 거의 추구하지 않았고,
얻은 것도 별로 없었네.[13] 하지만 이 낯선 곳에서
정착을 막 시작했던 초기의 서툴렀던 날부터,
아무 희망 없이 희망을 기대하며,
사려 깊은 생각들로 종종 혼란스러웠네.
장래의 세상살이에 관한 막연한 두려움, 그리고
무엇보다도 마음속에 파고드는 낯설다는 느낌,   80
내가 그 시간, 그 장소에 어울리지 않는다는
느낌으로.[14] 하지만 왜 의기소침했을까?
나는 (이성, 그리고 도덕률을 양심 깊이
심어놓기 위한 이성의 그 순수한 명상적
행위들이라든가, 훨씬 강력한 자매 **믿음**

---

13 워즈워스의 친척들은 그가 케임브리지에서 두각을 나타내고 장학생이 되기를 기대했지만, 그는 학업에 별 뜻이 없는 평범한 학생이었다.
14 77~82행: 워즈워스의 친척들은 그가 대학 졸업 후 '목사보'가 될 것을 바랐으나, 그 자신은 그 직업에 대한 확신을 가질 수가 없었다.

앞에 머리 조아리는 기독교적 **희망**에 관해
말하기 위해서가 아니라), 일을 하건 느끼건,
거룩한 능력들과 재능들을 부여받고서,
진리를 증거하고자 이곳에 왔었는데.
이제 더는 새로울 것 없는 현란한 것들이   90
빛을 잃었을 때, 나는 종종 동료들을 떠나
군중과 대학건물들과 숲들을 뒤로했네,
그리고 익히 알게 된 아름다운 광경들과
장엄한 소리들에서 멀리 떨어져 평원을
홀로 거닐었을 때, 마음은 울적하지 않았고,
오히려 거기서 본연의 모습으로 돌아가,
즉시 회복되어 이전처럼 신선하게 여겨졌네.
적어도 마음의 타고난 본성을 더욱 확실히
깨달았으니, 더욱 고양된 언어로
감히 말해도 되겠지, 얼마나 큰 위안을   100
나 스스로 터득했는지 이제야 느꼈다고,
젊은 시절 얼마나 많이 변했다 할지라도,
혹은 인생의 절정기에 변하게 될지라도,
장소나 상황이 주는 상처들을 완화시켜주고,
혹은 다가오는 죽음의 밤을 알리는 전령사인,
인생의 황혼기에 긴 그림자를 돌아보게 될
소수의 사람들 위한 위안을 말이네.
난 각성하고, 소환되고, 자극받고,
강요된 듯, 우주의 사물들을 바라보았고,

하늘과 땅의 공통된 표정을 살폈나니,　　　　　　　　　　110
땅은 인간추방 이전, 최초의 **낙원**의
흔적으로 꾸며지지 않은 곳 없었고,
하늘의 아름다움과 혜택은 저 스스로 지닌
천국이라는 자랑스러운 이름으로 표현되었네.
난 하늘과 땅에 가르쳐달라고 요청했네,
혹은 나만의 세계에 몰입하여 내 생각들을
숙고하고, 바라보고, 기대하고, 경청하고, 펼치고,
또한 그 생각들을 더 널리 확산시켰으며,
더욱 경외할 만한 영적 명상의 의무들,
시간의 무례한 행위들을 너그러이 허용하는　　　　　120
옹호자,[15] 즉 고요한 영혼[16]의 방문들,
그리고, 모든 유한한 움직임들을 지배하는
영원의 중심으로부터, 변치 않는 영광에
휩싸인 삶들을 느꼈다네. 하지만 아!
내가 이제 최상의 진리와 교감하는 데까지
도달했음을 여기 기록하는 것으로 족하네.

　전에 누군가 밟았던 한 길을 따라 걸으며,
나는 생각에 따라 일어나는 엄밀한 유추 현상
혹은 억제되지 않을 의식 활동에 힘입어,

---

15 옹호자the Upholder: 시인의 자아 내면에 깃든 영적 원칙을 암시하며, 바로 뒤의 '고요한 영혼'과 동등한 개념임.
16 120~21행: 시간의 유한성을 초월하는 불멸의 영혼을 말한다.

바위, 열매 혹은 꽃, 심지어 제멋대로 나뒹구는   130
한 길가 돌들에 이르기까지, 모든 자연물에
도덕적 삶을 부여했기에, 그것들이 느끼는 걸 보거나,
그것들을 어떤 느낌과 연관 지었네. 대자연이 온통
소생시키는 영혼[17] 안에 뿌리박고 있었고,
내가 본 모든 것이 내적 의미로 호흡했네.
자연의 얼굴이 매일 덧없는 열정으로부터
그 어떤 **공포**나 **사랑**이나 **아름다움**의
모습을 취한다 할지라도, 나는 바닷물이
하늘의 영향에 민감한 것만큼이나
자연에 민감했기에, 자연의 열정과   140
흡사한 기분에 젖어, 바람의 손길 기다리는
류트처럼 자연에 순종했네. 무명(無名)에,
생각해주는 이 없어도 난 가장 부유했네―
내 주위에 한 세상이 열려 있었네 ― 나만의 세상이.
내가 그것을 만들었네, 그건 오직 나에게,
그리고 마음을 통찰하는 신께만 살아 있었기에.
그와 같은 공감이, 비록 드물기는 했어도,
외적 행동들과 보이는 표정들에 드러났음에,
어떤 이는 그걸 광기라 했네― 정말 그랬겠지,
만약 스쳐가는 기쁨 속 어린애 같은 풍요로움이,   150
만약 영감으로 무르익어가는, 한결같은

---

17 식물이 토양에서 자양분을 취하듯, 물질계가 영혼으로부터 자양분을 얻는 것으로 묘사되었다.

사려 깊음이 그와 같은 이름으로 불린다면,
만약 예언이 광기라면, 만약 옛적 시인들
그리고 더 거슬러 올라가 최초의 인류,
지상의 최초 거주자들의 눈에 보였던 것들이
이 교육받은 시대에 온전한 시각으로도 더 이상
보이지 않는다면. 하지만 이 정도로 해두고,
그건 광기가 아니었네, 왜냐면 내 육체의 눈이,
나의 가장 강력한 작업들 한가운데서
가깝거나 멀리 떨어진, 미세하거나 광대한   160
모든 외양들 가운데 은밀히 숨겨진
다른 특성들을 끊임없이 찾고 있었고, 내 눈이,
나무 한 그루, 돌 하나, 시든 잎사귀 하나로부터
드넓은 대양 그리고 서로 닮은 무수한 별들로
수놓인 푸른 하늘에 이르기까지, 제 힘[18]이
잠들 만한 어떤 표면도 찾지 못함에,
영속하는 논리를 내 영혼에 전해주고,
어떤 확고부동한 작용에 의해서 내 느낌들을
사슬의 고리들처럼 연결시켜주었기 때문이네.

   이렇게, 오 벗이여! 지나간 시절의   170
내 삶을 한 정점까지 되돌아보았네. 그리고,
내 젊음의 영광이라고 불러도 틀림없을

---

18 자연의 외관들에 숨어 있는 정수들을 발견하고, 영속하는 논리를 영혼에 전해주고, 또 느낌(감각)들을 연결시키는 힘은 바로 상상력이다.

일들에 관해 이야기했네. 천부적 재능, 힘,
창조, 그리고 신성한 속성 그 자체에 관해
이제까지 말해왔네, 왜냐하면 내 주제는
내면에서 일어난 일이었기에.[19] 타인들을 위해
언어들, 표적들, 상징들 혹은 행위들 같은
외적인 것들을 쓴 것이 아니라, 바로 내 마음,
특히 내 유년의 마음에 관해서 말했던 것이네.
오 참으로! 영혼들의 힘이란 얼마나 엄청난가,　　　　　　　　　　180
땅의 멍에가 아직 낯설고, 그들의 씨 뿌려진
세상이 다만 거친 들판에 지나지 않는 동안
영혼들이 제 안에서 행하는 것 또한 얼마나 대단한가.
사실, 내 능력 아무리 약하다 해도
내가 손대고 싶었던 것은 영웅적 주제,[20]
진정 용감한 행위였네만, 대체로 그것은
언어로 표현하기엔 너무 깊이 숨어 있네.
우리 모두 영혼 깊숙한 곳에 홀로 서는
지점들이 있네. 이것을 난 느끼네, 그리고
소통할 수 없는 힘들 위해 호흡한다네.[21]　　　　　　　　　　　　190
그러나 각자가 자기에게 추억이 아니던가?

---

19 173~76행: 1805년의 이 주장들이 1850년 판에도 그대로 수록되어 있는데, 이는 워즈워스의 근본적 생각들이 긴 세월 동안 별로 바뀌지 않았음을 입증한다.
20 영웅적 주제heroic argument: 밀턴은 『실낙원』의 주제가 호메로스와 베르길리우스의 전쟁 시보다 '더 영웅적'이라고 말했었다. 워즈워스는 자신을 이 위대한 전통에 포함시키고 있다.
21 시인이 '소통할 수 없는 힘들incommunicable powers'을 얻기 위해 호흡한다는 것인지 혹은 그 힘들 대신에 호흡한다는 것인지 모호하다.

따라서, 이제 이 주제를 접어야 하지만,
난 낙담하지 않네, 산 사람 가운데 일찍이
신(神)과 같은 시간들을 경험하지 않은 이 없고,[22]
자연의 힘에 속한 자연의 존재로서 우리가 얼마나
멋진 제국을 물려받았는지 느끼지 않는 이가 없기에.

   이 정도로 해두겠네. 이제 우리는 사람들 북적이는
평지로 내려가야 하니까. 나는 자신에 대해서만
이야기하는 **여행자**. 앞으로는 더욱 그렇게,
그렇게 되리, 마음 깨끗한 이가 즉각   200
나를 따라준다면, 그리고, 존경하는 **벗이여**!
이런 내 생각들을 언제나 곁에서 들어주는 그대가
이제까지처럼 내 힘없는 발걸음을 지탱해준다면.

   이미 말했네, 새로운 광경이 가져다준
번쩍거리는 최초의 기쁨 사라졌을 때,
내 마음은 그 자체로 되돌아갔다고.
하지만 사실, 난 이미 다른 풍토에
속했었고, 내 외적 성향 역시 서서히
그리고 부지불식간에 바뀌어갔네.
고독한 순간의 고요하고도 고양된 생각들이   210

---

[22] 모든 인간이 신과 같은 시간을 체험하리라는 가정은 이 시에서 매우 중요한 개념이다. 모든 인간이 초월의 순간들을 경험할 수 있는 것이라면, 워즈워스는 이 시를 통해서 '모든 인간'을 대변하는 셈이 된다.

너무 자주 공허한 소음과 피상적인
소일거리들로, 그리고 이따금 강요된 일과
더 빈번히 강요된 희망들로 대체되었고,
최악의 경우, 내 의지와는 반대로 증대되는
모호한 판단들로 대체되어, 마음의 단순함을
흔들고 상하게 했네. ― 하지만 여전히
그때는 기쁜 시절이었네. 난 알 수 있었네―
썰물 때 강바닥의 흠뻑 젖은 진흙보다
덜 민감하지 않은 사람이라면 누가
그렇게도 많은 행복한 젊은이들을,   220
건강과 희망과 아름다움이 싹트는 시절의
그렇게도 무수하고 아름다운 집단, 모두가
즉시 인생의 달콤한 계절에 성장한
그토록 다양한 본보기가 되었던 이들을
기쁘지 않은 심정으로 바라볼 수 있었겠으며 ―
전 세계적으로 그토록 유명한 장소의
모교 성전들을 장식한, 각양각색의 꽃들로 엮은
야생화 화환[23]을 감동 없이 볼 수 있었겠는가?
적어도, 내겐 그건 아름다운 광경이었네. 실제로,
내가 일찌감치 홀로서기를 배우긴 했지만,   230
그리고 혼자만의 명상이 그렇게도 기뻤기에
홀로 있을 땐 마법에라도 걸린 듯했지만,

---

23 케임브리지 학부생들을 일컫는 비유적 표현.

고독에만 매달릴 수 있었던 건 외로운 장소에
있을 때뿐이었고, 무리가 가까이 있을 땐
천성적으로 그들에게 기울어졌네, 내 본심은
사교적이고,[24] 여유로움과 기쁨을 사랑했기에.

　더욱 심오한 즐거움들을 함께할 이들을
찾지 않고 (정말 아니네, 외로운 노래들을
곧잘 흥얼거리긴 했어도, 난 단 한번도,
심지어 나 자신과도 그러한 기쁨을 나누거나,　　　　　240
인간의 언어로 표현할 만한 어떤 방법을
찾지 않았네), 쉽사리 난 더 좋은 것들에
대한 기억들로부터 빠져나왔고,
걱정도, 겁도 없이, 경솔한 젊은이
특유의 일상적 일들로 빠져들었네.
내 마음속엔 태양이 결코 꿰뚫을 수 없는
동굴들이 있었네, 하지만 그곳에도 빛이
얼마든지 침투할 수 있는, 잎이 무성한
*나무*들은 부족하지 않았네. 동료애,
우정, 지인들, 모두 대환영이었네.　　　　　　　　　250
우린 빈둥거리거나, 놀거나, 흥청댔으며,
밤새도록 쓸데없는 얘기들을 나눴네.

---

24 보통 고독한 시인으로 알려진 워즈워스의 다른 면을 알 수 있게 하는 구절. 워즈워스는 1794년 11월 7일 케임브리지 시절의 가장 절친한 친구였던 윌리엄 매슈William Matthews에게 다음과 같이 썼다: "난 이제 도시에서 살기 원하네. 폭포와 산들은 이따금 좋은 벗이 되기는 하나, 항구적인 동반자가 될 수는 없을걸세."

또 거리들과 오솔길들 따라서 몰려다녔고,
시시한 책들에 탐닉했고, 멍청한 마술(馬術)에
맹목적으로 열중한 나머지 시골 길로
말을 달리거나, 캠 강 굽이굽이 떠들썩하게
배를 타고 돌았고, 어느새 별들이 떠올랐지만,
어쩌면 한번도 고요한 상념에 잠기지 못했네.

   이 새로운 삶에서 제2막은 이렇게
열리고 있었네. 상상력은 잠들었지만,   260
아주 철저하게는 아니었네. 걸출한 인물들이
수세대에 걸쳐 밟고 지나갔던 잔디밭에
감동 없이는 내 발자국 남길 수 없었네.
그때와 같은 문들을 늘 가벼이 지나칠 수 없었고,
마음의 동요 없이는, 그들이 잤던 곳에서 잘 수도,
그들이 깼던 곳에서 깰 수도, 그 오래된 구역,
위대한 지성의 정원을 배회할 수도 없었네.
장소 또한 더욱 고상한 느낌에서 비롯된 신비스러운
분위기를 자아냈기에, 저 영적인 사람들,
심지어 위대한 뉴턴 특유의 우아한 본성마저   270
이 영내에선 초라한 듯했고, 그 때문에 더욱
소중해졌네. 그들의 기념물들이 여기선
(심지어 낯익은 일상복 차림의,[25]

---

25 오래된 초상화 속 인물들도 시인 자신과 똑같은 교복을 입고 있었다.

초상화 속 그들의 모습들처럼)
더욱 분명한 인간성에서 우러나는, 겸허하고도
감동적인 우아함을 지니고 있었네, 이로써
손상되지 않은 진정한 감탄을 자아냈네.

   난 유쾌한 트럼핑턴[26] 방앗간 곁에선
초서와 함께 웃었고, 산사나무 그늘 아래선, 새들의
지저귐 속에서, 열정적 사랑 이야기를 전하는   280
그의 음성 들었네. 그리고 저 온화한 음유시인,
뮤즈들에 의해서 시동(侍童)으로 선택된
친절한 스펜서, 달빛 같은 아름다움과 부드러운
걸음으로 구름 덮인 하늘을 지나가는 그를
난 불렀네, 내 **형제**,[27] 영국인 그리고 **벗**이라고!
그렇다네, 생의 말년에 거의 홀로 우뚝 선
우리의 장님 **시인**. 혐오스러운 진실을 ─
앞의 암흑과, 뒤의 위험한 음성[28]을 토로하는,
경외스러운 영혼 ─ 이 땅에 경외할 만한 영혼이
한번이라도 존재한 적 있다면 ─ 난 여기서 그를   290
잘 아는 듯했고, 학생 가운을 입은 채로
내 앞에서 깡충깡충 뛰는, 아직 풋내기 젊은이로 ─

---

26 트럼핑턴(Trompington 또는 Trumpington): 초서Chaucer의 『캔터베리 이야기』에서 장원(莊園) 지기인 리브Reeve가 말하는 음탕한 이야기의 배경이 되는 장소.
27 스펜서Spenser는 1569~1576년에 케임브리지의 펨브루크 홀Pembroke Hall에 거주했었다.
28 『실낙원』 제7권 27행: "암흑 속에서, 그리고 나를 에워싼 위험과 더불어In darkness, and with dangers compassed round." 밀턴 역시 케임브리지 출신이다.

천사 같은 장밋빛 뺨,²⁹ 예리한 눈매, 용감한 표정에,
언제나 순수함과 자긍심을 갖고자 했던,
오직 한 소년으로만 여겼던 것 같네.
우리 동급생 패거리 중엔 밀턴의 이름으로
영예롭게 된 바로 그 방을 차지하는 운 좋은
친구³⁰가 있었네. 오, 부드러운 **음유시인이여**!
고백건대, 난생처음, 그대가 머물렀던
정결한 숙소와 성스러운 곳에 앉았을 때,   300
흥겨운 무리 중 내가 헌주(獻酒)³¹ 따르고,
그대를 위해 건배했다오, 그 시각 전이나 후,
단 한번도 술 냄새로 흥분한 적 없는 두뇌 속에서
자긍심과 감사의 마음이 점차 뒤범벅되어
현기증이 날 때까지. 그 뒤, 난 무리를
빠져나왔고, 제시간에 예배당 문에 도착하여
절망스럽거나 망신스러운 꼴을 당하지 않고자,
길게 뻗은 거리들을 단숨에 타조같이 내달렸네,
이미 성가신 종이 멈춰 선 지 오래되어
더 이상 지루한 카산드라³² 음성으로   310
어두운 겨울밤을 떠돌지 않았음에도.

---

29 1625년 16세의 나이로 케임브리지의 크라이스츠 칼리지Christ's College에 입학했던 밀턴은 고운 피부로 인해서 '크라이스트의 귀부인the Lady of Christ'이라는 별명을 얻었다.
30 혹스헤드 그래머 스쿨 출신인 에드워드 버킷Edward Birkett.
31 고전문학 세계의 신들에게 바치는 술. 워즈워스는 술을 마신다기보다는 밀턴의 발자국을 따라간다는 생각만으로 취한다.
32 카산드라Cassandra: 트로이의 왕 프리아모스의 딸. 그녀의 예언은 진실한 것이었으나 아무도 그것을 믿지 않았다.

오 벗이여! 한순간을, 그 예배당과 함께
예배 장면을 마음속에 떠올려보게나.
난 경솔하게도 보란 듯이 서플리스[33]를 한껏
들썩이며, 지체 낮은 평범한 주민들 사이를
헤쳐나갔고, 그들은 회중 틈에 섞여,
우렁찬 오르간 아래 지정된 그들의 구역
끝자락에 서 있었네. 참 허황된 생각들이었네!
그로 인해 부끄러울 뿐이니, 저 위대한 음유시인,
그리고 오 벗이여! 넉넉한 마음으로 내 최대의   320
장점보다도 훨씬 높이 날 평가해준 그대여,
그대들은 보잘것없는 허영심에서 비롯된,
더 많은 약점들의 일례에 불과한, 그 시절의
내 약점을 용서해주시리.
                            이렇듯 뒤섞인 삶이
무기력하게 몇 달이고 지속되었네, 일부러
올바른 길에서 벗어나려 애쓰거나, 공공연한
스캔들에 휘말린 것이 아니라, 모호하고도
느슨한 무관심, 손쉬운 애착, 소소한 목표들에
휩싸여 — 의무와 열정은 저버리고,
그렇다고 자연, 혹은 행복한 일상이   330
그것들 대신 필요한 일을 하지도 않으며.
마음은 정오의 휴식에 잠겨, 명상의

---

[33] 서플리스surplice: 성직자나 성가대원이 주로 입는, 리넨으로 만든 헐겁고 소매가 넓은 가운. 당시 대학생들은 가운을 입고 다녔다.

내적 맥박은 거의 박동을 멈춘 채
기억만이 시들하게 되풀이되었네.
그런 삶을, 물속에 잠겼다 떠오르곤 하는,
스펀지같이 푸석푸석한 땅이긴 하나,
그래도 아름다운 수초들과 보기 좋은
꽃들 피어나는, 떠도는 섬[34]에 비교해도
부당한 건 아닐 터. 끊임없는 찬사에 대한 갈증,
영광스러운 고인(故人)을 위한 적절한 존경심,   340
위대한 인물들이 매장되어 실물처럼 누워 있는,
성스러운 지하묘지들, 길게 펼쳐진 그 전경들이
젊은이의 마음을 종종 휘저었고, 엄격한
훈련에의 열렬한 사랑의 불 지폈네—
슬프도다! 그런 고귀한 감정에도 감동받지 못했으니.
이 담장 안 어디에도 내 안일한 정신들 부끄럽게 하고,
그것들의 피상적 평온을 당혹케 하는 눈들이
없었을뿐더러, 부단한 노력에 심혈을
기울이도록, 고요히 마음의 결심을 하게끔
가르치는 이는 더더욱 없었네. 물론 이것은   350
남 탓이 아니라 바로 내 탓이었네. 사실,
내 유별난 자아에 관한 한, 난 그것을 다른 곳에
감춰두고, 가장 크게 오판했음에 틀림없네.
왜냐면 자연의 호사(豪奢) 속에서 양육된 나는

---

34 떠도는 섬 floating island: 더웬트 강의 수면 위로 이따금 떠오르곤 했던, 수초로 뒤덮인 땅. 워즈워스의 『호수 지역 안내서』(Hudson, 1842), p. 38 참고.

응석받이 어린애였고, 날마다 수정 같은 강물들,
장엄한 절벽들, 그리고 산들과 교감하며
돌아다녔던 때와 같이, 바람처럼 떠돌았고,
공중의 새처럼 자유로이 다니면서,
감금된 생활, 즉 내 즐거움 포기하고,
소극적 평화라는 횃대에 걸터앉아　　　　　　　　　　　　360
평온하게 한자리 차지하는 법은 배우지 못했으니.
저 사랑스러운 형체들은 또한
내 마음에 공간을 거의 남겨놓지 않았기에,
마음이 본능적으로 작용하면서, 제 사랑의
대상들 속에서 어떤 신선함, 모든 다른 힘을
능가하는, 매혹적인 힘을 발견했던 것이네.
내가 책들을 — 말하자면 무의미하다고, — 경시한 게
아니라,[35] 다른 열정들이 날 지배했던 것이네,
교실 수업보다는 현명하거나 훌륭하거나
그 시절에 걸맞은 것들에 더 끌리도록 한,　　　　　　　　　　370
더욱 강렬한 열정들이. 하지만 내가 비록
그와 같은 배움의 꽃들을 마음 내키는 대로
두서없이 꺾으면서, 자유로이 쏘다니는 것에
익숙하긴 했지만, 한 장소를 상상해볼 수는 있네.
(지금 내가 기분 좋은 꿈을 꾸는 것이 아니라면),
그곳의 학구적 분위기로 인해서 즉시

---

[35] 워즈워스는 영어 외에도 이탈리아어, 스페인어, 프랑스어, 그리스어, 라틴어 등을 익혔으나, 수학 책은 열어보지도 않았다고 전해진다.

학문에 몰두했을 법하고, 또한 즉시
과학과 예술[36]과 문자화된 지식에,
충성스러운 하인이 군주에게 바치듯, 내 일찍이
자연에게 바쳤던 것 같은, 마음에서 우러나는　　　　　　　380
진정한 경의를 바쳤음 직한 장소를. 사려 깊은
공상으로 빚어진, 이곳에서의 수고와 고통들은
마음에서 마음으로 전해져야 하며, 거대한 숲들도,
장엄한 전당들도, 그에 상응하는
내적 위엄을 결여하면 안 될 것이네.
우리의 미숙한 시절을 여한 없이 풍미했던
사교적 기질은, 고상한 생각에서 나온 일들 —
열정적 사람이 사랑으로 행하는 일들을
섬기도록 가르침 받아야 하네.
젊음은 경외심을 지녀야 하며, 지식이 성실히　　　　　　　390
추구되고 그 자체를 위해 존중받을 경우,
영광과 찬사가 수고의 대가로만 얻어지고,
지속되기에 합당하다면, 이것들[37]에 뒤따르는
힘에 대한 종교적인 확신을 가져야 하네.
지나가는 날[38]은 여기서 제 장신구들 치우기를
배워야 하네, 오랜 전통과 확고부동한 진리와

---

36 워즈워스가 과학Science이라는 단어를 어떤 의미로 사용하는지는 분명하지 않다. 이 단어는 때로는 현대적 의미의 '자연과학'을, 때로는 광의의 '지식'을 뜻한다. 이 시대의 예술 Arts의 정의 또한 애매하다.
37 앞의 행들에서 언급된 지식과 영광과 찬사.
38 지나가는 날 The passing day은 '현재'를 의미한다.

책에 대한 진지한 관심 앞에서 부끄러워하며
그것들을 벗어버려야 하네. 그리고 무엇보다
건강하고 건전한 단순함이 지배해야 하네,
기품 있는 소박함이, 그게 무엇이든 뜻대로 부르게나,   400
보수적인 것이든 경건한 것이든.
        이러한 생각들이
*우리*가 살고 있는 불성실한 시대를 조롱하는
근거 없는 화려한 수사에 지나지 않는다면,
그 어떤 공적 훈련과정을 거쳐 그 생각들이
자체 판단으로 최상의 경지에 이르게 될지라도,
우매함과 위선으로 하여금 제멋대로 영향을 끼쳐—
그것들[39]이 학교들 사이를 누비고 다니게 하게,
단, **하느님의 전**(殿)은 더럽히지 말고. 목마르지 않은
양 떼를 싫어하는 물가로 고집스레 몰고 가는
우둔한 양치기에 대해 들어본 적 있는가?   410
그런 조롱으로 시작되고 끝나는 날들에 모종의
부담감이 느껴졌음이 틀림없네. 현명하시길,
그대 학장들과 학생감들이여, 그리고 옛 시대
정신이 되살아나기까지, 또한 젊은이가 집에서
경건한 봉사를 통해 배우기까지, 학교 종들에게
시의적절한 휴식을 주시게,[40] 그 종들은 과거 어느

---

39 앞 행의 '우매함과 위선'을 가리킴.
40 415~16행: 워즈워스는 케임브리지 대학교의 학장들과 학생감들을 향해 "학생들에게 채플을 강요하지 말라"고 충고한다.

때보다도 공허하게 고요한 대기를 휘젓고 있으며,
그대들의 주제넘은 행동들[41]은 우리 영국 교회의
소박한 시골 교구에까지 불명예 안겨주어,
예배가, 가장 멀리 떨어진 마을 숲에서도,   420
그로 인해 고통당하고 있으니. **학문조차**, 곁에서
이 불경스러운 광경 매일 지켜보는 동안,
그로부터 부자연스러운 오점으로 더럽혀져,
자체의 정당한 권위 상실하고, 달리는 설명이
안 되는, 의혹을 나란히 불러일으켰네.[42]
이 사실이 뇌리에서 떠나지 않았고, 고백건대,
유년 시절 고향 언덕들 사이에서 소년다운 꿈에
잠길 때면, 앞으로 다가올 날들에 대한
기대와 희망의 탑을 쌓아올리곤 했네만,
지금 그것이 내 주변에서 무너져내렸네. 오,   430
스스로를 지킬 수 있는 정신으로 충만한,
이 나라 젊은이를 위한 성스러운 지성의 전당을
상상하는 것이 얼마나 기뻤던가, 그늘마다
유쾌함으로 넘쳐나고, 은신처마다 무리의
즐거운 노래가 끊이지 않으면서도,
모든 장소를 통틀어 구석구석 경건한
분위기를 자아내는 태고의 숲을,

---

41 당시 옥스퍼드와 케임브리지의 특별연구원Fellows은 결혼을 할 수 없었다. 결혼을 원하는 경우에는 특별연구비를 포기하고 성직에 몸담았으며, 대학에서 익힌 종교적 자세를 견지하며 교구들을 돌보았다.
42 당시 학문에 대한 존경심은 종교에 대한 존경심과 병행했다.

사색을 즐기는 사려 깊은 사람들을 위한
안전하고도 후미진 거주지를, 조용한 생물들이
거닐 수 있는 구역을, 고요한 물가에선   440
백로가 즐거이 먹이 취하고, 펠리컨은
측백나무의 뾰족한 꼭대기에 앉아
외로운 상념에 잠기며 일광욕을 하는
장소를 상상하는 일이. — 슬프고! 슬프도다!
그러한 장중함을 살폈으나 허사였음에.
눈앞에선 나비 떼가 날아다녔고, 내 귀는
딱따구리의 소음으로 시달렸네. 내면은
초라한 듯했고, 밖으로부터의 영향은
지나치게 현란했네.
     옛적에, 이 유명한
담장 안에서 기거했던 모든 사람들이   450
검소하고 근면한 생활을 영위했을 때,
외딴 곳, 장식 없는 방에서 비좁게 지내며
또 한데 모여, 제 길 갉아먹는 애벌레처럼 조용히,
혹은 누구의 목소리인지 분간할 수 없을 만큼
삼켜버릴 듯 큰 소리로 논쟁하며 육중한 책들에
매달렸을 때, 저 존경스러운 박사님들은
다른 광경을 보았네. 그땐 왕자들도 아침마다
꽁꽁 얼었고, 통금시간[43]엔 잠자리에 들었으며,

---

43 당시엔 일몰에 맞춰 통금시간이 정해졌으며, 가난한 학자들은 날이 어두워진 후에는 비싼 초를 켜고 공부할 형편이 안 됐다.

소박한 식사, 힘든 노동, 검소한 복장을
높이 사는 경건함과 열정으로 교육 받았네.   460
오, 온 세상에 명성이 자자한 **학문**의 권좌여!
저 소박한 시대에는 뮤즈의 온건한 자식들이
최초의 유년기부터 지금과는 전혀 다른 일에
종사했네. 그 영광스러운 시대⁴⁴에는
학문이, 멀리서 온 낯선 사람인 양,
기독교를 신봉하는 국토에 트럼펫을 불어대어
농부와 왕을 일깨웠고, 첩첩 산골과 쓰러져가는
오두막에서 성장한 소년들과 젊은이들은
집을 버리고 뛰쳐나와, 후원자를 구하고
연금으로 살아갈 수 있도록 유명한 학교나   470
우호적인 곳을 찾아, 두툼한 책들을 손에 들고,
이 마을 저 마을로, 이곳저곳 발길 닿는 대로
드넓은 지역을 누비며 돌아다녔네.
그리고 종종, 인적 드문 동네를 떠나
길에서 우연히 누군가와 마주치면,
"한 푼 보태주십시오, 가난한 학생 좀
도와주십시오!"라고 외쳤네. 그 시대엔
부처, 에라스무스, 멜란히톤⁴⁵ 같은
진리를 사랑하는 걸출한 인재들이 가난 탓에

---

44 르네상스 시대.
45 부처(Butzer, 1491~1551), 에라스무스(Erasmus, 1466~1536), 멜란히톤(Melanchthon, 1497~1560) : 르네상스 시대의 유명한 고전학자들. 부처는 케임브리지에서, 에라스무스는 옥스퍼드에서 연구했다.

촛불조차 켤 수 없어서, 조그만 방의　　　　　　　　　　　　480
문이나 창문 열고 달빛으로 책을 읽었네.

　하지만 소용없는 회한은 이제 그만! 우리는
뒤를 돌아볼 때조차 명료하게 볼 수 없으며,
최선의 것들도 본질상 순수하지 않기에 그것들은,
모두가 어리석게 믿듯, 모두에게 그들의 최고의
약속을 반드시 지켜야만 하네. 꼭 가보고 싶은
섬을 지척에 두고도 하는 수 없이 지나쳐버린
어떤 수부가, 만일 자기가 그렇게도 바라던
그 섬 해안에 배를 대었더라면, 틀림없이
닥쳐왔을 난관들에 대해 알기만 했더라면,　　　　　　　　　490
그때 하얀 거품 내며 무섭게 달려오던 파도나,
가차 없이 역풍을 몰아오던 바람에게 외려
충분히 고마워했을 것이니, 난 자신을 위해
슬퍼하지 않네. 나 정도로만 놓치고,
내 수준 이하로 더 떨어지지 않은
대학생은 행복하네.
　　　　　　　　　아마도 그릇된 판단이
아닐진대, 난 우리 대학에서 제공한 세세한
학과목들을 좋아하지 않았고, 학문의 강물이
더 자유로운 속도로 도도하게 흘렀으면 했네.
하지만 보다 더, 훨씬 더 날 슬프게 했던 건,　　　　　　　500
각종 경연에서 끈기를 보여준 열성적인

소수 사이에서, 젊은이다운 너그러운 마음과
드높은 기상에 걸맞지 않은 열정들이 드러나고,
어떤 상(賞)들을 받든, 그들의 혼란스러운 정신이
가련하게 보답받는 것을 지켜보는 것이었네.
난 이들을 떠나서 보다 덜 사변적 성향과
느긋한 마음을 지닌, 편한 무리와 어울렸네.
그러나 하루를 편안히 지내도록 하는 사랑이
부족하진 않았고, 그럴 때면 통찰력은 잠들고,
지혜 그리고 우리 자신의 내적 존재와　　　　　　　　　　510
상호 교환된 굳은 약속들은 잊혔네.

   하지만 이 깊은 공백기[46]가 철두철미
쓸모없이 낭비된 것은 아니었네. 그때까지 난
사교적 삶(적어도 보통 그렇게 일컫는바)으로부터
멀리 떨어져 홀로 지냈네,
하는 일 없이 저 멀리 끝없이 펼쳐진
바다를 바라보며, 눈앞의 광경들을
발견한다기보다는 만들어내고 있는,
높은 벼랑 위의 외로운 목동처럼. 그리고 확실히,
단순한 소년 시절의 평탄한 기쁨들과　　　　　　　　　　520
제멋대로 산과 들을 쏘다니던 삶으로부터
인간사를 향해 한 발짝 다가섰다고

---

[46] 케임브리지 재학 시절을 말하는 조크. 이 시절이 워즈워스에게는 차라리 끝없이 이어지는 생각으로부터 해방되는 시기였다.

할 수 있는 상태로의 이행이, 세상 속에서
맛보는 또 하나의 특별한 세상, 모든 중간적
이미지를 간직한 한 중간지대로의 이행이
비전 품은 내 마음에 더 적합했네,
실제적 삶의 크고 작은 갈등 사이에서
난데없이 떠밀리어, **운명**의 행로로
갑자기 뛰어들게 된 경우보다 훨씬 더.
또한 더 적절한 점진적 변화 통해 더 고상한   530
사물들로 이끌렸으며, 더 자연스레 성숙해갔네,
진리이건 미덕이건 그것의 더 나은 열매들,
영원한 소유를 얻을 수 있도록. 고백건대,
우린 진지한 자세로, 그러나 더 자주
상상력을 발동하여 익살스러운 농조로
(어떻게 그보다 덜할 수 있었겠나?) 좋거나
나쁜 소문을 꼬리표처럼 달고 사는 사람들의
행태와 생활방식들에 대해서, 또는 대학교육이란
틀 안에서 우리와 부득이 연결되었던 사람들,
그들의 권한과 잘 알려진 직책상의 권위가   540
우리 마음을 긴장시키는 데만 유용했고, 그 밖에는
아무 소용없었던 사람들에 관해 수군댔네.
게다가 우리에겐 이런 종류의 소일거리가
부족하지 않아서, 어디서나 넘쳐났지만,
다듬어지지 않은 괴팍한 성격의 소유자들,
마치 오랜 세월 기형 상태를 유지하는 동안

그 둥치에 아무 씨앗이나 떨어져 싹트고 자라
보는 이의 눈을 속이는 고목들과도 같은,
근엄한 원로들 사이에서 주로 발견되었네.

   여기서 눈앞에 생생하게 떠오르는   550
내가 얼마 전에 떠나왔던 시골 양치기들은
전혀 다른 노년의 모습을 드러냈다네.
정말 달랐네! 하지만 둘 다 분명한 특징 보였고,
누가 보기에도 두드러진 대상들, 또는
특별한 목적 위해 고안된 초상화들로서,
간혹 그렇게 보이듯, 그들은 그렇게도 적절히
자연의 입문서를 예시(例示)하는 데 기여한다네—
자연이 기쁨으로써, 그리고 장난기와
감동적인 생각을 한데 섞으며, 이해하는 법을
가르치고자 온화한 계획을 세우곤 할 때   560
모성적 염려와 더불어 제시하는 그 책을.

   인위적인 삶의 표층들 그리고
정교하게 짜인 관습들, 금실 은실로 짠
화려한 애러스 천[47] 속으로 살짝 숨는가 하면,
아래위로 반짝이는, 색깔들의 미묘한 경주.
그리고 기꺼이 혹은 마지못해 드러난,

---

47 애러스arras 천: 아름다운 그림 무늬가 있는 곱슬곱슬한 천.

이 현란한 색깔들의 교묘한 섞임을
알지도 좋아하지도 않았고, 그런 것들이
여기선 부족했기에, 난 덜 정교한 옷감에서
발견될 만한 것을 취했네. 오늘 난   570
숱한 산중 고독을 즐기며 미소 짓네,
경야(經夜)에 혹은 장터에서 멍하니
입 벌리고 선 군중들을 즐겁게 해주려고
공연하는 목각 인형극인 양, 사라져버린
별난 인물들, 방자한 위트의 장면들을
떠올리면서. 그리고 종종 내 앞으로
옛 사람의 추억들이 스쳐간다네―
이미 오래전에 고인이 되었을뿐더러,
내 맘속에선 이름이 거의 지워져,
삶과 책들의 중간쯤의 결을 지닌 환영처럼   580
남아 있는 옛 익살꾼들의 추억이.

   유유자적하는 나로선,
위대한 세상의 세력들이 여기서 축소되어
표출되었고, 세상의 열렬한 투쟁들이,
비록 결사항전엔 못 미쳐도 힘껏 싸우는,
모의전투, 격투시합인 양, 나란히 표현되었음을
주목하는 것으로 족하네. 그리고 이 멋진
구경거리가, 이런 면은 적게 저런 면은 많이,
순진무구한 시골뜨기의 눈에 어떻게 비쳤든지,

내게는 고스란히 영향을 끼쳤다네— 590
하지만 그 광경은 어쩌면, 익살극이 아니라,
보다 구체적 명칭을 요구할지도 모르네,
그 자체로 총체적 삶의 살아 있는 일부,
광대한 바닷속 실개천으로서. 왜냐면 가짜 명성의
온갖 정도와 모양들과 일시적 찬사가 이곳에
당당히 자리 잡고, 순수 선으로부터 꾸준히 얻어온
매일의 구호품으로 양육되었기 때문이네.
게다가 이곳엔, 자체의 노예로 전락한 **노동**,
수고들과 상(賞)을 결코 구분하지 않는 **희망**,
진저리나는 차꼬를 차고 절뚝거리는 **나태**, 600
잘못 인도된 가련한 **수치심**과 우둔한 **두려움**,
그리고 **죽음**을 찾아나선 단순한 **쾌락**,
잘못 사용된 유머, 길 잃고 헤매는 **위엄**,
반목들, 당파들, 아첨들, 적대감, 책략,
불만 섞인 굴종 그리고 천박한 행정,
(숭배자들만큼이나 나약한 우상),
그리고 **진리**에 굶주린 **예**의 **바름**과 **관습**,
어쩌면 권위 자체를 바르게 인도했을 아동을
막대기로 때리는 맹목적 **권위**, 좋은 징조인 양
추종되는 **공허함**, 그리고 우리는 듣지도 알지도 610
못한 채 처박힌 온유한 **가치** 등이 있었네.

   이것들과 내 주목을 끌었던 유사한

다른 것들 중 사실 어디까지가
당시를 순수하게 기억해낸 것인지,
또 어떤 부분이 훗날의 명상에 의해
덧붙여진 것인지 말할 수 없네. 하지만
스르르 잠들 만큼 편안한 마음속 기쁨은
순수함처럼 언제나 그 자체로 보상인데,
이것은 부족하지 않았네. 난 걱정 근심 없이
돌아다녔네, 소장품들 중 우연히 진품(珍品)이 620
눈에 띄어 잠시 음미한 후, 다른 것으로
눈을 돌려, 마침내 모든 진열품들을 차례로
돌아보게 되는, 드넓은 박물관을 배회하듯,
속성상 나란히 놓기가 가장 어려움에도
이렇게 가까이 놓인 무수한 물품들 한가운데서
머리를 돌린 후 본래대로 되돌릴 수 없을 때까지.
그리고 들뜬 혼란에서 야기된 고통스럽고도
무능하다는 느낌은 여전히 극에 달하고,
현명한 동경도 사랑도 거의 없긴 하지만,
마침내 무언가가 기억에 매달리니, 그로부터 630
앞날에 어떤 유익을 얻게 될지도 모르네.

　이렇게 순응하며 무위도식하는 사이, **벗이여!**
가을, 겨울, 봄에 이르는 8개월의 힘든 시간이
어느덧 즐겁게 흘러갔고, 9개월째
접어들었을 때 난 고향산천으로 돌아왔네.

제4권
여름방학

잰걸음을 부지런히 옮겨 황량한 벌판을
가로질러서 헐벗은 산등성이에 올라갔던,
그 여름날 정오는 밝았네. 난 홀로 산꼭대기에
서서, 성벽에서 굽어보듯, 거대한 강물처럼
햇빛에 반짝이며 저 멀리 뻗어 있는
윈더미어의 잔잔한 수면을 내려다보았네.¹
환희에 벅차서, 발밑에 펼쳐진
호수, 섬들, 곶들, 반짝이는 만(灣)들,
순식간에 자랑스레 모습을 드러낸,
웅장하고, 아름답고, 화사한, 자연의 가장   10
아름다운 형태로 구성된 우주를 보았네.
나는 온 힘을 다해 늙은 뱃사공을 소리쳐

---

1 1788년 케임브리지의 여름방학이 시작되자, 워즈워스는 혹스헤드로 돌아왔다.

부르며 산을 뛰어 내려갔네. 내 고함 소리에
바위들이 메아리쳤으며, 물 위의 카론[2]이
노를 멈추고 돌출된 선창으로 다가왔을 때,
따뜻한 인사 한마디 없인 그 유명한 보트에
발을 들여놓을 수 없었네. 잠시 후엔
익숙한 산길로 접어들어 걸음을 재촉했네,
내가 자란 저 아름다운 골짜기[3]를 향하여.
얼마 걷지 않아서 산모퉁이를 돌아서자,   20
마치 여왕처럼 언덕 위에 높이 앉아서
은혜로운 눈빛으로 제 영역을 두루 굽어살피는
백설같이 하얀 교회[4]가 보였네.
저 멀리서 파란 연기가 숨은 마을 드러내자,
난 걸음을 더욱 재촉하여 부지런히 걸어가
오두막 문간에 당도했고, 거기서 여정이 끝났네.
그토록 친절하고 엄마 같았던, 연로하신
아주머니가[5] 부모처럼 자랑스레 훑어보며
날 열렬히 환영했네, 아마도 눈물까지 흘리면서.
고마운 생각들이 이슬처럼 그대 무덤 위에   30

---

2 카론Charon: 그리스 신화에서 죽은 사람의 혼을 배에 태워 저승의 강인 스틱스Styx를 건너게 해준다는 사공. 이 시의 주인공이 사공과 나눈 다정한 인사라든가 여름방학의 자유로운 분위기를 고려할 때, 워즈워스가 사공을 카론에 비유한 것은 적절치 않아 보인다.
3 이스웨이트 골짜기.
4 혹스헤드에 있는, 하얀 칠을 한 노르만풍의 교회.
5 앤 타이슨: 워즈워스가 혹스헤드에서 학교 다니는 동안 돌보아준 하숙집 아주머니. 이 아주머니는 83세가 되던 1796년에 사망했다(46쪽 주 15 참고).

내리게 될 것이오, 선량한 분이시여! 내 심장이
뛰는 한 결코 그대 이름을 잊지 않으리.
자질구레한 일상 돌보느라 부산했던 그대의
순수한 발걸음, 날마다 조금씩 커졌던 고요한
기쁨의 삶으로 점철된, 80세의 생을 마친 후,
아니 80세를 훨씬 넘도록, 혈육 한 점 없었어도,
피 한 방울 섞이지 않은 낯선 이들로부터 혈육의 정
못지않은 사랑받으며 평온한 삶 누린 후,
그대 잠들어 계신 곳에 하늘의 축복 내리시라.
그대를 다시 만나 얼마나 기뻤던가, 40
그대와 그대의 집, 그리고 비좁은 집 주변을
가득 채웠던, 모두가 끔찍이 좋아했던 소소한 것들을,
그중 많은 것들이 여전히 내 것인 듯했다오!
숱한 사람들이 느꼈고, 살아 숨 쉬는 자라면 누구나
추측 가능한 것에 관해 왜 굳이 말해야 할까?
그 집의 방들, 마당, 정원은 물론, 울창한 소나무 밑
천연석 탁자 끝 양지바른 자리, 일을 하거나
즐겁게 놀거나 항상 우리에게 다정했던 그곳에
이르기까지 나는 이 모두와 반가운 인사 나눴네.
또한 산에서 태어난 저 버릇없는 아이, 50
심술궂은 개울에게도 인사를 했는데,
그 녀석은 우리 정원에 이르자 흐름이 막히고,
마치 교활하고도 불친절한 계교에 빠진 듯, 즉시
목소리를 빼앗기고, (어떠한 노력도 의지도 없이)

잔물결 일으키며 빠져들었네, 인간의
쓸데없는 걱정 탓에 포장된 수로(水路) 밑으로.
난 그 개울을 보며 거듭 미소 지었네,
그리고 만감이 교차하는 가운데,
이렇게 말했네, "아하, 멋진 죄수, 잘 있었나!"
냉소적 **상상력**이 그때 내게 속삭였음 직하네,   60
'바로 여기서, 순조롭게 흘러가며 시나브로
옥죄어오는 평탄한 날들[6]에 갇힌 그대 인생의
상징을 보게나.' 하지만 마음은 충만했으니,
너무 벅차 이런 비난에 개의치 않았네. 연로하신
아주머닌 자랑스레 내 옆에서 걸었네. 그분은 날 안내했고,
난 기꺼이, 아니 — 아니지, 안내 받기를 간절히 원했네.
— 내가 만났던 모든 이웃의 얼굴들이 내겐
한 권의 책과도 같았네. 어떤 이들은 길에서
인사를 받았고, 어떤 이들은 일로 분주했기에
긴 들판의 절반쯤 되는 거리를 사이에 두고   70
서로 격식 없이 인사들을 주고받았네.
난 고향의 동창들에게도 이런 인사를 뿌리고
돌아다녔네만, 의심할 여지없이, 어느 정도
어색함이 느껴졌네, 약간 우쭐대기도 했으나,
그보다는 내 복장, 밝은 색깔의 옷으로 인해
변화된 내 모습이 부끄러웠기 때문이네.

---

6 61~62행: 케임브리지에서의 생활.

이에 못지않은 기쁜 마음으로 난 우리 집
식탁의 내 자리에 앉았네. 그리고 친애하는 **벗이여!**
단지 한 **시인**의 이력을 전하고자 시도한
이 글에서, 익숙한 내 침대에 지친 몸을   80
눕혔을 때의 그 감사한 마음을 빼놓을 수 있겠나?
내가 이전에 이 침대를 간절히 그리워했거나,
회한에 차서 종종 생각했다고 해도, 어쩌면
지금 더욱더 반갑게 여겨졌을 테니까.
지난날 그 나지막한 침대에 누워, 포효하는
바람 소리와 세차게 내리는 빗소리 들었고,
여름밤이면 오두막 곁, 커다란 물푸레나무
잎사귀 사이로 교교히 비추는 달을 바라보며
그렇게도 자주 뜬눈으로 누워 있곤 했었지.
또 미풍 일어 시커먼 나무 꼭대기를 흔들면   90
세미한 바람결에도 이리저리 살랑대는 달을
꼼짝 않고 뚫어져라 바라보았었네.

   내가 다시 만나 참 기뻤던, 총애하던
것들 중에는 우리 집에서 오래 기르던,
야생의 사나운 테리어 한 마리가 있었네.
그 개는 날 때부터 본능적으로 오소리 사냥과
비집기 어려운 단단한 바위 밑에 숨은
여우 찾기에 뛰어났으나, 어려서부터
우리 집에 있으면서 더 온순한

일에 길들여졌다네. 그리고 최초로　　　　　　　　　100
소년다운 기백이 쇠퇴하고, 날마다
내 혈관 가득 부산스레 시혼(詩魂)의 불꽃
지펴지고, 발효 과정을 거쳐, 마침내
푸른 열기가 병든 **연인**처럼 은밀한 은신처들을
덮쳤을 때면, 이 개는 충실한 시종이자
친구로서 아침 일찍부터 밤늦게까지
날 졸졸 따라다니며, 지켜보곤 했네.
자주 내 더딘 걸음에 지치고, 또 내가
걸음을 멈출 때마다 불안해하기도 했지만.
높은 산과 낮은 골짜기를 헤매며, 골백번도 더　　110
적절한 시어를 찾느라 지치고, 고뇌하나,
별 진전을 보지 못하던 어느 날, 바다에서
솟아오르는 비너스처럼, 노래 속에서 즉시
어떤 완전한 형태의 아름다운 **이미지**가
떠오르면, 난 쏜살같이 앞으로 달려가
폭풍 같은 기쁨을 맛보며 그 녀석의 등을
수없이 어루만지고 또 어루만졌네.
저녁이 되어 온 세상 만물이 고요한 시각,
졸졸졸 흐르며 홀로 얘기하는 강물처럼
한 길 따라 어슬렁거리며 산책할 때면　　　　　　120
그 녀석은 종종걸음으로 나를 앞질렀네.
그게 버릇이었지. 그러나 행인이 다가오면
녀석은 때맞춰 내게 알려주고자

뒤를 돌아보았네. 그러면 나는 즉시
그 경고에 감사하며, 목소리를 낮추고,
걸음걸이를 단정히 했으며, 자유분방한
사람의 풍모와 태도로써 그에게 다가가
인사를 나눴네. 머리가 돌았다는 의심을
받는 사람이 흔히 겪듯, 내 이름이
딱하게도 남의 입에 오르내리지 않도록.   130

   그 산책들은 충분한 예찬과 사랑받을 만했네—
아쉬울 뿐이네! — 아쉽다는 말 역시 입에 올랐지만,
그 산책들은 모든 좋은 것들로 가득했으며,
감사와 고마움 그리고 가슴속에서 우러나오는
완전한 기쁨 없이는 기억할 수 없다네—
모든 신선함 간직한 그 산책들이 돌아오는
새봄처럼 지금 다시 찾아왔네. 내가 처음으로
다시 한 번 우리의 작은 호수를 한 바퀴 돌았을 때,
행복이 일찍이 인간에게 주어진 적 있다면,
바로 그날, 널리 퍼지고, 한결같고, 고요하고,   140
명상적인, 지고한 행복을 맛보았네.
우리 오두막 문을 나설 때, 해는 이미 졌거나
저물고 있었고, 잠시 후 마음을 끈다거나
고요하다기보다 진지한 저녁시간이 찾아왔네,
공기가 차고 습했으며, 조화를 잃었던 탓이네.
하지만 사랑하는 이의 얼굴이 슬픔으로

촉촉해질 때 가장 아름답고, 혹은 겉으로 어떤
표정 짓는다 해도 마음이 스스로 충만할 때
그 얼굴이 가장 아름답듯, 그 저녁에 내가
바로 그러했네. 내 영혼은 가만히 베일을   150
벗어버렸네, 그리고 변형된 모습으로,
마치 하느님 앞인 듯, 벗은 채로 서 있었네.[7]
산책을 계속하는 동안, 한때 위안이 없지 않았던
심장에 어떤 위로가 감지되는 듯했네.
약함이라곤 존재하지 않는, 적어도 느낄 수 없는
어떤 곳으로부터 힘이 전달되었네. 그리고
미처 알아차리지 못한 피로의 문을 두드리는
침입자처럼 회복이 찾아왔네. 나는 저울을
취하여, 결연히 나 자신을 달아보았네.
── 때마침 주위에 펼쳐진 바깥 풍경은,   160
내면에 몰입했던 탓에, 거의 보지 못했고,
기억조차 나지 않았네. 하지만 내적 희망들과
부푼 마음으로, 환희에 찼고 평안을 누렸으며,
약속들을 속삭이고, 어렴풋이 감지했다네,
소멸되지 않는 마음이 얼마나 생명으로 충만한지,
어떻게 불멸의 영혼이 신과 같은 능력으로써
시간이 줄 수 있는 가장 깊은 잠을

---

[7] 모세는 이스라엘 백성에게 할 말을 다 하고 자기의 빛나는 얼굴을 수건으로 가렸다. 모세는 야훼와 대화하기 위하여 그의 앞으로 나아갈 때 수건을 벗고는 나올 때까지 쓰지 않았다(「출애굽기」 34:33~34).

알리고, 창조하고, 녹이는지 그리고 지상에서
어떻게 인간이, 오직 고결한 노력들의 빛 속에
거하기만 한다면, 불굴의 힘으로 무장한   170
자신의 존재를 매일 널리 펼칠 수 있는지를.
또 거기에는 더욱 온화한 생각들, 사랑, 순수,
그리고 휴일의 휴식도, 가장 담대한 계획들의
소요 가운데 자리한 목가적 고요 그 이상도,
그리고 마침내 인내로써 얻어지는 평화로운,
혹은 영광스러운, 목적도 결여되지 않았네.
이렇듯 상념에 잠기며, 난 홀로 숲 속에
앉아, 여전히 명상에 잠겼네. 언덕들과
높은 산들이 어느덧 서서히 어둠에 잠겨 들었고,
긴 호수는 미풍에 잔잔한 파문을 일으키며   180
희끄무레한 선을 길게 뻗고 있었으며,
내가 앉아 있던 그늘진 개암나무 숲에선,
나를 둘러싼 개암나무 잎사귀들 사이로,
여기저기서, 아무렇게나 불어오는 바람결에,
때때로 숨소리 같은 소리가 들려왔네,
산책길에 앞서거니 뒤서거니 길벗이 되어준
그 충실한 개의 헐떡임같이 빠른 소리가.
그리고, 종종, 그런 소리들 들려올 때면,
개가 거기 있나 보려고 고개를 돌렸고,
그 뒤엔 다시 진지한 생각으로 빠져들었네.   190

난 이 무렵 인간의 **삶** 속에서, 내가 진정
좋아하는 직업에 종사하는 사람들의 일상적
삶에서 어떤 신선함마저 발견하였고,
따사로운 봄볕 탓에 단 여드레만 지나도
몰라보게 바뀌는 정원처럼, 평화스러운 풍경이
나를 종종 놀라움으로 가득 채웠네. 왜냐면
(전과 같았음에도 너무 다르게 보였던 것들은
차치하고서라도) 모두가 잘 알고 지냈던
조그만 골짜기, 시골의 정적 한가운데서,
전엔 어떤 노인이 홀로 앉아 있곤 했지만
지금은 텅 빈 그늘진 정자나 양지바른 구석자리,
내가 떠날 땐 창백한 얼굴의, 품 안의 아가였으나,
지금은 흐뭇해하는 할머니 곁에서 아장아장
걸으며 재잘대는 장밋빛 뺨의 꼬마들, 그리고
제 아름다움을 그 모든 즐거운 약속들과 함께
슬쩍 가져가, 어느 무시당하던 짝꿍의 못생긴 뺨을
단장하려고 써버린, 어느새 성장한 소녀들, 이 모두에
젊디젊은 마음이 무심할 수 없었기 때문이네.

그렇다네, 난 뭐랄까, 남달리 섬세한 감각 지녔고,
그래서 주위를 둘러보노라면 종종 미소가 떠올랐네,
미묘한 익살스러운 이야기를 들을 때 같은 미소가.
나는, 이제 더 분명한 식견을 갖고 관찰했기에
평범하게 사는 저들의 견해들, 생각들을

사심 없이 이해했으며, 또 다른 눈으로는
숲 속의 조용한 나무꾼, 이 산 저 산으로 옮겨다니는
양치기를 보았네. 그리고 새로운 기쁨에 들떠,
주로 이분, 백발이 성성한 내 아주머니를 주목했네.
그녀는 교회에 가거나 공공 사무를 보러
외출할 때는 아주 멋지게 치장했었네,
옛날 스페인 기사들이 입었던 망토 같은   220
짧은 벨벳 외투로 (같은 천으로 만든
모자와 함께). 아무 불안도 없는 애정 어린
순탄한 가정생활, 그녀의 이야기, 그녀의 일,
모두가 날 기쁘게 했으며, 깊이는 없을지라도
분명하고 안식일마다 더 새로워진 그녀의
경건한 모습을 보는 기쁨도 이에 못지않았네.
난, 이제까지 느껴보지 못한 생각들에 잠기며,
더운 일요일 오후에도 성경 읽는 그녀를 보았고,
어느새 낮잠에 빠져들어 성경책을
베개 삼을 땐 그 책을 사랑했네.   230

  이에 못지않게 기억나는 것은, 이 무렵
분명하게 드러난 현상으로서, 이제까지 다만
내 사적인 존재만을 위한 절대적 부(富)에
지나지 않았던 대상들을 향한 내 사랑에서
어떤 인간적 따스함을 느꼈다는 것이라네.
난 그것들을 사랑했었네, 축복받은 정령이나

천사라 할지라도, 만약 이 땅에 살았더라면,
자신만의 행복에 겨워 사랑했을 정도로.
하지만 이젠 내 앞에 변화된 다른
생각들이 열렸네, 축하 또는 회한,   240
어떤 침울한 느낌이! 저 멀리 드넓게 펼쳐졌네.
나무들, 산들이 그것에 공감했고, 이제 개울들,
하늘의 별들이 옛 자리를 지키고 있음이 보였네—
하얀 시리우스[8]가 남녘 바위산 위에서 빛났고,
오리온 좌[9]는 띠를 둘렀고, 그리고 모든
꼬마들의 친구인 저 아름다운 묘성(昴星)[10]
그리고 내가 가장 사랑하는 목성이![11]
이제까지 어떤 필멸의 그림자들이,
죽음의 세계로부터 어떤 낯선 것들이
이 대상들 사이로 비집고 들어왔었든, 이것들은   250
대체로 덜 부드러운 분위기를 띠었기에, 강력했고,
깊고, 음울했고 또 가혹했으며, 산산이 흩어진
경외심 혹은 떨리는 두려움은 이후의 청년기에
열광적인 사랑에의 동경들, 기쁨
그리고 희망으로 바뀌었었네.

---

8 시리우스Sirius: 천랑성(天狼星) 또는 늑대별. 큰개자리에 있는, 온 하늘의 별 중에서 가장 밝은 별.
9 오리온Orion 좌: 큰개자리와 황소자리 사이의 천구 적도상에 있는 성좌.
10 저 아름다운 묘성those fair Seven: 황소자리에서 눈에 띄는 별무리〔星團〕로서 플레이아데스 성단the Pleiades이라고도 한다. 그리스 신화에 나오는 아틀라스Atlas의 일곱 딸들로, 사냥꾼인 오리온의 추적을 피하기 위해서 별이 되었다.
11 워즈워스는 1770년 4월 7일 목성Jupiter 아래서 태어났다.

고요한 강물 한가운데서
천천히 움직이는 보트 밖으로
몸을 깊숙이 굽힌 사람이, 바로 밑,
깊은 물속에 숨겨진 온갖 신기한 것들을
관찰할 수 있음에 스스로를 위로하면서,　　　　　　　260
해초들, 물고기들, 꽃들, 동굴들, 자갈들, 나무뿌리들
그리고 많은 환상적인 것들을 보지만,
종종 혼란스러워 실체와 그림자를
구분할 수 없기에, 투명한 강물 깊이
비춰진 바위들과 하늘, 산들과 구름들을
실제로 제자리에 있는 사물들과 구분하지
못하고, 때로는 물에 비친 자기 모습에,
때로는 햇살에, 그리고 어디서 왔는지 모르는
어른어른하는 움직임들, 그의 일을 더 즐겁게
해주는 장해물들에 방해를 받듯,　　　　　　　　　270
그런 즐거운 일을 우린 오래 추구해왔네,
이와 유사하게 성공적으로 과거라는 수면을
들여다보며. 게다가, 관대한 벗이여!
이제 이 글에서 그대가 주목하게 될
이 광경들보다 더 아름답거나 확고하게
식별되는 것들 또한 별로 나타나지 않았네.
그러나 즐거움 맛보고, 지식을 얻었음에도,
무언가 내적으로 무너지고 있었네— 난 이전에

사랑했었던 모든 것들을 정말 사랑하고, 사랑했네,
과거 그 어느 때보다 더 깊이. 하지만   280
무모한 계획들이 수없이 좌충우돌했네,
유쾌한 일들, 축제와 댄스파티, 공식적 연회,
또 각종 스포츠와 게임들 (그 자체도 너무 즐겁지만,
내가 믿기에, 그 자체로서보다도, 남성다움과
자유를 나타내는, 번쩍거리고 신선한 상징으로서
더 기분 좋은) 모두가 날 유혹하고자 음모하여,
마음의 양식 주는 즐거움들 추구하던 확고한
습관에서 멀어지게 했고, 한때 내 것이었던 ─
세상일에는 관심 없고, 자기만의 열정적 생각들에
몰입했던, 길들여지지 않은 소년의 일상적 동경들을   290
억압하고 거기에 찬물 끼얹었네. 이 헛된 짓거리들과,
그것들이, 지금까지, 알려진 적 없는 은신처에서
어떤 일을 벌였는지 다 묘사하자면 어느 정도의 기술,
그리고 할당된 것보다 더 긴 시간이 필요할걸세.
내가 입은 바로 그 의복들이 내 힘을 약탈하고,
무아지경의 고요한 흐름을
막아버린 것 같았네.
      그렇다네, 한심스럽게도
그 젊은 나이에, 하찮은 즐거움의 추구와
책들과 자연[12]을 맞바꾸는 어리석음 범했네.

---

12 워즈워스는 이 구절을 썼던 때로부터 한 달쯤 뒤에, 학부생이던 드 퀸시 De Quincey에게 다음과 같이 말했다: "자연과 책들을 사랑하게. 이것들을 추구하지, 그러면 행복할걸세. 진

사실, 인간의 특성이나 삶에 관해 어느 정도   300
예상치 못한 지식을 얻기는 했겠지만, 그 당시,
인간 행동에 관한 연구에는 별 관심 없었고,
내 모든, 보다 심오한 열정들은 다른 곳에 있었네.
차라리 독학으로 마음을 고양시키고,
평온한 명상을 통해서 강렬한 갈망을
고조시켰더라면 훨씬 더 좋을 뻔했네.
하지만 이러한 회한들에 대한 징계로서,
특정한 한때의 기억이 생생이 떠올라
날 괴롭게 했네. 그날 난 아가씨들과
청년들, 노인들, 게다가 얌전한 부인들까지,   310
각양각색 기질의 사람들과 뒤섞여,
시끄러운 악기 소리와 질질 끌리는 발소리,
획획 스쳐가는 모습들, 반짝이는 촛불들,
크고 작은 소리로 재잘대는 수다 속에서
밤새도록 춤과 여흥, 유쾌한 놀이에 탐닉했네.
기분들은 한껏 고조되었고, 또 여기저기서
젊은 연인들의 다소 충격적 애정표현도 눈에 띄었는데,
그들의 순간적 흥분은 머리끝까지 치달았고,
혈관 타고 온몸을 짜릿하게 휘감았네. 파티가 채
끝나기도 전에 닭이 울었고, 이제 누구라도 보게끔,   320
자그마한 잡목림과 탁 트인 벌판으로부터 동녘 하늘이

정한 우정, 사랑, 인류에 관한 지식을 얻고자 한다면, 자연과 책들을 반드시 가까이해야 하
네"(1804년 3월 6일).

서서히 밝아오고 있었으며, 벌판을 에둘러 굽이진
길 따라 나는 집으로 걸음을 옮기고 있었네. 아침은
이제껏 보았던 어떤 광경에도 못지않은, 잊지 못할
장관을 연출하며 찬란히 떠올랐네— 앞에는
저 멀리 바다가 웃으며 누워 있었고, 곁에는,
우람한 산들이, 가장 높은 하늘빛에 흠씬 젖어,
선홍색으로, 구름처럼 밝게 빛나고 있었네.
그리고 초원들과 낮은 지대들에서도,
이슬방울, 물보라, 새들의 고운 노래들,   330
밭일 하러 들판으로 나가는 일꾼들, 모두
퍼져가는 새벽빛으로 아름답게 물들었네.

　아! 친애하는 **벗이여**! 말할 필요 있을까, 가슴이
온통 벅차올랐음을. 난 아무 맹세를 하지 않았지만,
날 위해 맹세들이 행해졌고,[13] 내가 헌신적인 영(靈)[14]이
되어야 한다는, 그렇지 않으면 크나큰 죄를 짓게 된다는,
나도 몰랐던 책무가 주어졌네. 아직까지도 생생한,
감사와 행복감에 젖어 난 가던 길을 계속 갔다네.

　당시 내 마음은 기이한 만남의 장소요,
진지하고 명랑하고, 엄격하고 가볍고, 근시안적이고   340

13　워즈워스는 (때때로 '자연'으로 암시되는) 더 높은 능력에 의해, 인류에 봉사하도록 봉헌되었다(제3권 87~89행 참고).
14　워즈워스가 이때 헌신해야 한다고 느꼈던 구체적인 일은 새로운 시의 세계를 개척하는 것이었음을 이 작품의 뒤에서 밝히고 있다(제13권 232행 이하 참고).

심원한, 다채로운 색깔의 전시장이었으며,
무분별한 습관들과 침착함이 비난받지 않고
한 저택에서 잘도 어울려 지냈다네.
난 내 능력들 얕보고 너무 자주 오용하긴
했어도, 그 가치를 잘 알고 있었네. 게다가
그 여름은, 이전처럼, 일시적이고 두서없는
생각들로 넘치긴 했어도, 이따금
어리석음은 쏜살같은 **시간**의 찌푸린 눈살로
위축되고, 마음은 제 안에서 예전과 아주 똑같이,
자연 속에서건 인간 속에서건,   350
분리되었거나 연합된 풍부한 비전을
통해 제시된, 신의 위업의 목적과
뚜렷한 정신과의 일치를 경험했다네.

　분주한 세상 탓에 우리의 진정한 자아들로부터[15]
너무 오래 떨어져서, 세상사에 진절머리 나고,
세속적 쾌락에 지쳐, 어깨가 축 처져 있을 때,
고독은 얼마나 자비롭고, 얼마나 관대하며,
그 힘을 상상만 해도 얼마나 엄청난가.
고독은 인간 속에 적절히 중심 잡고
마음에 새겨질 때 가장 강력한 법 —   360

---

[15] 354~469행: 이곳의 제대 군인에 관한 이야기는 당초 독립된 시 「제대 군인The Discharged Soldier」에서 발표된 것이었으나, 1804년에 『서곡』에 삽입되었다. 그리고 1850년 판에서 이 내용의 약 3분의 1이 잘렸고, 그 대신 이야기의 도입부에 고독의 주제를 강조하는 긴 구절(354~78행)이 첨부되었다.

거친 황야 한가운데 깊이 은거하는 은둔자,
(아무도 찾지 않고, 어떤 다른 얼굴도 보이지
않는, 거대한 사원에서) 무릎 꿇고 기도하는
수사(修士), 혹은 대서양의 파도에 시달리며,
등대 꼭대기에서 망보는 등대지기, 혹은
깊은 밤, 인적 끊긴 거리가 길 없는
황무지보다 훨씬 더 깊은 적막 속에
잠길 때, 이따금 한길에서
실체인 양 맞닥뜨리게 되는
저 위대한 **힘**의 영혼처럼.   370
     한번은, 저 여름날들이
흘러가고 가을이 되자, 위낸더의 드넓은 품에서
연례행사인 보트 경기가 펼쳐져, 노와 노가 경쟁하고,
돛과 돛이 승부를 겨루던 어느 날, 우연히도
나는, 꽃으로 장식한 방(불이 환히 켜지고,
실내여흥[16]이 밤늦도록 이어졌던)을 나온 후,
기분이 한껏 고조되어 밤으로 하여금
온 힘을 다해 한바탕 놀이에 열중했던
한낮의 과오를 참회토록 하면서,
긴 오르막을 따라 집으로 가고 있었네.
물에 살짝 덮인 도로는, 가파른   380
꼭대기까지 달빛을 받아 반짝였으며,

---

16 댄스파티.

마치 골짜기에서 속삭이는 개울물에
합류하고자 고요히 흘러가는 또 다른
냇물을 방불케 했네. 사방은 고요했고,
생명체라곤 하늘과 땅 어디에도 없었으며,
평화롭게 흐르는 물소리 외엔 아무 소리도
들리지 않았네— 그러나 바로 그때, 갑작스레
길모퉁이를 돌자 어떤 괴상한 형체가 보였네.
그가 너무 가까웠기에, 나는 울창한 산사나무
그늘로 미끄러지듯 들어가 몸을 숨긴 채   390
그를 잘 볼 수 있었네. 그는 보통 사람들보다
한 뼘 정도 더 되는 큰 키에, 뻣뻣하고,
홀쭉하고, 꼿꼿했는데, 이때까지 밤이나 낮이나
그렇게 여윈 사람은 한번도 본 적 없었네.
그의 양팔은 길었고, 손은 창백했으며,
달빛에 그의 입은 섬뜩하게 보였네. 그는
이정표석(里程標石)에 기대어 서 있었고,
빛은 바랬으나 온전한 군복을 입은 것도
볼 수 있었네. 그는 동반자도, 따라온
개도 없이, 지팡이에도 의지하지 않은 채,   400
서 있었네, 그리고 바로 그 차림새로 인해
황량함, 단순함 그 자체로 여겨졌네.
거기 비하면 현란한 세상의 온갖 장식물들은
기이한 배경에 지나지 않을걸세. 그의 입술에서,
잠시 후, 고통이랄까, 어떤 불안한 생각 같은

나지막한 중얼거림이 새어나왔네. 그러나 여전히
몸은 놀랍도록 곧은 자세 유지했고── 발밑의
그림자조차 움직이지 않았네. 난 자책에서
온전히 벗어나진 못한 채, 이렇게 그를 지켜보았고,
마침내 그럴싸하게 포장된 마음속 비겁함 누르고　　　　　410
그때까지 서 있던 그늘진 은신처에서 나와
그에게 인사를 건넸네. 그는 쉬던 곳에서
천천히 일어나, 여위고 쇠약해진 손을
절도 있는 자세로 머리까지 들어 올려
내 인사를 받았네. 그러고 나서 다시
이전의 자리로 되돌아갔네. 내가 그의
사연을 묻자, 그 퇴역군인은 대답하는 데
지체함도 없었지만 열정도 보이지 않았고,
담담하게, 귀찮은 내색 없이 조용한 음성으로,
약간 무관심한 듯 그러나 당당하게,　　　　　420
소박한 몇 마디 말로 자신의 이야기를 했네──
그는 열대지방의 섬들[17]에서 복무했고,
고국 땅을 밟은 지 3주가 채 못 되며,
육지로 올라오자마자 군에서 제대했고, 그래서
지금 고향으로 가는 중이라고. 이 말을 듣자,
가여운 생각에 내가 말했네, "저와 함께 가시죠."

---

17 열대지방의 섬들: 서인도제도. 워즈워스가 이 병사를 만났던 때는 방학 중이던 1788년이었으나, 그가 여기서 염두에 두고 있는 영불전쟁은 1790년대 중반에 일어났다. 1796년까지 4만여 명의 병사들이 이곳에서 황열병으로 죽었으며, 귀국한 병사들은 더 이상 군복무에 적합하지 않다는 이유로 제대를 시켰다.

그는 몸을 숙이더니, 미처 내 눈에 띄지 않았던
떡갈나무 지팡이 — 그의 느슨한 손에서 빠져나가
그때까지 풀밭에 아무렇게나 놓여 있었음이
분명한 지팡이를 땅에서 곧장 집어 들었네.   430
그의 발걸음은 힘없고 조심스럽기는 했지만,
걷는 데 문제는 없어 보였고, 나는 내심
놀라움을 잘 누르지 못한 채, 내 옆에서
움직이는 유령 같은 그 모습을 쳐다보았네.
이렇게 함께 걷는 동안, 난 잠시도 참지 못하고
현재의 고난들에서 과거로 시선을 돌려,
전쟁, 전투, 역병 등에 관해 얘기했네,
틈틈이, 그가 몸소 보았거나 느꼈음 직한 것들에
관해, 삼갔더라면 더 좋았을, 질문들을 섞어가면서.
그는 그동안 줄곧 평온한 자세를 유지했으며,   440
짧게 대답했네. 이런 그가 엄숙하고 숭고해
보였을 수도 있네만, 그가 말한 모든 것에서
묘한 무심함 같은 것이 느껴졌네, 마치
주제의 중요성을 너무 잘 알면서도
더 이상 그것을 의식하지 않는 사람처럼.
짤막한 대화가 곧 끝나자, 우린 말없이
고요하고 어두운 숲길로 계속 걸어갔네.
잠시 후, 탁 트인 들판을 끼고 위쪽으로 돌아가자,
오두막이 하나 나타났네. 나는 문을 노크한 후,
친구 하나 없이 가련하고, 뒤처지고,   450

게다가 병까지 든 그에게 자비를
베풀어줄 것을 진지하게 간청했네.
이제 그 길손이 편히 쉬리라 확신하면서,
앞으로는 길에서 꾸물거리지 말고,
때를 놓치지 말고 필요한 도움과
협조를 구하라고 그에게 당부했네.
이러한 내 핀잔을 듣자, 그는 예의
그 유령 같은 힘없는 표정으로 말했네,
'저는 하늘에 계신 하느님을 신뢰하고,
오가는 사람들의 자비를 믿습니다!'   460

   오두막의 문이 재빨리 열렸고, 이제
그 병사는 다시금 인사의 표시로 여윈 손을
가볍게 모자에 댔네, 그리고 더듬거리는 소리로,
또 이때까지는 느낄 수 없었던 흥미들이
되살아나는 어조로, 내게 감사를 표했네.
나도 인내심 있는 그의 작별인사에 답례했고,
이렇게 우린 헤어졌네. 나는 뒤를 돌아보았고,
문 옆의 조그만 공터에서 잠시 머뭇거린 후,
평온한 마음으로 집을 향해 먼 길을 떠났네.[18]

---

18 워즈워스의 시 「결심과 독립Resolution and Independence」에 나오는 '거머리 잡이'와 이 시에 나오는 런던의 눈먼 걸인의 경우처럼, 이 무렵 워즈워스는 고독한 인물들의 인간적 면모보다는 이들의 상징적인 중요성에 더 큰 관심을 보였다(제7권 537~49행 참고).

제5권
책

하늘과 땅 가득히 느껴지는 밤의 고요처럼,
명상이 드넓게 퍼지고, 진정시키는 능력을
영혼 깊숙이 보내올 때, 심지어 그때에도
난 이따금 그대를 위해 슬퍼하네, **오 인간이여,**
이 땅의 가장 뛰어난 만물의 **영장이여!**
무겁긴 하지만, 구름처럼 위로 올라가거나
신성한 빛에 닿아 녹아버리는, 그대가 견디는
고뇌 때문이 아니라, 오랜 시간을 거쳐,
인고의 노력 끝에 학문과 견고한 사상으로
성취한 그대의 승리로 인해서. 거기, 바로 거기서   10
슬픔이 연료를 찾는다네. 지금까지,
이 글쓰기 작업이 진행되는 동안,
내 마음은 하늘과 땅의 다채로운 얼굴을
으뜸가는 스승, 즉 지고(至高)의 **지성**[1]에

의해 이뤄진 인간과의 교감으로 여겼나니,
그 지성은 저 구체적 이미지를 통해,
쏜살같은 시간의 눈에 뜨일 듯 말 듯,
불멸의 정신을 흩뿌리네. 그대 또한, 인간이여!
그대의 본성이 그 자신과 교류하도록,[2]
정복할 수 없는 삶을 열망하는 것들을 빚었네.   20
하지만 우린 느끼네— 느낄 수밖에 없네—
그것들이 필멸하리라고.[3] 불멸의 우리 존재가
더 이상 그런 의복들[4] 필요로 하지 않으리라
생각하면, 심장이 떨린다네. 그러나 인간은,
이 땅의 자녀로 살아가는 한, 거의 언제나
결국 잃게 될 것들을 '갖고자 울' 것이며,
스스로 소멸되지도 않고 살아남으리,
굴욕적이고, 낙심하고, 소외되고, 절망하며.[5]
때때로 한 생각이 떠오르네, 말하자면—
내적 고통들에 의해 땅의 윤곽이 전체적으로   30
뒤틀린다거나, 머나먼 곳에서 불이 내려와

---

1 신은 '지고의 지성the sovereign Intellect'으로서, 그의 영적 실재의 '구체적 이미지'인 자연계를 통해 인간과의 교감을 이뤄왔다. 워즈워스의 시 「틴턴 사원」에서처럼 인간은 단지 '신성한 영혼'을 인식할 뿐 아니라, 그 진수를 나누며 그것에 동참한다.
2 '인간 정신을 다른 사람들과 소통하기 위해서'라는 뜻.
3 이곳의 문맥으로 볼 때, 인간의 업적물들이 영원히 존속할 수 없다는 사실이 오히려 인간에게 유익한 듯하다. 진정한 불멸성은 영적인 것이기 때문이다.
4 20행에 언급된, "정복할 수 없는 삶을 열망하는 것들."
5 24~28행: 워즈워스는 여기서, 인간은 살아 있는 동안은 (언젠가는 사라져버릴) 지상의 업적들을 소유하는 것을 후회할 수밖에 없으며, 또 굴욕적이고 절망적으로 살아갈 수밖에 없음을 뜻하는 듯하다.

땅의 안락한 서식처들 태우고, 태고의 대양 말려버려
그을리고 메마른 바닥을 드러내게 되더라도,
살아 있는 **존재**⁶는 여전히 당당하게 존속하고,
평정이 뒤따르며, 아침처럼 빛이 서서히 밝아와 ―
낮이 돌아오고 생명이 소생되는 확실한
전조를 보이리라는 생각 말이네.
그러나 인류의 모든 명상의 내용들,
그렇다네, 이성, 혹은 숭고한 영혼에 깃든
그 자체로 최고의 이성인 열정⁷에 의해   40
세워진, 모든 난공불락인 진리의 성채들.
인간들, 같은 희망들의 한 쌍인 일꾼들과
상속자들에 의해 빚어진 감각적인 혹은 지적인,
음유시인과 **현자**의 성별(聖別)된 업적들.
이러한 것들이 어디 있을까? 오! **마음**은 왜
자신의 본성과 어느 정도 닮은 자연 속에
제 이미지 찍어놓을 어떤 요소를 갖지 못했을까?
왜, 자신의 영을 드러내 보일 수 있는 능력을
받고서도, 그토록 약한 신전들에 거해야 할까?

어느 날, 한 진지한 벗⁸을 앞에 두고   50

---

6 살아 있는 존재the living Presence: 자연 속에 살아 있는, 생명의 근원이 되는 존재.
7 열정은 단지 ('숭고한 영혼'에 의해 경험되는) '최고의 이성'뿐 아니라, '가장 고양된 무드에 잠긴 이성'인 '상상력'과도 동일시되었다(제14권 191~92행 참고).
8 전체적으로 이 시가 콜리지에게 이야기하는 형식을 띠고 있음에도 불구하고, 이 친구는 아마도 콜리지일 것이라 추측된다.

내 입에서 이런 넋두리가 튀어나왔을 때,
그는 미소 지으며 대답했네, 사실상
그래 보았자 불안만 가중될 뿐이라고.
하지만 그는 날 질책하자마자 자기도
종종 유사한 상념들에 사로잡혔었노라
고백했네. 그러자 난 말하기 시작했네.
한번은 어느 여름날 정오의 정적에 휩싸여,
해변가 바위 동굴에 자리를 잡고 앉아
우연하게도, 세르반테스가 기록한
저 유명한 방랑 기사의 편력[9]을   60
읽는 동안, 난데없이 이런 생각들이
날 에워싸더니, 유례없이 높이 솟구쳤으며,
한편 무심히 앉아 있던 난, 읽던 책을
덮고, 드넓은 바다로 시선을 향했네.
시(詩)와 기하학적 진리, 그리고
영속적 생명을 누리는 그것들의,
모든 내적 상처로부터 면제된[10] 고귀한 특권,
난 주로 이것들에 대해 명상했네. 그리고 마침내,
푹푹 찌는 무더운 날씨에 감각은 몽롱해지고,
잠이 쏟아졌네, 그러곤 꿈의 세계로 빠져들었네.   70
내 앞에 온통 검고 텅 빈, 드넓은 사막이
끝없이 펼쳐져 있는 것이 보였네, 그리고

---

9 세르반테스의 『돈키호테』.
10 시와 기하학은 그 자체로 완전하다는 뜻.

주위를 둘러보았을 때, 낙담과 두려움이
서서히 엄습해왔고, 바로 그때 내 옆에,
내 곁에 아주 가까이, 낙타 위에 높이
올라탄, 한 괴상한 형체[11]가 나타났네.
그는 베두인족 아랍인처럼 보였는데,
창을 하나 들었고,[12] 한 팔에는 돌 하나를,
반대편 손에는 형용할 수 없이 밝게 빛나는
조개를 하나 들고 있었네. 이 광경을 보자   80
난 무척 기뻤네, 의심할 여지없이 안내자가
등장한 것이네, 사막을 지나는 동안 능숙한 솜씨로
날 안내할 사람이. 그러나 새로 온 사람이
사막으로 나르는 이 짐이 무엇을 뜻하는지
자문하며 여전히 주위를 둘러보고 또 보는 동안,
그 아랍인이 내게 말해주었네, 그 돌은
(그 돌에 관해 꿈의 언어로 말하면서)
'유클리드의 원소'[13]라고. 그리고
'이것은 더 중요한 것'이라고 말하면서,
매우 아름다운 모양에, 색깔이 정말 눈부신   90
조개를 내밀었네, 그 조개를 내 귀에

---

11 워즈워스는 앞서 '제대 군인'을 묘사할 때도 '괴상한 형체an uncouth shape'라는 동일한 표현을 사용했다(제4권 388행).
12 돈키호테가 풍차들을 거인들로 오인하고서 창을 들고 돌격한 이야기는 매우 유명하다.
13 유클리드Euclid: 기하학의 기초를 놓은, 기원전 3세기의 그리스 수학자. 그의 책 『원소 Elements』는 워즈워스가 다녔던 혹스헤드 그래머 스쿨과 케임브리지 모두에서 기하학의 기초 교재로 사용되었다.

갖다 대야 한다는 명령과 함께. 난 그렇게 했고,
바로 그 순간 내가 알지는 못하나, 이해할 수
있는 언어로 분명한 소리들을 들었네,
조화로운 커다란 예언의 나팔 소리, 그리고
이 땅의 자녀들이 홍수로 멸망할 그때가
임박했음을 예언한, 격정적으로 터져나오는
한 편의 오드[14]를. 그 노래가 그치자마자
아랍인이 평온한 얼굴로 선언했네,
그 음성이 미리 경고한 모든 일이   100
일어날 것이며, 이제 그는 손수
그 두 권의 책을 땅속에 묻을 것이라고.
별들에 대해 정통하고, 시간과 공간의
지배를 받지 않는 가장 순수한 이성의
끈으로 영혼과 영혼을 결합시킨 책 한 권과,
정신을 고조시키고, 동서남북의 모든
인류의 가슴을 위로하는 능력과 더불어,
모든 바람들보다 더 많은 음성을 지닌
신, 그렇다네, 많은 신(神)들인 또 한 권의 책.
그가 이 말을 하는 동안, 이상하게 들리겠지만,   110
하나는 돌이고, 다른 하나는 조개임을 똑똑히
보았음에도 의아하게 생각지 않았을뿐더러,
내 앞에서 일어난 일을 완전히 믿었기에, 둘 다

---

[14] 오드Ode: 원래 '노래'를 뜻하는 그리스어에서 유래된, 음악에 맞춰 노래하도록 쓰어진 시로서, 고조된 감정을 표현하는 서정시의 일종. 여기서 워즈워스는 「틴턴 사원」을 암시한다.

책이라는 것에 대해 단 한번도 의심치 않았네.
더욱 이상하게도, 이제 이 사람에게 매달리고픈
갈망이 솟는 것을 느꼈네. 하지만 내가 그의 일에
동참하기를 간청하는 동안, 그는 나 같은 존재는
안중에도 없이 서둘러 떠났고, 그를 뒤따르던
난 들켜버렸네, 그가 두 보물을 움켜잡고서
자주 뒤돌아보았기에. — 창을 받침에 꽂은 채 120
그는 달렸고, 난 여전히 그를 따라갔는데,
이제 그는, 내 공상에 따라, 세르반테스 이야기 속
기사가 되어 있었네. 한편으론 기사가 아니라,
사막을 여행하는 아랍인이기도 했으며,
둘 다 아니기도 했고, 둘 다이기도 했다네.
그러는 동안 그의 얼굴이 점점 불안해졌고,
그가 돌아보기에, 나도 뒤를 돌아보자,
내 앞에 드넓은 벌판을 절반쯤 덮고 있는
반짝이는 빛의 못자리가 보였네. 그 원인을 묻자,
그가 대답했네, "그건 우릴 집어삼키게 될 130
깊은 바다 물결이라오." 그러고 나서 그는
자기가 탄 고집 센 짐승의 걸음을 재촉하며
떠나버렸네. 나는 큰 소리로 그를 불렀지만
그는 들은 척도 하지 않았고, 그의 이중의 짐을
여전히 움켜잡고, 내 앞에서 뒷모습 드러낸 채,
세상을 뒤덮을 빠른 물결이 그의 뒤를 쫓는 동안,
끝없이 펼쳐진 황무지를 황급히 달려가버렸네.

내가 공포에 질려 잠을 깬 것은 바로
그때였고, 내 앞에는 바다가, 내 곁에는
조금 전에 읽고 있던 책이 놓여 있었네.   140

  참으로 자주 나는, 이렇게 꿈에 본,
돈키호테를 반쯤 닮은 아랍인을 꿈의
세계에서 불러내고 육화시켜
살아 있는 사람인 양, 사랑과 느낌,
그리고 끝없는 고독들 사이로 끈질기게
맴돌던 생각 탓에 돌아버린, 점잖은
사막의 거주자인 양 상상했으며,
이 여정에서 헤매는 모습을 떠올렸네!
난 그를 가여워하지도 않았고, 오히려 그런 일에
열중하는 자에겐 경의를 표해야 한다고 느꼈으며,   150
그와 같은 광기의 막다른 무시무시한 굴속에
이성(理性)이 웅크리고 누워 있다 생각했네.
땅에는 그들의 부인들, 자녀들, 그리고 그들의
순결한 사랑, 혹은 마음 깊이 소중히 여기는
그 어떤 것이라도 돌보아줄 사람이 충분할뿐더러,
이들을 위해 움직일 사람이 충분하네. 그렇다네,
말하자면, 하늘과 땅에 드러난 표적들로 미루어,
그토록 끔찍한 사건이 시시각각 다가오고 있음을
온전한 정신으로 숙고하는 동안,[15] 나도 그 광인의
어리석은 불안을 함께하고, 그와 같은 사명감을   160

느낄 수 있었네. 셰익스피어나 밀턴 같은
신성한 일꾼들의 불멸의 시를 담은
보잘것없는 지상의 관(棺)[16]인
책을 손에 들고 있노라면, 종종 적어도
그런 강력한 몰아지경에 빠지게 되었다네!

   살아 있는 자연의 힘은 진정 위대하고도 관대함에
틀림없네, 그 덕택에 그토록 오랫동안 내가
다른 최고 안내자들과 소중한 도우미들[17]을
멀리할 수 있었네, 감사도 찬사도 없이.
심지어 혀짜래기 말을 하던 유아기에도,   170
그 뒤 재잘거리던 유년 시절, 그리고 훗날
기억을 더듬어 그 시절로 돌아가던 동안에도[18]
어떻게 감히 배은망덕을 상상조차 할 수 있었겠나?
다시 한 번 나는 깊은 감사의 곡조들과
저 나무 그늘들의 무심한 가락들을 뒤섞어,
숲 사이로 울려 퍼지게 했어야 했네. 그리고 적어도
나다웠겠지, 단순하게 구성된 어떤 이야기를
반복했더라면, 그때는 날 온통 사로잡았으며,

---

15 156~59행: 워즈워스가 프랑스의 침략전쟁으로 인한, 임박한 서구문명의 붕괴를 예견했다는 증거.
16 불멸의 시가, 파멸될 수도 있는 지상의 책 속에 담겨 있는 것을 '관' 속에 담긴 것으로 표현했다.
17 제5권의 주제인 책들.
18 워즈워스가 마음속으로 (그리고 이 시에서) 어린 시절로 돌아가던 때.

지금은 어루만져주는[19] 어떤 이야기를
감미로운 시로 부드럽게 다시 썼더라면.　　　　　　　　180
오 벗이여! 오 시인이여! 내 영혼의 형제여,
내가 이 추억들로 감동받지 않고 지나칠 수
있으리라 생각지 말게. 하지만 왜 말을 할까?
왜 몇 안 되는 나약한 단어를 불러내어,
숨 쉬는 모든 사람의 마음속에 이미 씌어진 것을
말하고자 하는 것일까? ― 사람 사는 곳이면 어디나
모두가 가는 길목마다 모든 어린이의 입에서
매일 흘러나오는 그것을? 경청하는 어린이의
볼을 타고 똑똑 방울져 흘러내리는 눈물과,
결코 다 채울 순 없는 듯 들이마시는　　　　　　　　　190
외면할 수 없는 표정이 그 답을 선포하네.

　내 삶의 이야기 중 그 부분은 거기
그냥 남겨두려네. 그 밖의 어떤 힘이나
즐거움도, 그렇게 씨를 뿌렸든 양육되었든,
나 자신만의 독특한 것일진대, 그것도 거기 남아
여전히 일을 계속하라지, 비록 시간의 틈바구니에
꼭꼭 숨어서 아무리 애써도 찾을 순 없지만.
그러나 바로 여기서, 자연스러운 산문으로든,

---

19 워즈워스는 어린 시절 경험했던 독서의 즐거움에 관해, "어린 시절의 학교생활이 매우 행복했는데 그것은 주로 도서실에서 좋아하는 책을 실컷 읽을 수 있었기 때문"이라고 적고 있다(『회고록 Memoirs』, I, 10).

운율을 맞춘 시로든, 인간의 가슴속에
확고한 기초를 놓은 모든 책들을 기억하며,   200
천둥번개 몰아오는 위대한 호머로부터, 히브리 노래의
근원 따라 우렁차게 포효하는 소리로부터
영감을 얻은 모든 영혼들의 이름으로,
그리고 더욱 다양하고 화려하게,
모든 영국 해안들을 뒤흔드는 저 조화로운
트럼펫 곡조들,[20] — 저 가장 고상한 곡조들로부터,
마을 촌부들과 물레 돌리는 아낙들, 그리고
길가 잡목 울타리 밑에서 지친 다리를 쉬는
햇볕에 그을린 여행자들을 위해 만들어진,
굴뚝새의 지저귐 같은 소박한 노래들,   210
어린 것들과 인생의 낙이 없는 노인들의 굶주린
귀를 위한 양식인 발라드 곡조에 이르기까지,
이 작품들, 그리고 유명하거나 혹은 여기저기
흩어진 무덤에서 이름 없이 잠들어 있는,
이 작품들을 지은 모든 사람들을 대신하여,
내 여기서 그들의 권리를 주장하고, 그들의
영예를 증명하고, 단 한 번으로, 그들에게 축복을
선언하고, 영원토록 거룩히 여길 만한 **능력의**
존재들로서 그들을 칭송함이 마땅하네. 다만,

---

20 고전문학을 대표하는 호머와 히브리 문학의 전통이 밀턴에 의해 연합, 계승되었다고 생각했던 워즈워스는, 밀턴의 시를 '영혼을 각성시키는 곡조'를 연주하는 트럼펫에 비유했다. 워즈워스의 소네트, 「소네트를 비웃지 말라Scorn Not the Sonnet」 13~14행 참조.

우리의 현재 모습이나 미래의 가능성을 볼 때,   220
신의 입김, 혹은 기적으로 계시된 신의 순결한 말씀[21]인
자연 자체보다 조금 못한 존재로서.[22]

   어쩌다 마지못해 덧없는 주제들에
관심을 기울이곤 했네만, 그럼에도 난 기쁘네,
그리고 이러한 생각들로 깨우침을 얻었으니,
이 시대가 이 땅의 자녀들에게 부과한 악,[23]
내 몸과 영혼을 송두리째 말려버렸을지도
모를 역병[24]으로부터 안전하게 양육되었음에
부푼 가슴으로 감사의 말을 쏟아놓으리.
나는 이 시를 자연 자체에, 그리고   230
자연의 방식대로 가르치는 것들에게 바치나니,
오! **인간**은 어떻게 되고, **시인**은 어떻게 되었겠나,
우린 어찌 되었겠나, 우리 둘은, 사랑하는 **벗이여**!
만약 우리가, 위태롭지 않은 선택의 계절에,
고유작물로 넘쳤던 골짜기들, 마음껏 공상을 펼칠
탁 트인 공간, 멋대로 쏘다닌 행복한 초장들을,
우리가 그랬듯이, 헤집고 돌아다니는 대신,
간섭받고, 매시간 감시당하고, 올가미 씌워져,

---

21 말씀(로고스)이 육신이 되어 오신 예수 그리스도의 기적적인 성육신을 암시.
22 218~22행: 워즈워스는 그의 시가 자연처럼 힘있는 것이 되길 바랐다.
23 루소의 『에밀 *Emile*』(1762) 이후 뒤따라 발표된 교육이론들과 교육제도들.
24 18세기 후반을 휩쓸었던 이성 중심의 교육이론들.

목에 줄을 맨 채 먹어야 하는, 가난한 농부의
어린 암소처럼 제각기 떨어져 우울하게 지내고,　　　　　　240
비참한 굴종의 길을 가도록 인도되었다면, 또는
들판에서 자라는 싱싱한 풀을 뜯지 못하도록
빗장에 가로막혀, 달콤한 향기를 풀 깎는 이의 낫에
먼저 제물로 바치기까지는 꽃을 맛볼 수 없는,
축사에 갇힌 황소²⁵처럼 지냈다면 말이네.

　한 배의 병아리에 둘러싸인 암탉을 보시게,
병아리는 다 자라 깃털이 돋고, 기꺼이 어미 품
떠나 뿔뿔이 흩어져도, 여전히 병아리며,
암탉은 여전히 모성의 책무에서 벗어나지 못하고,
저를 둥그렇게 둘러싼 병아리들의 중심으로서,　　　　　　250
따스함과 사랑을 간직한 채 그들과 더불어
움직이는 것 외엔 별 하는 일이 없다네.
그리고 이따금, 병아리들과 동일한 욕구에서,
또 본능적 식욕에 의해, 먹을 것 찾아
땅을 긁고 샅샅이 뒤지면, 병아리들도 즐거이
이 행동 따라한다네. 내 존경하는 어머니,
우리들의 모든 배움과 사랑의 중심이자
축이셨던 그분은 일찍 돌아가셨네.²⁶

---

25 최초의 건초를 베어낸 후에야, 비유적으로 말해서, 풀 깎는 이(신을 비유함)가 처음 열매
　　를 제물로 받은 후에야, 황소가 풀밭에 나갈 수 있다는 뜻.
26 워즈워스의 어머니 앤 워즈워스Ann Wordsworth는 워즈워스가 만 8세가 채 못 되었던

어머니가 우리를 두고 떠나신 후, 으레 그렇듯,
우린 한동아리가 되었네. 내가 타인들에 대한   260
비난처럼 보일 수 있는 여하한 생각으로써
어머니의 영원한 안식을 깬다면 그건 도리가 아니고,²⁷
오직 완전한 사랑으로써만 어머니를 칭송하려네.
이렇게 조심은 하겠지만, 담대히 말하고자 하네,
감사하는 마음으로, 그리고 어머니는 듣지 못할
진실을 밝히고자. 올곧게 배우신 어머니는
다가올 날들을 위해 새로움을 추구하기보다는
지나간 시절에서 당신의 선함을 이끌어냈고,
무례함이나, 질투 따윈 드러낸 적 없었으며,
당신의 사고 습관에 따라서, 인간의 본성을   270
불신하지 않았고, 순전한 믿음을 갖고 계셨네,
어머니의 가슴을 순결한 젖으로 채우신 그분이,
순결한 본능과 청결한 음식을 주시듯,
그의 위대한 교정 능력과 지배력으로, 우리의
더욱 고상한 부분을 위해서도 양식을 공급하신다는,
혹은 멋대로 남겨진 마음들을 이끌어, 소박하게
열린 삶을 사노라면, 버려지거나 겁에 질린 잡초에서도

1778년 3월에 갑작스럽게 타계했다. 그 후 자녀들은 뿔뿔이 흩어지게 되어, 여섯 살 난 도러시는 핼리팩스Halifax의 먼 친척집에 보내지고, 윌리엄은 그로부터 1년 후 혹스헤드에서 동생들(존John과 크리스토퍼Christopher)과 하숙생활을 하게 된다.

27 도러시의 편지가 아니더라도, 고아가 된 4남매의 생활이 힘들었으리라는 것은 짐작할 만하다. 그러나 워즈워스는, 고아가 된 자기들을 돌봐준 친척들과의 비교를 통해서 어머니를 칭송하는 일은 온당하지 못하다고 생각한다.

달콤한 꿀이 나온다는 믿음을 갖게 하신다는.
이것이 어머니의 신조였고, 그래서 어머니는
실수나 불운 그리고 과장되게 악이라 불리는   280
것들의 걱정스러운 공포로부터 자유로웠고,
부자연스러운 거짓 희망들로 우쭐대지 않았으며,
불필요하게 자신을 돌보는 이기적인 분도 아니었고,
제철 산물이 아닌 것을 참을성 없이
요구하지도 않았으며, 자만심에 안절부절못하며
앞날에 대해 예측하고 기대하기보다는
오히려 그때그때 주어진 시간들을 사랑했네.
어머니는 이런 분이었네— 다른 이들보다 능력이
더 탁월해서가 아니라, 어쩌면 당신이 몸소
살았던 시대와 지역으로부터, 그리고 알맞은   290
온유함, 단순한 마음가짐 등의 덕목을 통해서
너그러움과 희망을 찾았던 따뜻한 가슴의 소유자요,
자비로움 그 자체였다네.
       내 취지가 뚜렷하지
않은 점이 염려되긴 하네만, 상식적 판단으로
열매를 통해서 현대 교육제도[28]를 논하고,
믿을 만한 손으로 묘사한 한 본보기를
상식의 잣대 앞에 세워도 무방하리.

---

28 워즈워스 시대에 일어났던 교육제도 개혁. 개혁론자들은 신속하고도 이성적인 교육의 결과를 위해서 교육 현장을 철저히 감독해야 한다고 주장했으며, 아동들의 경험이 올바로 통제되어야만 비이성적 두려움과 편견으로부터 벗어난다는 가설을 내세웠다.

아주 일찍 예의범절을 숭상하도록 교육받은
이 모범 어린이는 단 한번도 다른 아이들과
싸움에 휘말린 적 없네, 그건 정말로 품위를   300
손상시키는 행동이기에. 그 아이는 다채로운
재능으로 샘물처럼 부글부글 솟아올랐네.
이기심은 곁에 얼씬도 못하며, 한창 놀이에
신나는 아이들도 그를 유혹할 수 없었으리.
유랑하는 걸인들이 그의 이름 퍼뜨리고,
말 못 하는 동물들 그를 수녀처럼 자애롭다 느끼네,
그리고 자연적 혹은 초자연적 두려움이
꿈속에서 덮쳐온다면 모를까, 생시엔
그를 건드리지 못하네. 더욱 놀랍게도,
그의 견해는 얼마나 뛰어나며, 유머 감각은   310
얼마나 예리한가. 방종한 세상에 널려 있는
어리석은 짓거리들을 그도 모르지 않으나,
영리하긴 해도 여전히 순수한지라,
순수에 대해 박식하게 말할 수 있다네.
실로 자연과학이 이뤄낸 경이(驚異)인 그는,
선박들을 길 없는 바다로 나아가게 하고, 그것들의
모든 복잡한 구조를 설명할 수 있네. 또한
지구의 내부를 읽어내고, 별들을 분간하며,
낯선 나라들의 정책들을 환히 꿰뚫을뿐더러,
거미줄에 대롱대롱 매달린 이슬방울처럼 촘촘히   320
붙은, 전 세계의 지역들, 도시들, 마을들의 명칭들

줄줄이 말할 수 있네. 체로 치고, 저울질하며,
세상만사에 대해 의문 품고, 자기가 날마다
더 현명해진다는 것과, 그렇지 않다면 아예 살지도
않을 것임을 알면서, 그리고 지혜의 작은 물방울
하나하나가 마음의 저수지에 파문 일으키며
떨어지는 것을 보면서 살아가고 있을 터.
이 부자연스러운 성장에 관해선 정원사를 비난하고,
나무는 가엾게 여기게. — 가련한 인간의 허영심이여,
그대가 소멸된다면, 그가 진실로 사랑했을 법한 것은   330
거의 아무것도 남지 않으리. 하지만 어떻게 피하겠나?
보다 더 순수한 근원에서 생각이 솟아나
더 나은 곳을 향해 그를 인도한다고 해도,
누군가 여전히 그를 지켜보다 끼어들어
이전 상태로 되돌리고, 제 생각의 우리 속에
가두고는 부랑아처럼 때릴 테니까.
한편, 늙은 할머니 대지는 슬퍼하네,
그녀가 그를 위해 사랑으로 만든 장난감들이
내팽개쳐져, 꽃들은 숲 속 정원에서 울고,
강변은 모두 텅 비어 있음을 보았기에.   340
오! 다시 한 번 가져다주게,[29]
포추나투스의 마술 모자,[30] 거인을 무찌른

---

[29] 요정 이야기가 어린이들의 마음을 '광대한 세계'로 열어주고, 그들에게 '위대한 것'과 '온전한 것'에 대한 사랑을 불러일으킨다는 콜리지의 견해를 워즈워스도 공유했다.
[30] 포추나투스Fortunatus: 마술 지갑과 가고 싶은 곳에 마음대로 갈 수 있게 해주는 마술 모자를 소유한 자.

잭³¹의 투명 외투, 로빈후드, 그리고
성 조지와 함께 숲 속에 있는 사브라³²를!
이들을 사랑하는 아이는, 적어도, 자기를
잊는다는 소중한 수확 하나는 거두리니.

   최근 우리 시대의 이 막강한 일꾼들,
주체 못할 미래의 무질서 위에 널찍한
간선도로로써 다리를 놓은,³³ 제 명령에
길들여진 이 사람들. 책들과 사물들 다루는   350
기술이 탁월하며, 그것들로 꽃을 좌우하는
태양만큼이나 확실하게 어린 마음들에
영향 끼치는 교사들. 우리 시대의 지킴이들,
우리 능력의 안내자와 보호자들,
탁월한 예지(豫知)로써 모든 우연들을
조정하고, 그들이 고안해낸 바로 그길로
우릴 기계처럼 몰아가고 구속하려는 현자들.
후안무치한 이들이 언제쯤 배우게 될까,
이 세상이 비이성적으로 진보하는 동안에도
더욱 지혜로운 영이 우릴 위해 일하고,   360

---

31 거인을 무찌른 잭 Jack the Giant-killer: 투명 외투, 빨리 달리게 해주는 신발, 마술 검 등으로 거인들의 나라를 없애버린 자.
32 사브라 Sabra: 용에게 잡혀갔으나 성 조지 St. George에 의해 구출되고 그와 결혼한 이집트의 공주.
33 347행의 '이 막강한 일꾼들 These mighty workmen'은 교육자들을 말하며, 이들은 『실낙원』 제10편 282~305행에서 '무질서' 위에 새로운 지상 제국으로 가는 다리를 놓는 '죄'와 '죽음'에 비유된다.

그들의 눈보다 더 밝은 눈이, 가장 불모한 시기로
여겨질 때조차, 가장 풍성한 축복들과
우리의 유익을 위해 노고를 아끼지 않음을?

   한 소년이 있었네.³⁴ 그대들은 그를 잘 알았지,
그대 위낸더의 절벽들과 섬들이여! — 숱한 나날들,
뜨고 지는 초저녁 별들이, 길게 뻗은
산등성이 따라 움직이기 시작하는
저녁이면, 그는 나무 아래 또는
반짝이는 호숫가에 홀로 서 있곤 했네.
거기 서서 열 손가락을 깍지 낀 채로,   370
양 손바닥을 꼭 맞붙인 후, 입에
갖다 대고서, 마치 악기를 연주하듯,
잠잠한 올빼미들을 향해, 반응을 기대하며,
올빼미 소리를 냈다네. 그러자 올빼미들은
그 부름에 반응하여, 호숫가 골짜기를 가로질러
일제히 울고 또 울어댔기에, 떨리는 울림,
긴 환호와 외침, 커다란 메아리와 더불어,
소리들이 겹치고 겹쳐, 즐거운 소리가 한바탕
떠들썩하게 어우러졌다네. 잠시 후 긴 고요가
찾아들어 그의 최고 기술 무색하게 만들면,   380

---

34 364~97행: 이 부분은 「한 소년이 있었네 There Was a Boy」라는 제목으로 『서정담시집
   Lyrical Ballads』(1800)에 수록되었다. 이 시의 초고(1798년 원고)는 388행에서 끝나며, 거
   기서는 이 경험이 시인 자신의 것인 양 제시되었다.

이따금, 정적 속에서 귀 기울이는 동안,
조용한 놀라움의 가벼운 충격을 일으키는
산간계곡의 급류 소리가 그의 마음속 깊이
스며들고 있었네. 혹은 눈앞의 풍경이
부지불식간에 마음속에 들어오곤 했네,
잔잔한 호수의 수면에 비친 바위들,
숲들 그리고 저 불확실한 하늘의
모든 장엄한 이미지들과 더불어.

   이 소년은 벗들과 헤어져, 열두 해도
못다 살고, 어린 나이에 죽었네.   390
그가 태어난 곳은 예쁜 장소, 가장
아름다운 골짜기였네. 마을의 학교 너머
언덕 위엔 풀이 무성한 교회 묘지가 보이고,
여름날 저녁, 길을 가던 중 자연히
교회 묘지를 통과할 때면, 난 아마도
반시간이란 긴 시간이 지나도록 말없이 서서
그가 누운 무덤을 바라보곤 했던 것 같네![35]
바로 지금도 내 마음의 눈에 그 마을 교회가
생생하게 떠오르고, 제 발밑에서
잠들어 있는 이 소년을 잊었을뿐더러, ─   400

---

35 389~97행: 이 부분은 1799년에 추가되었다. 1842년의 『펜윅 노트 *Fenwick Note*』에 의하면, 워즈워스는 윌리엄 레인콕 William Raincock을 염두에 두고 이 부분을 썼다고 하나, 실제로 어린 나이에 죽은 사람은 레인콕이 아니라, 12살에 죽은 존 타이슨 John Tyson이었다.

무덤 속의 말 없는 이웃도 모두 잊은 채,
시골 학교로부터 퍼져 나와,
제 밑으로 그리고 그 주변으로 퍼지는
즐거운 소리에만 귀 기울이고 있는,
푸른 언덕 위 그 교회(우리가 앞서 반겼던
왕좌에 앉은 그 여인)³⁶가 보이는 듯하네.
내가 한데 어울렸던 아이들 같은 어린이들을
교회가 오랫동안 지켜보았으면! ─(정말로, 손쉽게,
우린 문학과 다른 학문들의 보다 풍요로운 토양에서
양육될 수도 있었으련만³⁷ ─ 그건 용서한다 치고) ─ 410
너무 현명하지도, 너무 유식하거나,
너무 착하지도 않으며, 까불대고, 참신하고,
애증에 휩쓸려 왔다 갔다 다툼을 일삼고,
자기변명에 대해선 분개할 줄도 알고, 사납고,
변덕스럽고, 참아내고, 모험적이고, 온건하고, 수줍고,
놀 땐 바람에 몰려다니는 마른 잎사귀들처럼 광적이고,
잘못하고 고통도 겪고, 그래서 빈번히 우리네 삶의
불가해한 고통과 의심과 두려움의 무게에 짓눌려
휘청대면서도, 행복한 삶에 있어선, 이 땅의 가장
행복한 이에게 뒤지지 않는, 진정한 어린이들을. 420
단순한 습관, 진실한 말, 이러한 것들이

---

36 제4권 21~23행에 언급된 교회.
37 혹스헤드 그래머 스쿨에서는 윌리엄 테일러 William Taylor 목사가 교장으로 있었을 때, 매우 높은 학습기준을 설정한 시기가 있었다. 워즈워스는 대학 입학 당시 수학에서 다른 친구들보다 1년 정도 앞섰다고 훗날 주장했다.

그들의 마음에 매일 힘을 북돋워주고,
책들과 자연이 어린 시절의 기쁨이 되길!
그리고 지식은 그 이름에 걸맞게 영예롭게 되고—
힘의 상실을 대가로 얻게 되지는 말기를!

   최초로 그 아름다운 골짜기의 품에
안겼던 바로 그 주(週)³⁸를 난 지금도
잘 기억한다네, 유아적인 생각을 미처
벗어나지 못했던 내게 그 길들과 호숫가와
개울들이 신선한 꿈처럼 여겨졌던 그때를.   430
바로 그 주에, 막연히 무엇인가를 찾아서
홀로 이리저리 헤매던 어느 날 우연히
이스웨이트 호수를 끼고 녹색 반도를 이루는,
귀 모양의 탁 트인 들판 하나를 가로질렀네.
해는 져서 어느덧 땅거미가 깔리고 있었지만,
건너편 호숫가에, 거기서 수영하던 누군가
벗어놓은 듯한 옷 무더기가, 어둑어둑함
속에서도 뚜렷이 보였네. 한참 바라보았으나,
옷 주인은 나타나지 않았고, 한편 고요한 호수는
모든 그림자들을 가슴에 담은 채 캄캄해졌으며,   440
이따금, 물고기 한 마리가 물 위로 솟구쳐, 숨조차
멎어버린 밤의 정적을 깰 뿐이었네. 다음 날,

---

38 1779년 5월 중순.

주인 없는 그 옷은 간밤의 사고를 말없이 증언했고,
옷 주위로 근심 어린 사람들이 모여들었네. 어떤 이들은
호숫가에서 혹시나 하는 기대감으로 바라보았고,
보트를 탄 다른 이들은 갈고리 닻과 긴 장대
부딪치는 소리를 내며 물속을 보려고 몸을 굽혔네.
마침내, 죽은 사람이, 나무들과 언덕들과 물이 어우러진
아름다운 풍경 한가운데서 곧추선 채 불쑥
솟았네, 공포를 자아내는 유령 같은 모습에   450
소름 끼치는 얼굴로. 그러나 비록 아홉 살이
채 못 된 어린애였지만, 나는 넋을 잃을 듯한
두려움은 느끼지 않았네. 내 마음의 눈은
이전에 로맨스의 숲 속, 요정나라의 빛나는
개울들에서 그런 광경들을 보았기 때문이네.
그들의 영이, 이상적 우아함의 장식으로써,
그 슬픈 장면을 신성하게 해주었으며,
그리스 예술품의 언어들, 그리고 가장 순수한
시와 같은 어떤 위엄과 차분함이 감돌았네.

   난 오랫동안 귀중한 보물 하나 간직했었네,   460
조그맣고 노란, 캔버스 천으로 덮인 책,
아라비아 이야기의 얄팍한 축소판.[39]
그런데, 내가 애지중지하는 이 귀중품이

---

39 『아라비안나이트 *The Arabian Nights*』. 이 책이 유년기의 콜리지에게 막대한 영향을 끼쳤기 때문에 그의 아버지는 이 책을 불살랐다고 한다.

거대한 채석장에서 캐낸 돌덩이 하나에 불과하며,
이 작품은 네 권의 두툼한 책들로 구성되고,
각 책마다 비슷비슷한 이야기가 실려 있음을,
새 거처의 친구들을 통해서 처음 알았을 때,
이 말이, 정말로, 내겐 꿈같은 이야기로 들렸네.
난 즉시, 나만큼이나 궁색했던 친구 한 명과,
우리 둘 다 용돈이 생기면 쓰지 않고   470
남김 없이 저축해서, 둘의 저축액이
이 책을 살 만큼 충분히 될 때까지 모으고
또 모으기로 약속했네. 처음 여러 달 동안
온갖 유혹에도 불구하고, 우린 그 맹세를 정말로
마음 깊이 간직했지만, 굳은 결심은 깨지고,
결국 우리의 희망은 물거품이 되었지.

 그 후, 방학을 맞아 아버지 집으로
돌아올 때마다, 거기서, 내가 두고 떠났던
황금 같은 책들의 보고를 발견하는 것이
얼마나 큰 기쁨이었던지! 그 즐거운 휴식의   480
날들이 오면 얼마나 자주, 비록 부드러운 서풍이
낚시꾼의 소망대로 호수의 물결을 일게 했지만,
오 더웬트여! 속삭이며 흐르던 강이여, 내가
하루 온종일 그대 곁에 누워 그대와 함께,
뜨겁게 달궈진 돌들 위에서, 작열하는 태양 볕 아래서,
책을 읽는 족족 삼켜버리며, 하루의 영광을

빼앗아버리며, 얼마나 필사적으로 읽고 또 읽었던가!
부끄러운 게으름뱅이가 자기 자신에게
퍼붓는 것 같은 호된 비난과 더불어
단숨에 다시금 놀이로 돌아갈 때까지.   490

　한 은혜로운 영이 이 땅을, 그리고 인간의
마음을 다스린다네. 그 영은 보이지 않게 와서,
자기들이 무얼 하는지 상관도 않고, 알지도 못하고,
생각지도 않는 사람들을, 비난받지 않는 기쁨과
관대한 경향을 띤 일들로 인도한다네.
아라비아의 잠 못 이루는 밤을 홀리게 한
저 이야기들, 로맨스들. 수도사의 등불인 양
희미한 불빛 아래서 위안거리로 씌어진 전설들.
젊디젊은 종자(從者)들이 꾸며낸, 아가씨들에게
바치는 사랑 이야기들. 이제는 나이 들어   500
갑옷 벗은 왕년의 무사들이, 젊은 날
부푼 꿈을 안고 최초로 종횡무진 내달렸던
이상과 야망들로부터 꾸며낸 끝없는 모험담들.
이 이야기들이 대낮처럼 펼쳐지고, 이것들 속에
녹아 있는 무엇인가는 세상 끝까지 지속되리.
말 없는 동경들, 숨은 욕구들은 바로 우리의 것,
그것들은 양식을 *취해야만* 하네. 우리의 유년기,
우리의 단순한 유년기는, 모든 자연의 힘들보다
더 강한 힘을 지닌 왕좌에 앉아 있네.

지금 난, 유년기를 통해서 지나간 **삶**이라든가,　　　　　　510
다가올 미래에 관해 추측하려는 것이 아니라
있는 그대로에 주목하네, 그 미심쩍은 시각에,
밝아오는 이 땅을 최초로 보기 시작하고,
인식하고, 기대하는 그 여명,
그리고 뒤따라오는 긴 유예 기간, 즉
우리의 감퇴된 능력들과 조화롭게 살고,
이 빈약한 영토 안에서 견디는 법을
배우기 전인, 그 시험 기간 동안
마지못해 삼가고 고백하고 복종하며,
불안하고 불안정하고, 습관의 짝꿍이며,　　　　　　520
혈기왕성할 뿐, 아직 길들여지거나 기죽지 않은
그 시절 말이네. 오! 이제야 우린 느끼고, 느끼며,
안다네, 벗들[40]이 어디 있는지. 그대 몽상가들,
대담한 이야기를 꾸미는 자들이여! 못된 철학[41]이
그대들을 사기꾼, 철없이 지껄이는 자, 망령 든 자들이라
부르겠지만, 우린 그대들을 축복한다오,
이제야 그대들이 얼마나 위대한, 어떤 힘과 동맹 맺어
우리의 소망, 우리의 힘, 우리의 생각을 행위로, 제국으로,
소유물로 만드는지 느낀다오, ─ 시간과 계절들과,
모든 **능력들**이 그대들을 섬기고, 땅이 그대들 앞에　　530

---

40 상상력이 풍부한 작품을 쓰는 작가들.
41 워즈워스는 여기서, 풍부한 상상력으로 씌어진 작품들을 거짓되고 사소한 것으로 비난하는 분석적이고 이성적인 철학을 배격한다.

조아리고, 자연의 원소들은 토기장이의 진흙이며,
여기, 아무 데도 없는 곳, 거기, 모든 곳에서 즉시,
공간은 하늘처럼 북극광(北極光)으로 가득 찬다는 것을.

   우리의 영이 타고난 영토를 벗어나
이 땅과 인간의 삶을 향해 나아가기 위해서
건너야 할 지협(地峽).[42] 보다 초라하지만, 바로
그 동일한 지협의 한 가닥인 땅으로 진입하고자
이 드높은 탁월한 영역을 단념하면서, 내 노래는
성장기 젊음의 유쾌한 시기에 머물렀을 것이네,
놀라운 것을 추구하던 갈망이, 실제로 본 것들에   540
대한 사랑을 강화시키려는 열망으로 바뀌고,
덜 대담한 펜이 주목을 끌고자 제공한,
엄연한 진리와 한결같은 연민의 정이
더욱 확실히 우릴 사로잡고, 언어들 자체가
의식적 즐거움으로 감동시키는 그 시기에.
                          이제는
영원히 사라져버린 환희를 생각하니 슬퍼지네.
당시 나를 언제나 황홀경에 빠지게 했던,
그러나 지금은, 관객이 막 빠져나가
텅 빈 극장처럼 죽어버린,

---

42 워즈워스는 유년기의 독서를, 그를 선험적 세계('타고난 영토')로부터 인간 삶의 성숙한 세계로 연결시켜주는 지협에 비유한다. 청년기의 문학적 즐거움 또한 동일한 지협의 일부로 파악한다.

그럼에도 유명한 시들을 생각하고,   550
여러 쪽을 다시 읽노라면, 이따금 눈물이 날
정도로 슬퍼지네. 내가 열 살인가, 아니면
그보다 더 어렸을 무렵, 내 마음은 최초로
즐거움을 만끽하며 알맞게 배열된
언어의 매력 향해 열리고, 언어 *자체의*
아름다움, 어떤 열정, 힘을 발견하였으며,
기쁨, 호언장담 혹은 사랑을 묘사한 문구들이
날 즐겁게 해주었네.[43] 햇살이 산꼭대기들을
황금빛으로 물들이는 이른 아침이면, 종종
나는 절친한 벗[44]과 함께, 아직은 사람들이   560
붐비지 않는 큰길로 나가서, 유쾌하게
두어 시간을 보내곤 했는데, 특히 좋았던 것은
애송하는 시구들을 한목소리로 낭송하거나
더 많은 구절들을 암송하며, 우리 주변에서
지저귀는 새들처럼 행복하게, 안개 낀 고요한
호숫가를 따라 거닐던 것이었네. 우린 정말 기뻤고,
광기보다, 술기운에 스쳐간 환상보다 더 밝은
공기 같은 상상력에 도취하여, 날아갈 듯했네.
그리고 우리가 사랑을 바친 대상들[45]이 너무 자주

---

[43] 현존하는 워즈워스의 최초의 시는 그가 15세 되던 1785년에 썼던, 혹스헤드 그래머 스쿨의 개교 2백 주년을 축하하는 시였다. 이 시는 노골적으로 포프Pope를 모방한 것이긴 하나, 기교가 매우 뛰어나다. 그리고 워즈워스가 이미 많은 시작품을 읽고 있었음을 짐작케 하는 작품이다.

[44] 제2권에 언급된 존 플레밍(54쪽 주 23 참고).

거짓되었거나, 지나치게 과장되긴 했어도, 당시 570
우리 마음속에선 어떤 비천한 힘도 작용하지
않았기에, ─ 사실상, 아직 교육받지 못했고
무질서했지만, 저 가장 고상한 인간 속성[46]이라든가,
인간 삶의 일상적 양상, 일상의 의복보다 더
아름답게 치장된, 더욱더 고고한 어떤 것을 향한
소망보다 못한 것은 아무것도 없었던
것만은 분명하네. 그때 환희의 소리들이
숲 사이로 메아리쳤다면 얼마나 놀라웠을까!
왜냐하면, 이미지들, 서정(抒情)들, 단어들,
그리고 그 달콤한 시의 세계에서 580
맞닥뜨리거나 추구했던 모든 것들이
방학을, 끝없이 이어지는 음악, 향기, 축제
그리고 꽃들의 향연으로 만들어주었으니까!

　　우린 예서 멈춰야겠기에, 그전에 마음 깊이
체득한 이것 하나만, 가장 조심스럽고도
온당하게 덧붙이자면, 젊은 시절에
매일 숲과 들판을 벗 삼아 돌아다니고
살아 있는 자연과 친밀하게 지낸 사람은,
그 무경험의 풋풋한 시절에, 남들이 그러하듯,

---

45 그레이Gray와 골드스미스Goldsmith의 작품들.
46 저 가장 고상한 인간 속성that most noble attribute of man: 상상력이나 심오한 느낌에 의해서 눈앞의 실제 상황을 초월하고자 하는 갈망.

빛나는 시구(詩句)에 의해서 황홀경에　　　　　　　　　　590
빠질 뿐 아니라, 그 후에도, 자신에게만
알맞은 분량으로, 역량 있는 시인들의
작품에 묘사된 위대한 자연을 통해서,
지식과 증대되는 지속적 기쁨을 얻게
된다는 것이네. 이때 비전의 힘이,
신비한 언어들을 통해서 구체화된
보이지 않는 바람의 경로를 따르며,
거기에, 어둠은 터전을 잡고, 모든 그림자 같은
존재들의 무리가 거기서, 마치 제 집처럼 편안한
저택에 거하듯, 끝없는 변화를 일으킨다네.　　　　　　600
심지어 형태들과 실체들도, 그 투명한
베일에 의해 신성한 빛으로 뒤덮이고,[47]
교묘히 뒤얽힌 시구의 굽이굽이마다,
인정받은 대상들로서 제 모습 드러낸다네,
섬광을 받아 제 것 아닌 영광에 휩싸여.

　　이렇게 내 유년기에 책에서 배운
유익한 것들을 빈약하게나마 더듬어보았네.
훗날의 책의 영향에 대해선 말하지 않고
남겨놓았지만, 이 정도의 기록만으로 벌써
처음의 예상보다 더 많은 지면을 차지한 듯　　　　　　610

---

47 「틴턴 사원」에서 영적 존재가 자연계를 뒤덮고 있듯, 여기서는 상상력의 빛이 대기를 감싸고 있는 것으로 묘사되었다.

여겨졌기에, 이 감사의 말들을 보상 없이
남겨두어야 하는 시점에서 난 더 이상
지속하고픈 마음을 잃었네.

제6권
케임브리지와 알프스

내가 이스웨이트 강둑과 시골생활의
모든 소박한 정경들에 안녕을 고할 때,
나뭇잎들은 시들고 있었네. 그리고 흩어졌던
새들이 사냥꾼의 미끼에 떼 지어 몰리듯,
계절이 바뀌자 다시 모여든 젊은이들에 섞여
나는 그란타[1]의 기숙사로 돌아갔네,
그런대로 즐겁고 편안하긴 했지만, 몇 달 전
거기서 빠져나올 때처럼 못 견디게 고대하고
간절한 마음은 아닌 채. 작은 만(灣)들과
햇볕 아래 이우는 고사리로 뒤덮인   10
언덕으로부터 미련 없이 얼굴을 돌렸고,
은은한 장엄함을 띤 더욱더 고요한 호수들과

---

[1] 그란타Granta: 워즈워스는 케임브리지를 이렇게 부름으로써 시적 분위기를 자아낸다. 그란타는 케임브리지 시를 관통하여 흐르는 캠 강의 옛 이름이다.

더 요란스레 흐르는 강들을 기꺼이 떠났네. 그리고
컴벌랜드 산악 지역의 솔직담백한 아가씨들이여,
그대들과, 그대들이 반겼던 기쁜 날들,
그리고 흥겨웠던 밤들을 다 뒤로하고,
홀가분한 기분으로 내 누추한 숙소에
돌아와 앉았다오 — 유쾌한 생각들과 오래
떨어질 수 없는 것이 젊음의 특권이니.

 빈둥거리며 어울렸던 무리의 결속도   20
느슨해졌고, 따라서 난 더욱더 나만의
방식대로 살았네. 두 번의 겨울[2]이 별다른
사건 없이 지나는 듯했고, 난 많은 책들을
대충 읽거나, 삼켜버리거나, 꼼꼼히 정독했네.[3]
하지만 확고한 계획은 없었네. 내심
학업 걱정으로부터는 자유로웠지만,
내 나름대로 공부하자니[4] 친구들, 친척들에게
노골적으로 불순종하고, 거만하게 반항하고,
고약하게 구는 듯 비칠까 염려되었네.[5]

---

2 1788~1789년과 1789~1790년의 겨울.
3 프란시스 베이컨Francis Bacon의 수필 「학문에 관하여Of Studies」의 다음 구절을 참조. "어떤 책들은 맛만 보고, 다른 책들은 삼키고, 오직 소수의 책만 저작하고 소화시킬 필요가 있다. Some books are to be tasted, others to be swallowed, and some few to be chewed and digested."
4 워즈워스는 정규 과목인 수학은 등한시하고 이탈리아어, 스페인어, 프랑스어, 그리스어, 라틴어, 영어 등 언어 공부에 주력했다(79쪽 주 35 참고).
5 워즈워스가 성직(聖職)을 택하기 바랐던 친척들의 기대를 결국 실망시키게 된 것을 암시한다.

이 건방져 보이는 태도, 아니 오히려   30
더 정확히 말하자면, 비겁함이,
지인들을 배반하고 자유를 향한 지나친 사랑을
스스로 인정한 꼴이 되어, 난 용기백배하여
제한사항들과 책무들을 외면하듯, 스스로의
규칙들조차 외면했다네. 하지만 누가 말할 수 있겠나 —
그렇게 해서, 그때와 그 후, 내가 무엇을
얻었거나 간직할 수 있었을지 누가 알겠나,
얼마만큼의 자연 사랑, 어떤 독창적 명상의 힘,
어떤 가장 깊고도 탁월한 직관적 진리들,
치우침 없고, 당황하지 않고, 겁먹지 않은   40
어떤 예리한 탐구 능력을?

 그때 **시인**의 혼이 내 속에 깃들었고,[6]
달콤한 명상들, 미래에 대한 충분한
기대와 더불어 고요히 흘러넘치던
현재의 행복, 부드러운 꿈들이 있었으며,
그중 적지 않은 것들이 실현되었고,
어떤 것들은 미래의 희망들로 남았네.[7]
바로 그 주에,[8] 내가 이 땅에

---

6 워즈워스의 시 가운데 출판된 최초의 주요 시 「저녁 산책An Evening Walk」은 학부 시절에 쓰어졌다.
7 「저녁 산책」(1793), 『서술적 소묘들Descriptive Sketches』(1793), 『서정담시집』 등은 이미 출판되었으나, 출판되지 않은 시들이 훨씬 더 많았다. 미래의 희망 가운데는 『은둔자The Recluse』의 집필 계획이 포함된다.

기거한 지 서른네 해가 되었네.
슬픔도 없었던 건 아니지만, 나를 위해　　　　　　　　50
삶의 신선한 광채가 언덕을 비추었고,
이슬은 꽃잎에서 반짝이고 있었네.
그 무렵 처음으로 담대해져, 그때까지는
가볍게 스칠 뿐이었던 생각, 즉 내가 훗날
순수한 사람들의 존경을 받게 될, 기념비적인
무엇인가를 남기게 될지도 모른다는 생각을
확신하게 되었네. 인쇄된 책들과 저작권 등
구체적 내용과 명칭을 생각만 해도
나를 엄습하던, 타고난 겸손함이 어느덧
녹아내리고 있었고, 게다가, 위대한 이름들에　　　　　　60
대한 황공스러운 경외심이 차차 사라져,
알맞은 공감을 나누는 교제를 인정하며,
다가설 수 있을 듯했네. 이제 내 마음은,
생소하긴 했지만, 그런 국면에 접어들었네,
만족스레 관찰하고, 경탄하고, 즐기면서.

　겨우내, 자유 시간만 생기면,
나는 대학의 숲들과 오솔길들 따라
저녁 산책을 즐겼네. 남들이 다 돌아간 뒤,
종종 나 홀로, 침묵 속에 몇 시간이고

---

8 워즈워스는 1804년 4월 7일에 34세가 되었다. 제6권은 3월 말에 시작되어 4월 29일에 완성되었다.

그곳에 머물곤 했네. 시계가 9시를   70
치자마자 어김없이 종을 치는 수위의
둔탁한 종소리가 심드렁하게 울릴 때까지.
변함없는 부름들이었네! 높이 뻗은 느릅나무들,
알맞은 휴식을 제공하는 유혹적인 그늘들이,
도대체 평화라곤 찾을 수 없는 이웃 동네에
평정을 가져다주었네. 거기엔 꾸불꾸불한 줄기에,
가지들이 교묘히 얽힌 나무가 한 그루 자라고
있었는데, 그 나무는 겨울이 뽐내듯 저를 위해
장식한, 기이한 멋을 풍기는 물푸레나무였네.
땅바닥에서부터 거의 나무 꼭대기까지   80
녹색 담쟁이가 줄기와 모든 굵은 가지들을
칭칭 휘감고 있었고, 가느다란 가지들과
가장자리의 잔가지들은 저마다 누런 술에
매달린 씨앗을 주렁주렁 늘어뜨린 채
바람결에 우수수 흔들리고 있었네. 나는 종종
서리 낀 달빛 아래 이 아름다운 나무를 쳐다보며
땅에 달라붙은 듯 서 있었네. 내 시는 아마도
마술적 이야기 반구(半球)⁹를 결코 밟지
못하겠지만, 스펜서조차도 젊은 시절, 내가
고요하고 맑은 겨울 밤, 이 요정 같은 지상의   90

---

9 콜리지가 그의 『문학평전 *Biographia Literaria*』 제14장에서 밝혔듯, 워즈워스와 콜리지가 공동 집필한 『서정담시집』에서 콜리지는 초자연적인 작품을 쓰기로, 워즈워스는 '일상적 사물에 신선함의 매력을 주기로' 동의했다.

경치 아래서 이리저리 홀로 거닐며 보았던
것보다 더 고요한 비전을 경험했거나,
초인적 능력으로써 그보다 더 눈부신
인간의 외양을 창조할 수는 없었으리.

    태만한 젊은이의 종잡을 수 없는 독서에 관해
상술한들 무슨 소용 있겠나. 나의 내적 판단은
종종 내 독서 취향과는 사뭇 달랐네,
그 판단이 타인의 것이라도 된 듯이.
하지만 그때 가장 높이 샀던 책들이
*지금*도 내게 가장 소중하다네. 왜냐면,   100
빈틈없이 자연법칙들을 조사하고
자연 형태들을 지켜보았던 나는,
친숙하게 공감할 수 없는 사물들에
무의식적으로까지 종종 유용하게 적용할 수 있는
한 기준을 책에서 배웠기 때문이네. 요컨대,
난 언어보다는 생각들을 더 잘 판단했네,
젊은이들의 공통점인 경험 부족뿐 아니라
탁월한 고전 문장[10]을 통해 교육 받은 탓에,
즉 우리에게 열정이 무엇이고, 진리가 무엇이고,
이성이 무엇이며, 단순함과 감각이 무엇인지,   110
자연 그대로의 가슴에 의미를 전달하는

---

10 그리스, 로마의 고전 작품들을 번역한 구절들.

살아 있는 음성이 결여된 언어들로부터
어휘와 구절을 택했던 위험천만한 기교 탓에
언어 평가방법을 잘못 익혔기 때문이네.

   그러나 기하학[11]의 기초지식에서
얻게 된 즐거움을 전적으로 간과할
필요는 없으리. 회한 섞인 말이네만,
비록 내 기하학 실력이 겨우 문턱을
넘어선 정도에 불과했지만, 거기서 난
고양된 느낌과 차분한 기쁨을 모두 얻었으니,   120
인디언[12] 같은 경외심과 경이로움,
스스로의 고투로 만족하는 무지 드러내며,
저 추상적 법칙들[13]과 자연법칙들의 관계에
대해, 그리고 어떤 경로로써, 저 비물질적
동인(動因)들이 땅에 속한 인간의 마음을
섬기고자 마땅히 머리를 숙이는지에 대해 숙고했네,
별에서 별로, 유사한 행성에서 행성으로,
천체의 한 계(系)에서 다른 계로 끊임없이.

   더욱 빈번히 난 바로 이 원천으로부터

---

11 기하학에 대한 흥미를 나타낸 제5권 65행 이하 참조.
12 아메리칸 인디언을 말한다(제1권 298행, 그리고 워즈워스의 다른 작품들에서도 마찬가지이다).
13 123행의 '저 추상적 법칙들those abstractions'과 124~25행의 '저 비물질적 동인들Those immaterial agents'은 모두 기하학의 추상적 진리들을 뜻한다.

고요하고도 심오한 즐거움, 영구적이고도 130
우주적인 힘에 대한 인식, 그리고 가장
으뜸가는 신념을 이끌어냈네. 또 거기서
유한한 존재들을 위한, 유일한 **최상의 존재**,
그 탁월한 생명[14]의 한 유형을 깨달았나니—
그가 바로 시간과 공간들, 우울한 공간과
구슬픈 시간의 경계들을 능가하고,
변화할 수 없으며, 격정의 소용돌이에 의해
동요하지도 않는—신(神)이며, 또한
신이란 이름을 가진 존재이네. 젊은 날
빈번히 위안을 주었던 이런 상념들 뒤엔 140
초월적 평화와 침묵이 기다리고 있었지.

  난파선에서 살아남아, 고통을 함께한 동료들과
성난 파도에 떠밀려 사막의 어느 해안에
표류했던 사람[15]이 말했네. 그가 우연히 건진
한 권의 책인, 기하학 서적을 챙겨
육지로 올라갔는데, 먹을 양식도
입을 옷도 없고, 상상을 초월하는
비참한 상태에 빠져 낙담했음에도,

---

14 129~39행: 기하학과 시는 나란히 놓이며, 둘 다 시공을 초월하는 '탁월한 생명the surpassing life'으로 향하는 입구를 제공한다.
15 142~54행: 시인 윌리엄 쿠퍼William Cowper의 절친한 친구이자 한때 노예선의 선장이었으나 훗날 회심하여 올네이Olney의 목사보가 된 존 뉴턴John Newton에 관한 이야기.

그는 동료들과 헤어져 이 책을 들고
(그때 최초로 기하학 진리들을 독학하며)   150
멀리 떨어진 곳으로 가서, 긴 막대기로
모래사장에 도형들을 그리곤 했으며,
이로써 종종 슬픔을 잊었음은 물론,
비참한 느낌마저 잊었다는 것이네. 그처럼
(외적 상황은 너무 다르지만, 같은 원인에서
창출된 유사 효과를 정당하게 비교하자면),
당시 나도 그랬었고, **시인들**은 앞으로도
영원히 그럴 것이네. 이미지들로
둘러싸이고, 제 자신에게 쫓기는 사람에게
저 기하학 법칙들의 매력은 엄청나다네.   160
그리고 내게 특별히 기쁨을 주었던 것은
그토록 우아하게 드높이 세워진 저 명쾌한
통합으로서, 그것이 다만 단순한 노리개,
혹은 생각이 구체화된 장난감에 불과한 듯
여겨질 때조차, 그것은 진실로 사물이
아니라, 순수 지성으로부터 창조된
하나의 독립된 세계라네.

   나는 당시 그런 성향을 띠었는데, 그건
뭐랄까, 진정 자격이 있어 얻었다기보다—
하늘의 은총으로, 타고난 미덕으로 주어졌네.   170
그리고 당시의 이야기를 불완전한 상태로

남겨두지 않으려면, 이러한 습관들에,
사색적인 하늘, 슬픈 나날, 윙윙대는 바람 소리,
새벽보다는 황혼, 봄철보다는 가을을 사랑했던
우울한 기분, 침울한 성향을 덧붙여야 하리,
주로 내 취향과 성향에 기인했던, 소중하고도
쾌적한 우울함, 그리고 젊은 날의 만족이
가져다주는 단순한 풍요로움을.
— 이렇게 보내버린 시간들에,
매혹적인 게으름을 노래한 시인[16]이   180
일찍이 '마음 착한 빈둥거리기'라고 일컬은
나태함으로 탕진한 많은 시간들을 보태시게,
그리고 의무의 요구에 훨씬 못 미쳤기에,
혹은, 의무 따윈 차치하고서,
우연히도 저절로, 또는 심지어, 너무
심하진 않게 말해서, 다른 장소에서 솟아
올랐음 직한 내 대학 시절 기록을 보시게.
하지만 왜 이런 구실로 피하겠나? — 잘못,
그래, 잘못은 내게 있었고, 비난도 내 몫이지.

　여름철이면, 뛰어난 명소들,[17] 혹은   190
아름답기로 소문난 경치들을 찾아서,
낭만적 도브데일[18]의 뾰족뾰족한 바위들을

---

16 「게으름의 성(城) Castle of Indolence」(1748)을 쓴 제임스 톰슨 James Thomson.
17 자연 풍경과 대조를 이루는, 인공적으로 만들어진 아름다운 경치들.

휘감아 흐르는 푸르른 냇물을 따라나섰네.
요크셔의 골짜기들, 혹은 고향 땅의
숨은 길들을 누비며, 또한 이러한 갖가지
길들을 헤매는 동안 모든 기쁨들을 능가하는
기쁨으로 넘쳤기에, 한낮에 다시 아침 해가
솟아오르는 듯했네. **벗이여!** 내 유일한 누이와
함께했던 축복이 그것이네, 그대에게도 오랫동안
사랑스러운 존재였던, 그대와 나의 진정한 친구,   200
내 누이가, 쓰라린 이별 후, 이제야
내게 돌아왔네[19] — 너무 오래 떨어져 있었기에
그녀가 최초의 선물처럼 여겨졌네. 아직 노래로
불린 적 없는, 에몬트[20]의 다채로운 강둑들,
그리고 높다란 나무들로 둘러싸인 채, 강가에
나지막이 서 있는 저 수도원 같은 성,[21]
(명성이 자자하듯) 그곳을 방문한 시드니가
우리의 헬벨린이나 폭풍우 잦은 크로스-펠[22]이
바라보이는 가운데, 우정으로 고무되어,
『아카디아』의 일부를 썼을 법한 저택,[23]   210

---

18 도브데일Dovedale: 영국 잉글랜드의 중부, 더비셔 주에 위치한 아름다운 고장.
19 어머니 사망 후, 오빠들, 동생들과 떨어져 핼리팩스에서 사촌들과 함께 지냈던 도러시가 9년 만인 1787년 여름에 펜리스Penrith의 오빠에게 돌아왔다(126쪽 주 26 참고).
20 에몬트Emont: 브루엄 성Brougham Castle의 유적을 지나 흐르는 강 이름.
21 브루엄 성: 수도원적인 요소는 전혀 없음에도 이 시에서 '수도원 같은 성'으로 묘사되었다. 이 성이 수도원처럼 한적한 곳에 세워졌기 때문인 듯하다.
22 헬벨린Helvellyn과 크로스-펠Cross-fell: 브루엄 성에서 보이는 산들. 특히 헬벨린 산은 제8권 서두에서 다시 소개 된다(제8권 서두의 주 참고).

— 저 강과 무너지는 탑들이, 나란히 했던
우릴 지켜보았다네, 우리가 거무스름한
부서진 계단을 돌아 오르고, 무서워서
오들오들 떨며, 금 간 성벽 꼭대기를 따라
기어간 후, 안전하게 자리를 잡고, 고딕 창문의
열린 공간을 통해 앞을 내다본다거나,
아침햇살이나 저녁노을로 곱게 물든,
저 멀리 아스라이 펼쳐진 풍경으로부터
한마음으로 풍성한 대가를 거뒀을 때,
또는, 한낮의 열기가 평원을 내리쬐는 동안   220
잔디밭 풀들과 초롱꽃들이 스치는 미풍에
들릴락 말락 속삭이는 소리를 들으며,
여전히 즐겁게, 망루 꼭대기에 누웠을 때.

  거기엔 우리와 함께 그 계절을 즐긴
또 다른 아가씨[24]도 있었는데, 그녀는 당시
환희에 가득 찬 젊음의 싱그러운 외모와
평온한 내면의 힘으로 처음 내 마음을 끌었네,
콜리지여! 지금은 너무 우리 가까이 있고, 우리 둘 다
그토록 존경하는, 저 온유하고 신뢰하는 마음,

---

23 시드니 Sir Philip Sidney는 누이인 펨브루크 공작부인을 기쁘게 해주고자 산문으로 된 로맨스 『아카디아 *Arcadia*』를 썼다. 그가 브루엄 성을 방문했다는 것은 낭설이다.
24 도러시의 절친한 친구 메리 허친슨 Mary Hutchinson. 허친슨은 1798년 여름방학에 워즈워스 남매의 산책길에 동행했다. 워즈워스는 어린 시절부터 알고 지냈던 그녀와 1802년 10월 4일에 결혼하게 된다.

저 다른 정신 말이네. 장미 덤불 뒤덮인   230
조붓한 오솔길들과 그늘진 숲과 숲 사이
이웃 마을들의 모든 길과 들판들 위로,
그리고 마을 경계의 봉화대,²⁵ 황무지의
바닥 드러낸 물웅덩이들, 황량한 벌판에 서 있는
흔하디흔한 바위들 위로, 사랑, 유쾌한 기분,
그리고 젊음의 황금빛이 찬란히 흩어졌네.
오 벗이여! 그땐 그대를 만나기 전이었지만,²⁶
내 속에서 어떤 힘과 심한 혼란이 느껴져,
마치 그대를 그곳에 세워놓은 듯하네.
지금 그댄 요양차 더 온화한 바람 찾아   240
멀리 떠났나니,²⁷ — 서글픈 운명이여!
하지만 그댄 지금도 우리와 함께 있고, 과거에도
그랬고, 다가올 날에도 우리와 함께하리라.
우리처럼 사랑하는 사람들에겐 비애도,
슬픔도, 절망도, 무기력도, 낙망도, 우울함도,
부재(不在)도 대개 끼어들지 못하는 법.
속히 쾌차하시게! 그대의 즐거움을 우리와
함께 나누고, 그대의 기력이 회복됨에,
그것을 매일 우리의 기쁨으로 받아들이며,

---

25 펜리스 위의 언덕.
26 콜리지와 워즈워스는 이때로부터 8년 후인 1795년 9월에 처음 만났다.
27 콜리지는 아편중독에서 벗어나 건강을 돌보기 위해서 1804년 1월에 호수 지역을 떠나 4월에 몰타행 배에 몸을 실었다.

그대의 신선한 정신들을 우리와 공유하세, 그것들이 250
지중해 북서풍의 선물이건 온유한 생각들의 선물이건.

    나 역시 이제껏 방랑자였네. 하지만, 아!
사람의 운명이 제각기 얼마나 다른 것인지.
우린 서로 모르는 채, 그렇다네, 각기 다른
풍토에서 양육 받고 자랐지만, 마침내
같은 학업에 입문하도록 형성되었네.
두 존재가 일찍이 그런 적 있다면, 같은 기쁨들
추구하고, 한건강, 한행복을 누리도록
예정된 채. 그렇지 않았더라면 더 빨리 끝났을
이 이야기를 하는 동안 내 마음속에 간직했었네, 260
부드러움, 단순함 그리고 진리의 시작과 성장을,
그리고 평화롭고 거칠 것 없는 순수한 날들을
성스럽게 해주는, 기쁨 가득한 사랑들을
누구를 위해 기록하는지. 내 **벗이여**! 내가 강, 벌판,
숲에 대해 말하는 대상은 그대, 바로 그대라네.
아직은 제복의 학창 시절,[28] 거대한 도시
한복판에서, 그대의 학교이자 집이었던,

---

28 여덟 살에 부친을 여읜 콜리지는 그 다음 해인 1782년부터 1791년까지 런던의 한복판에 위치한 자선학교 크라이스츠 호스피탈의 학생이었는데, 휴일에도 고향 데번셔에 갈 수 없었기 때문에 대부분 런던에서 지냈다. 이곳을 졸업한 후, 1791년에 케임브리지의 예수 대학 Jesus College에 입학했으나, 워즈워스는 1년 전에 이미 케임브리지를 떠났었다. 266~74행은 소네트 「오터 강에 부쳐To the River Otter」 「한밤중에 내린 서리Frost at Midnight」 「낙담Dejection」 같은 콜리지의 작품들을 암시한다.

커다란 건물의 납판 지붕에 누워
한가로이 하늘을 떠다니는 구름들을
응시하곤 했으며, 혹은 그 놀이에 싫증 나면   270
눈을 감고서, 오래 집을 떠나 해가 갈수록
더욱 간절히 머나먼 고향의 강[29]과
나무들과 초원들을 마음속에 그려보았던
그대 말이네. 나는 또한 내 이야기의
이 부분에서 잊을 수가 없네,
그대가 거기에 처음 입학했을 무렵
내 학생 신분은 이미 끝났기 때문에
나는 교정의 숲들을 막 떠났었음을. 런던
중심부, 수도원 같은 곳에서 그대는 왔었네,
그리고 온건하고 평온하며, 엄격한 학생으로   280
출발했네. 그 뒤 얼마나 질풍노도[30]의
세월을 보냈던가. 오! 상황이 조금만
달랐더라도 그대가 고통의 세월을 보내지
않았을 테고, 언제나 좌절되었던 숱한

---

[29] 오터 강.

[30] 콜리지는 학부생 중 가장 뛰어난 학생이었음에도, 1794년 12월에 학위를 받지 못한 채 케임브리지를 떠났다. 그는 윌리엄 프렌드 William Frend의 영향으로 1792년에 유니테리언 Unitarian 신자가 되었으며, 학내 정치활동에 가담하여 급진적 개혁과 프랑스혁명을 옹호하는 말을 하기도 했다. 한때 많은 빚 때문에 자살할 생각까지 했고, 1793년 12월에는 도피 수단으로 군에 입대했다. 가족들의 주선으로 학교로 복귀했으나, 1794년 여름에 로버트 사우디 Robert Southey를 만나 함께 미국으로 가서 '이상적 공동체?antisocracy'를 세우고자 했다. 이때부터 기금 모음을 위한 글쓰기에 몰두했고, 대학을 떠났던 무렵, 『모닝 크로니클 Morning Chronicle』에 그의 소네트들이 실렸다. 그는 대학의 골칫거리였지만, 그의 작품들은 훌륭했다.

희망들 성취되었으리라 생각하니 아픔을
토로하지 않을 수 없네. 이렇게 글을 통해서
대학 시절을 회상하는 동안, 나 떠난 후 그대가
나와 똑같은 장소에서 머물렀던 것을 항상
눈앞에 떠올렸고, 시간들과 우연들을 가지고
내 멋대로 상상했네, 어린애들이 카드놀이 하듯, 290
혹은 어른이 집을 지을 때, 목재와 돌로
골조가 완성된 후에도, 여전히, 쓸데없는
공상에 이끌려, 벽난롯가에 앉아, 제멋대로
집을 다시 지어보듯. 나는 생각했네, 그대와
그대의 학문, 대단히 유창한 웅변술, 그리고
그대의 젊음이 간직한 모든 힘과 아름다움,
그대의 미묘한 추론들, 스콜라 철학의 심오한 논리들,
그리고 조화롭거나 그렇지 못한 사물들로부터 형성된,
자유분방하고 이상적인 상상의 세계로부터 끄집어낸
플라톤적 형식들, 그리고 사물들을 묘사한 언어들,³¹ 300
살아 있는 자연의 이미지들을 접하지 못한 탓에
스스로 생명의 근원이기를 강요당하며,
위대함, 사랑 그리고 아름다움에 대한
갈증에 의해 확고부동하게 사로잡힌,
자기만의 방식으로 지탱한 마음에 대해서.
난 혼자서가 아니라, 아! 확실히 외롭지 않게

---

31 297~300행: 콜리지의 중세 스콜라 철학에 대한 지식과, 독창적인 언어를 사용한 그의 개
인적 이상주의가 구분되고 있다.

잔잔한 캠 강의 고요한 수면으로부터
저녁 빛이 사라져가는 광경을 보았어야 했네.
우리가 일찍 그 시절에 만났더라면, 반드시
그랬으리라 믿네만, 내가 손위라는 사실,   310
비교적 조용한 내 습관과 한결같은 음성 등이
자애로운 영향 끼쳐, 그대의 젊음을 뜯어먹고
살진 저 무정형의 비참함[32]을 완화시키거나
쫓아버렸을 테지. 하지만 그대는 영광스러운
발걸음을 내디뎠고, 그로써 이 헛된 회한들을
부끄럽게 했네. 그대의 건강쇠약만 아니었더라면,
그대를 위한 이런 근심 따윈 일찍이 인간의 가슴속에
깃들인 생각들 중 가장 하찮은 것이었을 텐데.

   전에도 내 방랑벽에 관해 슬쩍 비쳤지만,
이제 내 여정은 더 활기찬 희망과 더불어   320
훨씬 더 넓은 영역을 아우르게 되었네.

   세번째 여름[33]을 맞아 속박에서 해방되자,
나만큼이나 등반을 좋아하고 기꺼이 내 소원을
들어준 젊은 친구 하나가 지팡이를 챙겨
기분 좋게 나섬으로써, 우린 멀리 알프스를 향해

---

32 철학적 명상과 상상의 세계로 이끌리는 콜리지의 내적 성향.
33 워즈워스가 케임브리지의 친구 로버트 존스Robert Jones와 단둘이 아무에게도 알리지 않고 알프스로 도보 여행을 떠났던 1790년 여름. 이 여행은 『서술적 소묘들』의 소재가 되었다.

나란히 여행을 떠났네. 이 전례 없는 여행 때문에,
대학생이 대담하게도 학업과 그 결과를
경시한다는 오해의 여지도 있었고,
사실상, 그 계획을 짤 때, 나의 세속적
성공을 학수고대했던 사람들의 아픔,　　　　　　　　330
비난들 그리고 불길한 염려들을 미리
떠올리곤 불편한 심기가 없지 않았네.
그러나 당시 내겐 자연이 가장 중요했고,[34]
젊은 날의 공상을 사로잡은 웅장한 형체들이
파격적인 희망들에 허가장을 준 뒤였네.
나라들 사이에 사건사고가 별반 없는
조용한 시기였다면, 확실히 내 마음도
유사한 갈망으로 채워졌을 것이네.
그러나 당시 유럽은, 황금 시간들의 정상에
우뚝 선 프랑스[35]를 위시하여, 기쁨으로 넘쳤고,　　　　340
인간 본성이 다시 태어나는 듯했었네.

　　가벼운 차림으로, 그리고 해안에서
차츰 멀어지는 뱃전으로부터 고향 해변의
하얀 절벽들[36]에 불과 몇 차례 시선을 던진 후,

---

[34] 「틴턴 사원」 73~76행: "당시 자연은/〔……〕내게 모든 것의 모든 것이었네 For Nature then/〔……〕To me was all in all." 워즈워스의 공상을 사로잡은 '웅장한 형체들'은 시인의 마음속에 떠오른 알프스의 장관을 의미한다.
[35] 워즈워스가 도착했을 무렵, 프랑스의 상황은 혁명 직후였으나 아직 폭력사태가 일어나기 전이었다.

우린 우연하게도 저 위대한 연방의 날 전야에
칼레[37]에 당도했네.[38] 그리고 거기서,
평범한 도시, 몇 안 되는 사람들 사이에서,
한 사람의 기쁨이 수천수만의 기쁨과 일치할 때
그 얼굴이 얼마나 밝게 빛나는지 보았다네.
그곳을 지나 개선의 아치 위에서 시들어가는   350
꽃들과 창문 장식용 화환 등 축제 흔적들이
채 가시지 않은 촌락들, 마을들을 곧장 지나
남쪽으로 나아갔네.[39] 큰길들을 지나고,
한 번은, 사흘간 연속으로, 우리의 힘든 여정을
단축시켜준 지름길들을 통과하는 동안,
한적한 마을들을 지나가게 되었고,
너그러움과 축복이 도처에 향기처럼
퍼져 있음을 보았네, 때마침 봄의 손길이
어루만지고 지나간 대지의 구석구석,
그 위대한 왕국의 장엄한 도로에   360
끝없이 길게 늘어선 숱한 느티나무들이 옅은
그늘 드리우며 머리 위에서 바스락거렸고,

---

36 도버 해협.
37 칼레Calais: 도버 해협에 면하여, 프랑스 도시들 중 영국과 가장 근거리에 있는 항구 도시.
38 워즈워스와 존스는 1790년 7월 13일에 칼레에 도착했다. 1789년 7월 14일은 바로 악명 높은, 바스티유 감옥의 죄수들이 해방되고 프랑스 왕인 루이 16세가 자신의 권력을 제한하는 새 헌법에 강제로 동의한 날이다. 혁명 1주년이 되는 1790년 7월 14일에는 프랑스 전역에서 거국적인 축제가 열렸다.
39 워즈워스와 존스는 이 여행에서 프랑스, 스위스, 이탈리아 북부, 독일 남부, 네덜란드 등지를 거쳐 갔다.

길을 가는 내내 우리와 함께했네.

그런 때, 젊음의 힘이 용솟음치는 절정에서

그와 같은 기쁨으로 온통 둘러싸인 채,

시인의 애정 어린 상념과 애틋한 슬픔의 착상을,

그것들을 움직이는 바람을 기쁘게 하려는 듯,

다양한 파장의 음색으로 채운다면

그 얼마나 감미로울까. 한 번, 아니 그 이상,

우린 노천(露天)의 저녁 별빛 아래서   370

자유의 춤들을, 그리고, 밤늦도록 어둠 속,

탁 트인 공간에서 신명나게 이어지는

춤들을 보았네, 비록 백발의 구경꾼들은

이를 꾸짖느라 호흡을 낭비했을지 모르지만.

언덕들 ─

포도나무로 뒤덮인 버건디⁴⁰의 언덕들과 산비탈들

아래로, 유유히 흐르는 손 강⁴¹의 수면을 따라

흘러가는 물결에 실려 우린 미끄러져 나갔네.

물살 빠른 론 강⁴²이여! 그대는 날개였네, 그 날개로

우린 구불구불한 길을, 그대의 높다란 절벽들 사이로

위풍당당 쉽사리 빠져나왔지. 저 숲들과 농가들과   380

과수원들은 매혹적인 풍경을 자아내고 있었고,

외딴 오두막들과 숲 속에 가려진 마을들이

---

40 버건디Burgundy: 포도주로 유명한 프랑스 동남부 지역.
41 손Saone 강: 프랑스 동북부에서 남쪽으로 흘러 론Rhone 강과 합류하는 강.
42 론 강: 스위스 남부의 알프스 산중에서 발원하여 제네바 호수와 프랑스 동남부를 지나 지중해로 흘러드는 강.

차례로 스쳤으며, 깊고도 울창한 골짜기들

사이로 끝없이 이어지고 있었네! 외로운 한 쌍의

이방인인 우린 날 저물 때까지 항해를 계속했네,

저 해방된 기쁨에 들뜬 즐거운 군중,

한 무리의 명랑한 여행자들과 한동아리 되어.

그들 대부분은 그들의 수도에서 하늘이 지켜보는 가운데,

방금 엄숙하게 거행된 저 위대한 결혼식[43]에

참석하고 돌아오는 마을 대표들이었네. 그들은   390

벌처럼 몰려 다녔고, 벌 떼처럼 시끄럽고 활기찼네.

어떤 이들은 기쁨을 이기지 못하며 우쭐댔고,

마치 성가신 공기를 가르듯 칼을 빼들어

휘둘렀네. 우린 자긍심에 가득 찬 이 무리에 섞여

배에서 내렸고 — 그들과 함께 저녁식사를 했네,

옛날 아브라함의 환대를 받았던 천사들[44]만큼이나

환영받는 손님으로서. 저녁식사가 끝난 후,

가득 찬 술잔과 행복한 생각들로 우쭐해져서

신호가 떨어지자 모두 자리에서 일어나 원을 그리고,

손에 손을 잡고, 식탁 주위를 빙빙 돌며 춤추었네.   400

기쁨과 우애에 넘쳐, 모든 마음들이 열렸고,

모든 입들이 시끄러웠네. 우린 프랑스를 빛낸

영예로운 이름과 영국인들의 이름을 떠올렸으며,

---

43 워즈워스는, 루이 16세가 1790년 7월 14일에 샹드마르Champs de Mars의 제단에서 새 헌법의 준수를 서약한 사건을 왕과 백성 사이의 결혼이라는 은유로써 표현했다.

44 아브라함은 세 명의 천사를 영접하게 되는데, 이들은 사라가 아들을 잉태할 것을 알려준다(「창세기」 18:1~15 참조).

그들은 친절하게도, 자신들의 명예로운 변화의
선구자로서 우리에게 건배했다네.[45] 그러고 나서
다시금 테이블 주위를 빙글빙글 돌며 춤추었네.
다음 날 아침 일찍, 우린 이 유쾌한 친구들과 함께
여행을 계속했네. 젊음이 넘치는 우리의 귓가로
수도원 종소리가 감미롭게 울려 퍼지는가 하면,
세찬 강물은 소리 없이 흐르고 있었고,   410
눈앞에 불쑥 솟았다가 사라지곤 하는
첨탑은, 시끌벅적한 무리들에 둘러싸인
우리의 마음을 이따금 어루만지면서
평화의 의미를 일깨웠네. 이 즐거운 무리와
헤어진 후, 도보 여행자인 우린 나란히
말없이 발자국을 헤아리면서 여정을
계속했으며, 태양이 두 번 지기 전에
샤르트뢰즈 수도원[46]에 도착했고, 경외심마저
자아내는 고독에 휩싸여 거기서 머물렀네.
그렇다네, 그 성스러운 저택에 다가감에 따라,[47]   420

---

45 402~05행: 영국은 1688년의 명예혁명 Glorious Revolution으로 가톨릭 군주 제임스 James 2세를 폐위시키고, 메리 스튜어트 Mary Stuart와 그녀의 네덜란드인 남편 윌리엄 William of Orange에게 권력을 이양했다. 이 과정에서 의회는 군주의 권한을 제한하는 입헌군주제를 도입하게 되는데, 이것이 프랑스인들에게는 부러움의 대상이 되었다.

46 샤르트뢰즈 Chartreuse: 알프스에 있는 카르투지오 수도원 Carthusian monastery. 카르투지오 수도회는 1086년에 성 브루노 St. Bruno가 프랑스의 그레노블 Grenoble 근처의 샤르트뢰즈 산속에 세운, 계율이 엄한 수도회이다. 1792년에 혁명세력이 승려들을 모두 쫓아내고 수도원 건물을 장악했다. 워즈워스는 이 사건을 목격하지 못했으므로, 이곳의 내용 중 일부는 그의 상상력의 산물이다.

47 420~88행: 1819년경 이 시에 삽입된 부분. 이 부분의 이야기는 워즈워스가 존스와 함께

번쩍이는 무기들, 그리고 흠 없는 거주자들을
내쫓기 위해서, 그리고 주변을 감도는 정적과
영속적인 고요에 잠겨 사물 속에 깃든 영성을
그토록 오래 추구해온 저 신앙 공동체를
필시 파멸시키기 위해서, 그곳에 파견된
소란스러운 무리의 전투적인 눈빛을
우리가 직접 보았음에도, 심지어 그 당시에도,
널리 알려진 그곳은 오직 영혼을 깨우치는
한 고독한 장소로만 여겨졌다네.
— '멈추라, 신성모독의 손들을 멈추라!' — 이는   430
알프스의 왕좌로부터 들려오는 자연의 음성.
당시에도 그 소리를 들었고, 지금도 듣는 듯하네—
'불경한 일을 삼가라. 다른 곳은 다 파괴해도,
이 사원 하나만은 남겨두어, 이곳으로 하여금
영원에 바쳐진 지상의 유일한 장소가 되게 하라!'
자연은 말을 멈췄지만, 성 브루노[48]의 소나무들이
꼭대기의 검은 가지들을 요란스레 흔들고,
저 밑에서는 **삶**과 **죽음**이라는 자매 강들[49]이
여러 강바닥을 따라 속삭이며 흐르는 동안,
충돌하는 격정들로 억눌린 채, 내 마음은   440
응답했네, '애국자의 열정에 영예를!

샤르트뢰즈를 방문한 때로부터 2년 뒤인 1792년에 씌어진 『서술적 소묘들』을 토대로 한다.
[48] 성 브루노: 카르투지오 수도회 및 수도원의 창시자(166쪽 주 46 참고).
[49] 샤르트뢰즈 수도원 아래로 흐르는 실제의 강 이름들: '생명의 강 Guiers Vif'과 '죽음의 강 Guiers Mort.'

갓 태어난 **자유**에 영광과 희망을!
이 시대의 위대한 계획들에 환호를!
정의를 휘두르는 분별력 있는 검이여, 그대
전진하고 번영하라, 그리고 그대 정화의 불길이여,
성난 **섭리**의 숨결이 일으키는 바람 타고,
가장 높은 **자존심**의 탑들을 향해 치솟으라.
그러나 오! **과거**와 **미래**가 날개 되고,
둘의 조화로운 결합에 지탱하여
인간 지식의 위대한 정신이 움직인다면, 450
이 신비의 궁전들을 보존하라, 거기서 희미한 바위들
틈으로 난 문들 사이로 한 발짝만 내디뎌도,
삶을 위태롭게 하는 허영심들 저 멀리 사라지고,
회개의 눈물방울들과 떨리는 희망들이
그 자리를 대신하여 ─ 하느님의 순결한 시선
앞에서 군주와 농부가 평등하게 되나니.
세속을 등진 수도사들과 함께 그 집을
구하라, 고요히 승리하는,
하늘이 내려준 진리의 말씀에 입각한
믿음과 명상적 이성을 통해 매시간 460
성취되는, 감각의 정복을 위하여. 그러면
이 도도한 물결들, 저 멀리 빛나는 절벽들,
숱한 세월이 지나도록 변치 않고 한결같이
깊고 푸른 하늘에 거하는 순결한 산꼭대기들,
죽음이 다가설 수 없는 이 숲들에서 얻어진

저 상상적 충동의 보다 겸허한 주장을
위하여 그 집은 존속하리라,
생각하고, 희망하고, 숭배하고, 느끼고,
투쟁하고, 두려움으로 제 안에서 길 잃고,
텅 빈 심연으로부터 육안으로 바라보고,   470
그리고 위로 받기 위해 인간이 존속하는 한.'
그 순간 이후 자주 나는, **오 벗이여!** 그대가
그 현장의 혼란이나 고요를 우리와 함께
나눴기를 바랐네, 우리가 세속적 주제들을
잠시 떠나, 연민 어린 존경심을 간직한 채
저 어둠침침한 회랑, 기초를 놓을 때부터
바로 그 시각까지 방종하고 생각 없는 사람에겐
낯설기만 했던, 그 회랑의 바닥을 밟았을 때.
밖에선 햇빛이 얼마나 기분 좋게 숲과 숲 사이
공터를 비추고 있었던가! 발롱브르[50] 숲으로   480
들어서자, 우리는 어둠으로 영혼을 채웠네. 거기서
무언가 불쑥 솟았고, 우리는 눈을 높이 들어,
마치 천사의 손으로 그곳에 고정시킨 듯,
휘어진 하늘 이 구석 저 구석에
똑바로 선 예수의 십자가[51]를 보았네,
숱한 폭풍우에도 굴하지 않았지만, 당시,

---

50 발롱브르Vallombre: 샤르트뢰즈 수도원 근처의 골짜기.
51 예수의 십자가: "샤르트뢰즈의 뾰족한 바위 꼭대기들에서 보이는 십자가들을 뜻하는데, 그 십자가들은 하나같이 접근 불가능한 것처럼 보였다."『서술적 소묘들』에 붙인 워즈워스의 노트. 이 지역에서는 지금도 산꼭대기의 십자가들이 보인다.

한 국가를 휩쓸던 분노의 소용돌이와 무차별적
공격 앞에선 불안정해 보였던 기념비를.

 그 다채로웠던 여행을 차례차례 되짚어보는 것이
지금의 내 목적은 아니네.   490
재빠른 걸음은 군대행군을 방불케 했고,
가는 곳마다 땅은, 하늘에서 구름이
바뀌듯 재빨리, 모양과 형태들을 바꾸었네.
매일 일찍 일어나고 늦게 잠자리에 들었으며,
언덕에서 골짜기로 내려가고, 골짜기에서 언덕으로
올라갔네 — 이 고장 저 고장을 차례로 훑으며,
14주간 쉬지 않고 추적에 나선 예리한
사냥꾼들이나 맹금들처럼 열렬히, 또는 때마침
불어오는 순풍을 타고 단숨에 질주하는 배처럼.
우린 전원생활의 아늑하고도 은밀한 은신처와   500
매혹적인 골짜기를 지나갔고, 사람들과
인사를 나눴네만, 그 인사의 광채와 여운이
미처 사라지기도 전에 너무 일찍 떠났다네.
오! (역경 속에 태어나, 철 따라 각기 다른
위험에 둘러싸여 지내더라도) 즐겁게 살고,
일상적 일로 만족하거나, 만약 그렇지 않더라도,
새벽이 (아! 확실히 영혼을 밝혀주는 빛을
동반하면서), 바위틈에 흩뿌려진 광채로써,
그를 일터로 부르는 순간부터 만족하고,

저녁 그림자를 밟고서 안식처로 향하는,　　　　　　　　510
평화로운 사람의 신성한 거처들을
젊은이가 보고서도, 순화(純化)되지도,
고분고분하지도 않고, 경외심도 없고,
족장(族長) 같은 위엄⁵²을 보인다거나,
바라고 뜻을 세움에 있어서 순수한 소박함을
지니도록 성장하지 못한다면 슬픈 일이로다.

　낯선 사람이라면 누구나 뛰는 가슴으로
산중의 푸른 풀밭을 보았으리라,
내가 본 최초의 깊숙한 은신처, 원시의 골짜기,
파릇파릇한 잔디 위에, 그리고 강가에 세워진　　　　520
천막들이나 인디언의 통나무집들처럼,
꾸미지 않은, 통나무 오두막들이
우쭐대며 차지한 그 조용한 장소를.
　　　　　　　　　　　　바로 그날,
풀 한 포기 없는 산등성이에서 탁 트인 시야에 들어온
몽블랑⁵³ 정상을 본 것도 그때가 처음이었네,
그리고 눈앞에 비친, 결코 다시는 되살아나지
못하도록 살아 있는 생각을 빼앗아버린,
넋이 없는 이미지로 인해 비탄에 잠겼네. 놀라운
샤모니⁵⁴ 골짜기는 저 아래 아득히 펼쳐져 있었으며,

---

52 구약시대의 선지자들이 지녔던 것 같은 위엄.
53 몽블랑Mont Blanc: 알프스에서 가장 높은 봉우리.

이내 소리 없는 폭포들과 빙하의 지류들과 더불어,　　　　530
멈춰선 듯 길게 이어진 도도한 물결들이, 넓고도
방대한 다섯 강들이 우리의 상상을 풍요롭게 했고,
우리를 다시금 현실로 돌아오게 해주었네.
잎이 무성한 나무들에선 작은 새들 지저귀고,
독수리는 창공으로 드높이 날아오르고,
추수꾼은 황금빛 곡식 단을 묶고,
아가씨는 양지에 건초 더미를 펴고 있었네,
겨울이, 잘 길들여진 사자인 양, 산에서 내려와
오두막들 사이, 화단 곁에서 한바탕
놀기 위해 저만치 걸어오는 동안에.　　　　　　　　540

　여러 지역을 누볐던 이 여행에서 우리가
보고 들은 것은 무엇이나, 우리 지성과 마음의
미숙한 상태에 걸맞았네. 그토록 훌륭한 책[55]을
눈앞에 펼치고, 진정한 형제애에 관한 교훈,
평범하고도 보편적인 인류의 이성,
노소(老少)에 두루 해당되는 진리들을
읽지 않을 수 없었네. 또한 두 허물없는
순례자들은 나란히 보조를 맞추며, 혹은
각자의 성향 따라 홀로 사색에 잠기며
꿈과 허구의 세계에도 거할 수 있었네.　　　　　　550

---

54 샤모니(Chamouny 또는 Chamounix) : 프랑스 동부, 몽블랑 북방의 산협(山峽).
55 자연이라는 책, 그리고 원시의 상태로 살아가는 사람들을 지칭하는 말.

낙담은 기쁨을 위해서 흡수되고,
곱게 채색된 연민들, 버드나무 화환,⁵⁶
그리고 저 숭고한 고독의 순간들에,
슬픔 아씨의 다듬어진 정원들에서 꺾은
구슬픈 꽃들로 만든 수수한 꽃다발이
숱한 명상의 시간들을 달콤하게 해주었네.

   그러나 저 부드러운 쾌락들과 섞인 채,
내 안에선 여전히 어떤 단호한 기분, 완전히
잠들지 못한 활력에 대한 내적 갈증이 느껴졌네.
그리고 그 근원에서 얼마나 다른 슬픔이   560
솟아나, 한 사건을 상기시켰는지.
발레⁵⁷에서 길을 돌려, 한 무리의
노새 마부들을 따라 심플론 고개⁵⁸의
가파르고 울퉁불퉁한 길을 올라갔을 때,
한 쉼터를 만났고, 거기서 다 함께 점심을
먹었네. 여행 안내자는 우리를 식탁에 남겨둔 채
황급히 자리를 떴고, 우린 잠시 머뭇거린 후,
밟아 다져진 내리막길을 따라갔는데, 그 길은

---

56 옛날에 애인이 죽으면 버드나무 가지로 만든 화환을 달고 슬퍼했다. 여기서는 젊은 시인의 슬픔을 환기시키는 매체가 된다.
57 발레Vallais: 스위스의 지명.
58 심플론 고개Simplon Pass: 레폰틴 알프스Lepontine Alps에 있는 스위스 남부의 고개로서 프랑스와 이탈리아를 연결하는 길이다. 1790년에는 노새를 타고 넘는 좁은 길이었으나, 후에 나폴레옹이 군대를 이끌고 이탈리아로 진격하기 위해서 이 길을 확장했다.

거친 개울가로 나 있었고, 거기서 끊겨 있었네.
이제 눈에 띈 유일한 산길이라곤   570
급류의 저쪽 가장자리에서 시작되어 선명하게
뻗어 있는, 높은 산으로 오르는 길뿐이었네.
우린 잠시 망설인 후 다리도 없는 강물을 건너
그 길로 접어들어 열심히 산을 타고 올랐네,
앞서 저만치 가버린 일행을 따라잡지 못해
염려와 두려움이 엄습할 때까지.
한편으론 매 순간 의심이 꼬리에
꼬리를 물었으나, 다행히 운 좋게도
한 농부를 만났고, 그의 입을 통해서,
우리가 맨 처음 길을 잃고 당황했던 지점까지 다시   580
내려가 거기서 길을 찾아야 한다는 말을 들었네.
그 길은, 강바닥의 돌들을 밟고 몇 발짝
들어간 후, 강둑과 나란히 나 있고, 그다음엔,
강줄기를 따라서 내리막으로 치닫는
앞길이 너무도 분명히 보인다는 것이었네.
그때까지도 우리의 희망은 구름을 향하고 있었기에,
그토록 듣고 싶지 않았던 말을 믿기 싫어서,
그에게 같은 질문을 하고, 또 했네.
그러나 그 농부의 입에서 나온 모든 답변의
말들은, 우리의 직감으로 바꿔 말하자면,   590
요컨대, ─ 우리가 알프스를 넘었다는 것이었네.

상상력—인간 언어의 서글픈 무능함 탓에
이렇게 불리는 그 능력이 여기서,
그 엄청난 능력이, 어디선가 몰려와 단번에
어느 외로운 여행자를 휘감는 물안개처럼,
마음의 심연으로부터 솟았네. 난 넋을 잃었고,
여기서 벗어나려는 노력도 없이 멈춰버렸네.
그러나 또렷한 영혼을 향해 지금 말할 수 있네—
'그대의 영광을 인식하노라'고.[59] 그와 같이
강력한 침탈을 받아, 의식의 빛 꺼질 때,   600
다만 보이지 않는 세계를 드러낸
어떤 섬광과 더불어, 위대함이 둥지 틀고,
거기서 정박한다네, 우리가 젊건 늙건 간에.
우리의 운명, 우리 존재의 심장과 고향은
무한한 세계와 함께 있고, 그곳에만 있네.
그것은 희망, 결코 죽을 수 없는 희망,
노력과 기대와 갈망, 그리고 영원토록
되어갈 그 무엇[60]과 더불어 있다네.
그런 공격의 깃발들[61] 아래선, 영혼은

---

59 592~616행의 상상력에 관한 이야기는, 부푼 기대를 만족시킬 겨를도 없이 저도 모르게 알프스를 넘어버린 1790년 당시의 워즈워스의 실망감이 아니라, 1804년에 와서 과거의 경험을 회상하는 그의 생각을 전해준다. 지나간 실망스러운 사건에 대한 명상은, 시인으로 하여금 현재의 시작(詩作)을 가능케 하는 '창조적 능력'을 찬양하게 하는 빌미를 제공한다.
60 영원토록 되어갈 그 무엇 something evermore about to be: 워즈워스에게 있어서 최상의 가치는 성취가 아니라 갈망이다. 그의 시는 숱한 세월에 걸쳐서 희미한 감각들에 형태를 부여해왔다.
61 607행의 '노력과 기대와 갈망.'

제6권 175

어떤 트로피도 추구하지 않고, 제 용맹 증명할   610
전리품 위해 싸우지도 않으며, 그 자체로
완성이며 보상인 생각들로 인해 축복 받고,
저 스스로, 그리고 마치 아비시니아 구름의
원천에서 쏟아져 나와 이집트의 모든 평야를
비옥하게 하는 힘찬 나일 강의 홍수처럼,
자신을 덮어주는 지복(至福) 안에서 강해지네.

   그 농부가 전해준 이야기로 인해
맥이 풀리고 울적했던 심사는
곧 사라졌네. 우린 서둘러 아래로 내려갔고,
한 번 놓쳤었던, 길 같지 않은 길에서   620
좁은 협곡으로 들어섰네. 이 어둠침침한
좁은 통로에서 개울과 길이 나란히 가고 있었고,
그것들 따라 우린 느릿느릿 여러 시간 걸었네.
쇠락하지 않으면서도 쇠락해가는,
측량할 수 없이 높다랗게 치솟은 숲,
끊임없이 부서지는 요란한 폭포수,
구불구불한 구비마다 갈라진 좁은 틈을 헤집는,
당황하고 길 잃은 바람들을 훼방하는 바람들,
맑고 푸른 하늘에서 쏟아지는 급류들,
귓가에서 우르릉거리는 바위들,   630
목소리를 지닌 듯 길가에서 소곤대는,
물을 흩뿌리는 검은 바위들, 포효하는 물살이

자아내는 오싹한 경치와 아찔한 전망,
자유로이 흘러가는 구름과 천상의 구역,
소용돌이와 평화, 암흑과 빛— 이 모두가
한 마음의 작용들,[62] 동일한 얼굴의 다양한
면모들, 한 나무에 핀 꽃들과 같았으며,
저 위대한 묵시록적 특징들,[63]
처음과 마지막과 중간, 그리고 끝이 없는
영원한 세계의 유형들과 상징들 같았네.   640

  그날 밤 우리 숙소는 골짜기 안에 홀로 선
외딴 집. 바로 그 지점에서, 공중 높이 곤두박질하며
떨어지는 급류로, 가장자리로 우리가 걸어왔던
물살 빠른 계곡물이 불어나고 있었네.
높은 천장의 커다란 방들뿐인, 아무 쓸모없이
크기만 한 황량한 집에서, 요란스러운 물소리에
귀 먹고 압도당한 채, 지친 사람들 틈에
우울하게 누워 순진무구한 잠을 청했네.

  우린 때맞춰 잠에서 깨어나, 그 계곡을

---

62 콜리지의 『종교적 묵상들 *Religious Musings*』 114행 참조: "한 마음이 있네, 무소부재(無所不在)의 한 마음이 There is one mind, one omnipresent mind."
63 알프스의 최고 봉우리들을 제외한 모든 지형이 노아의 홍수로 인해 생겨났다고 하는 당시의 지질학 이론에 근거하여, 워즈워스는 이곳의 경치가 첫번째 묵시록적 사건인 노아 홍수의 흔적들('특징들')을 갖고 있음을 암시한다. 이 경치를 「요한계시록」에 예언된 두번째 묵시록적 사건의 암시로 볼 수도 있다.

따라 여행을 계속했네, 정오가 되기도 전에   650
계곡물은 넓고도 깊은 도도한 강이 되어,
근처의 산들을 벗하며 고요하고 장엄하게
물결치고 있었고, 저 멀리 떨어진 산들과
만년설로 뒤덮인 산 정상들을 바라보며,
그와 같은 순례자⁶⁴에게 적합한 휴식처인
로카르노⁶⁵ 호수로 흘러들고 있었네.
하늘처럼 드넓게 펼쳐진 로카르노여!
어떻게 그대는 시인의 마음에 달라붙어
기억의 햇빛을 받으며 일광욕을 즐기는가.
그리고 코모⁶⁶여! 그대, 아비시니아⁶⁷의 은밀한   660
심연에 잠긴 듯 유폐된 대지가 저만을 위해
간직한 보물이여, 그대와 그대의 밤나무 숲,
그리고 검은 눈의 아가씨들이 재배하는
옥수수 경작지에 관해서 나는 말했다오.
그대의 치솟은 절벽들, 그리고 이 집에서 저 집으로,
이 마을에서 저 마을로 구불구불 나 있어 그들을
이어주는 유일한 수단인, 포도넝쿨 뒤덮인 시골 길들,
끝없이 뻗은 오솔길들과 호젓한 가로수 길들,

---

64 깊은 계곡에서 발원하여 긴 여정을 지나 마침내 로카르노Locarno 호수로 흘러드는 강을 일컫는 표현.
65 로카르노: 스위스 동남부 마기오레Maggiore 호숫가의 소도시. 워즈워스와 존스는 코모Como 호수로 건너가기 전에 여기서 머물렀다. 로카르노 호수는 마기오레 호수를 말한다.
66 코모: 북 이탈리아 롬바르디Lombardy 주에 있는 경치가 매우 아름다운 호수.
67 아비시니아Abyssinia: 파라다이스가 있는 곳으로 잘못 알려진 아비시니아를 묘사한 『실낙원』 제4편 280~82행에 대한 암시.

음악은 없어도 침묵은 머무는 그곳이기에,
아직 시작(詩作)에 서툰 풋내기였지만, 난   670
그 시점의 어리석은 욕망에 이끌려, 그대 찬양의
노래를 부르고자 애썼다오. 지금도 그대에게
다가서면, 보다 감미로운 **노래**로써 날 맞이하고,
배우고 익힌 **기술**로써 다듬어진 자연의 곡조가
끊임없이 흐르리. 그대의 수면 위를 스치는
한 줄기 미풍이나 내리비치는 햇살처럼 나는
쉼 없이 움직이며 지나갔소. 하지만 그대는
아름다움을 내게 남겼다오, 수동적이긴 하나,
겸허한 순종의 행위를 통해, 미덕이나
선(善)만큼 아름답고 우아하다고, 감히   680
말해도 좋을 만한, 능력을 부여받았으며,
사랑 혹은 지난날의 관대한 행위에 대한 기억,
혹은 고요한 축복 속에서 모든 기쁨의 제공자인
하느님께 경건한 마음으로 감사드릴 때 슬며시
찾아드는 순수한 생각처럼 달콤하고,
바로 그런 고요한 기도 자체처럼 달콤한,
형태들과 색조들의 고요한 조화의 아름다움을.

   우리는 이틀 동안, 그 호수를 바라보며
그와 같은 상쾌한 길들로 나아갔네.
호수는 알프스 산속에 드넓게 펼쳐져   690
한층 엄숙함을 지닌 듯했네. 둘째 날 밤,

잠에서 깨어난 우린, 미처 알지 못했던
방식으로 타종하여 시간을 알리던 교회의
시계 소리를 잘못 알아듣고,[68] 달빛을 받으며
일어났다네, 이제 곧 날이 밝아올 것이며,
그때까지 구불구불한 호숫가를 따라서
또렷이 나 있는 길로 이전처럼 가다 보면
깊은 휴식에 잠긴 그 고요한 경치를 보리라
의심하지 않으면서. 우린 이 같은 희망에
부풀어 그레이브도나 마을을 떠났네. 700
그러나 곧 거대한 숲 속에서 길을 잃었네.
그곳은 탁 트인 장소였고, 높은 곳에서
굽어보니, 저 아래서는 느릿느릿 흐르는 강물이,
수면에 희미하게 뜬 붉은 달그림자와 함께,
불안한 뱀인 양 시시각각 모양을
바꾸고 있었네. 꽤 여러 시간 동안
우린 앉고 또 앉아 있었네, 밤이
혹시 마술에 걸린 것이나 아닐까
의아해하면서. 마침내 바위 위에서
지친 팔다리를 펴고 잠을 청했네만, 710
한낮인 양 숲 속 예서 제서 바스락거리던
온갖 벌레들이 쏘아대는 통에 잠을
이룰 수 없었네. 이름 모를 새들의 울음소리,

---

68 교회 시계 종이 15분 간격으로 울렸기 때문에, 그들은 새벽 1시 45분을 알리는 4번(1시를 알리는 한 번과 45분을 알리는 세 번)의 종소리를 새벽 4시로 착각했던 것이다.

외부의 빛 때문이라기보다 검은색과
제 크기로 인해서 더 잘 보이는 산들,
숨 막힐 듯 끝없이 펼쳐진 구름 바다,
알 수 없는 소리로 드문드문 시간을
알려주는 시계들, 강물 흐르는 소리,
그리고 이따금, 우리를 사사로운 두려움으로
몰아갔던, 손에 잡힐 듯 부산한 움직임들,   720
그리고, 마지막으로, 여전히 하늘 높이
떠 있으나, 눈앞에서 차츰 사라지는 달 —
이것들이 우리의 양식이었네. 코모 호수와
그 주변의 모든 것들에 가장 아름답고,
부드럽고, 행복한 영향을 끼친 황금의 이틀을
뒤따라온 것은 그와 같은 여름밤이었네.

 그러나 여기서 멈추고, 그날들에 이별을
고해야겠네, 흩날린 가을 눈발 탓에,
지치지도 않은 걸음을 멈췄을 때까지
이어진 여정에서, 새로운 시야를 제공하거나,   730
새 모험으로 가득 찼던 각각의 날들에. 다만
고별에 즈음하여 이것만은 언급하겠네, 우리가
비교우위에 따른 찬사를 과장되게 퍼부으며
공허한 환희에 들뜨지도 않았고, 영원히
빈곤해도 될 만큼 한순간 부유하지도 않았으며,
마치 마음이 그 자체론 아무것도 아니고,

외적 형태들에 빌붙는 인색한 가신(家臣)인 양
굽실대지도, 압도당하지도 않은 채—
그 웅장한 지역 앞에 서 있었음을. 이 전체
노래의 맨 앞에서 이미 밝혔네, 내 마음은   740
그와 같은 **성전**에서 반드시 또 다른 예배를
드렸음을. 결국, 내가 어떠한 것을 보았거나,[69]
들었거나, 느꼈든지, 그것은 또 다른 유사한
강으로 흘러든 하나의 강물이요, 영혼의 물결과
연합하여 내 여행을 가속화시킨 하나의 강풍에
지나지 않았으며, 모든 소리나 광경이, 제각기
힘의 정도에 따라, 장엄함 또는 부드러움의
자질들을 끄집어내는 데 일조했네, — 웅장함에는
직접적으로, 그러나 부드러운 생각들에는 사실상
별로 즉각적이지 않은 수단으로. 그리고   750
대체로 더 우회적이긴 하나, 하늘이 표시한 지점에
이르는 데 있어, 그 못지않게 확실히 알맞은
길들을 통해서 나를 이것들에게로 이끌었네.

  오, 가장 사랑하는 **벗이여**! 그때는
영광스럽고도 행복한 때였으니, 잠에서 깬 듯
저마다의 눈빛에서 승리의 표정들이 뿜어져나왔고,
많은 나라들이 커다란 기대감[70]으로

---

69 742~53행: 알프스의 경험은, 시인 속에 내재된 장엄함과 부드러움의 자질들을 끄집어내
   줌으로써, 결국 그를 가르치는 더 큰 강물로 유입된 것으로 묘사된다.

벅차 있었네. 그때 전쟁 포고의 나팔 소리는
참으로 인간정신을 자극하는 소리였으며,
검정 지빠귀의 휘파람이 싹트는 숲을 휘저었네.   760
우린, 인접 국가들의 운명을 크게 기뻐하는
스위스[71]를 떠났네, 그리고 순례길을 급히
재촉하는 동안, 고향이 그리 멀지 않은 곳에서,
자유를 수호코자 열렬히 전쟁에 대비 중인
브라반트 군대[72]를 스쳐 지나가게 되었네.
당시 아직은 성인사회에 진입할까 말까 한
풋내기였던 나는 이러한 일들을 멀찌감치
바라볼 뿐, 그것들에 대해 듣고, 보고, 느끼고
감동 받았지만, 직접적인 관심은 없었으며,
새가 공기의 흐름 타고 날 듯, 물고기가   770
물결 따라 헤엄치거나 서식처에서 먹이를
취하듯, 나도 그 세태를 따라가는 듯했지만,
그런 기쁨 원치 않았고, 그러한 도움도
필요치 않았네. 내가 어디로 향한다 해도,
영원히 살아 있는 우주가 영광 드러내고 있었고,
순수한 젊음의 독립정신은 사시사철

---

[70] 그들이 오래 기다려왔던 새로운 정치 질서에 대한 기대감.
[71] 유럽에서 가장 오래된 공화국 스위스는, 프랑스도 정치개혁을 어느 정도 이뤘으리라 여기고 기뻐했다. 그러나 프랑스인들은 1790년까지도 공화국 수립에 대하여 고려하지 않았고 이 일은 1792년 9월에 가서야 이루어진다.
[72] 브라반트 군대 Brabant armies: 잠시 존재했던 벨기에 연방(브라반트도 포함됨)의 혁명군대. 그러나 2개월 후인 1790년 12월, 레오폴드 2세가 오스트리아 주권을 회복했다.

푸른 벌판에 쏟아지는 햇살처럼 내 주변에
널리 펼쳐진 새로운 기쁨들을 요구했었네.

제7권

런던 체류

(도시의 벽¹을 빠져나오던 내게 활기를
불어넣어준 미풍의 인사 받으며) 최초로
이 시의 유쾌한 서두²를 토로한 때로부터
변화무쌍한 여섯 해³가 지나갔네. 난
천둥 먹구름으로부터 스카펠⁴ 골짜기로
쏟아져 내리곤 사라져버리는 급류마냥,
잠시 넋을 잃고 물리칠 수 없는 격정에
휩싸여, 큰 소리로 노래했네. 그러나 곧

---

1 워즈워스가 특정한 도시의 성벽을 염두에 두었다면, 그것은 독일의 고슬라 성벽이었을 것이다. 그는 여기서 1798~1799년 가을과 겨울을 보냈었다(234쪽 주 19 참고).
2 제1권 1~45행.
3 1804년에 씌어진 이 부분에서 워즈워스는 '유쾌한 서두'를 쓴 지 6년이 지났다고 하나, 실제로 서두가 씌어진 것은 1799년이다. 그러나 이 전체 시가 씌어지기 시작한 것은 6년 전인 1798년 가을이었다.
4 스카펠Scafell: 호수 지역에서 일반적으로 가장 높다고 여겨지는 산봉우리.

덜 성급한 강물 터져 나와 (그렇게 뮤즈가
의도했네) 한동안 꾸준한 속도로 흐르더니,　　　　　　　　10
몇 년간 멈췄고, 지난번 앵초 필 때까지는
다시 들려오지 않았네. 사랑하는 **벗이여!**
당시, 외국으로 떠난 그대 생각에 다소
울적했던 심사를 달래주던 확신은 사라졌고,
약속한 작업⁵ 너무 느리게 진행되었네.
때로는 나 스스로 원해서 쉬었고,
또 어떤 때는 외부 방해를 받아,
여름내 휴식을 취했네.⁶ 하지만
어제 저녁노을 지고 난 후,
빛과 어둠 사이에 집 안에 앉아서,　　　　　　　　　　20
문간 가까이 모여든 붉은 가슴울새들의
합창을 들었네. ─ 사나운 주인이 늘
하던 대로 거친 북녘을 떠났음을 알리도록
겨울의 보냄을 받아, 솜씨를 다해
상냥하게 준비하고, 저 멀리 숲에서 날아온
음송시인들의 노래를. 때맞춰 들려온
그 기쁜 소리가 부지불식간에 나를
질타했네, 그래서, 경청하며 속삭였네,

---

5 『서곡』을 완성하는 일.
6 워즈워스는 당초, 콜리지가 『서곡』을 지중해로 가져갈 수 있도록 5권으로 완성시킬 계획이
　었다. 그러나 이 계획은 수정되어 작품은 더 방대한 구성을 갖게 된다. 17행에서 언급된 외
　부의 방해들 중 하나는, 그의 딸 도라Dora의 탄생이었다.

'그대 명랑한 합창대여, 나 그대들과

친구 되어, 휘몰아치는 바람도 겁내지 않고　　　　　　30

함께 노래를 부르리.' 이윽고, 석양 그림자

차츰 짙어지는 동안, 난 밖으로 나가서,

울창한 숲 사이로 새어나오는 은자의 촛불마냥,

깃털 모양을 했거나 천막처럼 주위를 뒤덮은,

아직 싱싱한 어스름한 고사리 틈새로,

깜빡깜빡 빛나는 반딧불이 한 마리를 보았네.

방금 전 새소리가 준 감동 못지않게,

이번엔 고요가 날 감동시켰네. 머뭇거리며

스스로 빛 발하는 여름의 아이, 인적 드문

언덕의 소리 없는 그 벌레도, 문간에서 지저귀던　　　　40

겨울 합창대와 같은 임무 띤 듯했고,

1년 내내 은은함과 사랑을 내뿜었네.

　간밤의 쾌적한 느낌이 오늘 아침까지

흘러넘쳤고, 내가 즐겨 찾던 숲[7]은,

세찬 바람의 정체를 보여주려는 듯

햇살 아래 검은 가지들을 높이 흔들고,

내 가슴속에도 유사한 동요 일으켜,

시인의 작업에 친절한 한 영을 깨우니, 이제

활기찬 희망 품고 작업을 다시 시작하리라,

---

[7] 도브 코티지에서 반 마일 떨어진 레이디우드Ladywood의 전나무 숲. 워즈워스는 자주 여기서 시를 썼다.

우리 앞에 놓인, 언급할 필요가 있는   50
어떤 맥 빠진 논쟁으로도 방해 받지 않고서.

   그 여행에서 돌아오자 곧 나는 가운 입은
학생들의 보금자리에 영원히 이별을 고했고,
넓은 홀과 정자, 그리고 저 선택된 터전의
모든 안락함 버리고 떠났네.[8]
울타리 없는, 임자 없는 땅[9]에 방랑자의
움막 세울 생각으로 매우 기뻐하며.

   하지만 장차 어떤 삶을 택해야 할지
아직 결정하지 못한 채, 그리고 한동안
마음대로 쓸 수 있는 약간의 시간 여유가   60
있는 듯싶어, 우선 런던으로 향했네.
과도한 희망으로 인한 마음의 혼란도 없고
사사로운 야망의 노예가 되지도 않고,
필요에 따라 검소하게, 또 자의적이긴 하나
위험한 격정들에서도 자유로이. 처음
그곳을 방문하여, 거대한 도시의 첫인상으로
마음과 영혼에 충격 받고, 끝없이 뻗은 도로들을
거닐었던 때로부터 3년이 쏜살같이 흘렀으니,[10]

---

8 워즈워스는 대학의 마지막 긴 방학을 알프스 여행으로 보냄으로써 학문적 성공의 기회는 일찌감치 날려버렸던 셈이다. 그는 1790년 10월에 케임브리지로 돌아갔고, 그로부터 3개월 후인 1791년 1월에 아무 영예도 없이 학사학위를 받았다.
9 울타리가 쳐진 개인 소유지와 구분되는, 황무지, 풀밭 등 (마을의) 공유지.

이제, **쾌락**이 끊임없이 소용돌이치고
삶과 노동이 하나인 듯 여겨지는 곳에서   70
운집한 사람들 틈에 섞인 채, 난 몸을
의탁할 숙소가 (집이야 아무려면 어떠랴?)
있는 것만으로 충분히 만족하며 빈둥거렸네.
제어할 길 없는 상상력은 항상 나를 휘젓고,
내 모든 젊은 기분은 밖으로 향한 채,
집을 멀리 떠나 유쾌하게 살면서.

   아무리 멋진 상상 속 궁전들과,
이야기 속 요정들이 지은 정원들도, 혹은
로마, 알카이로,¹¹ 바빌론, 페르세폴리스¹²
같은 도시들에 관한 장중하고도   80
위엄 넘치는 근사한 역사 이야기도,
혹은 타르타르 황야 깊숙이 10개월이나
헤매야 나온다는, 순례 수도승들이 전해준,
황금도시 이야기도 ─ 내가 런던에 관해
멍청하게 단순히 믿고 생각했던 데 비하면
너무너무 부족했고 ─ 놀라움과 막연한 즐거움이,

---

10 워즈워스는 1791년에 런던에 체류했으며, 1788년에 런던을 잠시 방문한 적이 있다.
11 알카이로Alcairo: 웅장함에 있어서 바빌론Babylon과 비교되는, 고대 이집트의 수도 멤피스Memphis. 『실낙원』 제1편 717~19행 참조: "바빌론도/대알카이로도 그 영화를 누리던 때/이런 장려함에는 따르지 못했다."
12 페르세폴리스Persepolis: 고대 페르시아 제국의 수도. B. C. 331년에 알렉산더 대제 Alexander the Great의 침략을 당했다.

상상 속 런던에 미치지 못하던 때가 있었네.
어린 시절 공상의 화살이 표적을 벗어나
훨씬 멀리 날아갔기 때문인지 아닌지는,
물을 필요도 없었고, 마침 우리 또래들 중,   90
날 때부터 다리를 절었던 한 친구[13]가
학교를 결석하고 런던에 갔었네. 모두가
부러워한 운 좋은 여행자였지! 며칠 후
그 소년이 돌아오자, 나는 호기심에 차서
그의 얼굴과 모습을 살폈으나, 그의 표정이나 태도에서,
마치 요정 나라 같은, 새로운 지역을 다녀온
어떤 변화를 발견할 수 없었기에, 정말로
실망을 금치 못했네. 그에게 많은 것을
물었으나, 그가 내뱉은 모든 말들이 내 귀엔,
예측 불가능한 엉뚱한 대답을 함으로써   100
묻는 이의 진지함을 조롱하는 새장의 앵무새
소리보다 더 단조롭게 들렸네. 놀라운 것들이
내 부푼 공상 속에 (어린아이의 가슴속에
거의 두려움 자체만큼이나 깊이 자리 잡고
강한 듯 보이는 날렵한 **영**으로) 떠올라
날 즐겁게 했었네. 주교관을 쓴 주교들,
흰 모피를 두른 귀족들, 왕과 왕궁 그리고
마지막 사람도, 가장 하찮은 존재도 아닌,

---

13 필립 브레이스웨이트Philip Braithwaite: 워즈워스는 훗날 혹스헤드 근처의 파 서리Far Sawrey 학교의 교장이 된 필립을 방문하게 된다.

하늘이여 그를 축복하시길! 저 유명한 런던 시장 등
당시 마음속에 그렸던 것들을 지금 돌이킬 수 있다면,　　　　110
한때 어린 휘팅턴¹⁴이 친구 하나 없이
울적한 심정으로 돌 위에 걸터앉아
종소리에 실려오는 메시지를 들었을 때,
마음속에서 삶의 목적을 바꾸게 했던 꿈들과
다르지 않은 꿈들을. 그러나 이 모든 것 위에,
나를 집요하게 괴롭히던 생각은, 어떻게 사람들이,
심지어 옆집 사는 이웃 간에도 서로 이름조차
모르는 채 이방인들로 살아가는가 하는 것이었네.

　오, 언어의 놀라운 힘이여, 단순한 믿음에 의해
우리가 사랑하는 의미를 취할 수 있다니!　　　　120
복스홀과 레인래프¹⁵여! 그때 난 그대들의 푸른 숲들,
별빛마저 흐릿하게 만드는 줄줄이 늘어선
램프들, 마술 같은 불꽃놀이, 그리고 휘황찬란한
둥근 천장 아래서 우아하게 춤추거나, 꾀꼬리 같은
소리로 정령의 노래를 부르는 아름다운 숙녀들에 관해
들었었네! 또한 이에 못지않은 기쁨으로써,

---

14 리처드 휘팅턴Richard Whittington: 전설에 의하면, 휘팅턴은 소년시절에 "런던 시장 휘팅턴아 진로를 바꾸라"는 성 메리-르-보우St. Mary-le-Bow의 종소리를 들었다고 한다. 그는 런던 시장을 세 차례 지냈고, 1423년에 죽었다.
15 121~41행에서는 런던의 관광명소들이 소개된다. 복스홀Vauxhall과 레인래프Ranelagh는 템스Thames 강가에 설치된 놀이동산으로서 무도회, 가면무도회, 불꽃놀이 등 다양한 오락거리를 제공했다. 둘 중에서 복스홀이 규모도 더 컸고 인기도 더 높았다.

또 다른 종류의, 대낮에도 감상이 가능한
영구적인 경이의 대상들을 공상해보았으니,
멋진 다리들 뽐내는 강,[16] 세인트 폴 대성당의
아찔한 꼭대기와 속삭이는 회랑,[17] 웨스트민스터   130
사원[18]의 무덤들, 길드홀의 거인들,[19]
베들럼[20]과 그 입구에 새겨진, 영원히 누워 있는
미치광이의 조각들, 드넓은 광장 한가운데,
꽃 만발한 정원을 장식하며, 금도금을 한 ―
인물과 그가 탄 말의 ― 휘황찬란한 조각들,
기념탑,[21] 그리고 영국 군주들이 군마에
걸터앉은 채 길게 늘어선, 런던 타워의
무기 전시실 ― 근사한 마상시합을 위해서건,
전쟁터의 삶 또는 죽음을 대비해서건,
군주들이 입은 번쩍이는 갑옷들에 새겨진   140
모든 모조 전투 장면들이 그것들이네.

---

16 템스 강.
17 세인트 폴 대성당 내부 둥근 천장의 회랑. 원형의 벽면을 따라 소리가 전달되며, 어떤 특정한 장소에서 속삭이는 소리가 멀리까지 들리는 구조로 되어 있다.
18 웨스트민스터 사원: 런던에 있는 고딕풍의 교회. 국왕(여왕)의 대관식이 거행되며, 교회 안에 국왕, 여왕, 명사들의 무덤이 있다.
19 길드홀의 거인들 Giants of Guildhall: 나무로 새긴 곡 Gog과 마곡 Magog의 형상들. 1708년에 만들어진 것은 1940년 런던 공습 때 파괴되었고 전후 다시 만들어졌다. 이것들은 「요한계시록」 20:7~9에 근거를 두고 있으나, 대중적 전통의 일부가 되었다.
20 베들럼 Bedlam: 런던 동남부에 위치한 유명한 정신병원. 베들럼이라는 명칭은 베들레헴이 잘못 불려진 데 기인하며, 어느 사이에 고유명사로 굳어졌다. 이곳은 인기 있는 관광지였으며, 병원 입구에는 누운 정신병자들을 새긴 돌 조각품들이 놓여 있다.
21 기념탑 The Monument: 1666년의 런던 대화재를 기념하여, 1671~1677년에 크리스토퍼 렌 Christopher Wren 경에 의해서 화재의 발화 지점에 세워진 높이 62미터의 석조 기념탑.

이런 자유분방한 상상의 산물들은 세월과 함께
사라졌었고, 그 대신 다른 것들을 남겨놓았으니,
이제 난 생생한 장면을 실제로 바라보았고,
또한 친근하게 면밀히 살폈네. 그리고 종종,
엄청난 실망에도 불구하고, 관습법 따라
대상에 세금을 지불하듯, 예의 바르게
스스로 순종하는 마음으로 즐거워했네.

 일어나라, 지나치게 분주한 세상의 벌판에 세워진
그대 괴물 같은 개미 동산이여! 내 앞에서 흘러라,   150
그대 인간들과 움직이는 것들의 끝없는 물결이여!
모든 연령의 낯선 이들에게 ─ 경외심으로
고양되거나 승화된 경이로써 ─ 충격을 주는
그대의 일상적 모습, 어지러이 돌아가는 형형색색의
색깔들, 불빛들, 형태들, 귀를 먹먹하게 하는 소음,
얼굴과 얼굴 마주 보며 오가는 사람들,
스쳐 지나가는 얼굴들, 줄줄이 진열된 현란한 상품들,
상징들과 문장(紋章) 새긴 상호들과, 상인의 모든
명성을 높이 적은, 상점들 끝없이 늘어서 있으니,
여기, 집집마다 정면엔 흡사 책의 표제지같이   160
커다란 글씨들이 위에서 아래까지 적혀 있고,
저기, 현관문 위엔, 수호성인들처럼,
남자 혹은 여자의 우화적인 형상들,
또는 육군무장들, 왕들, 또는 해군제독들,

보일,²² 셰익스피어, 뉴턴, 또는 생전에
유명했던 돌팔이 의사²³의 매력적인 두상 등
실존 인물들의 얼굴들을 새겨놓았다네.

　그 떠들썩함이 계속되는 가운데, 마침내
우린 적에게서 도망치듯 그곳을 빠져나와
어느 한적한 구석으로 황급히 걸음을 옮기네,　　　　　　　　170
거센 바람 막아주는 피신처같이 조용한 곳으로!
거기서부터, 사람들이 드문드문한 곳을 따라,
이따금 펼쳐지는 광경들과 소리들을 기웃거리며
천천히 걸음을 옮기네. 여기서는 어린이들이
둘러선 가운데 핍 쇼²⁴가 열리고, 다른 거리에선
춤추는 개들, 혹은 익살꾸러기 원숭이 한 쌍을
등에 태운 단봉 낙타가 등장하며,
사보이²⁵ 출신 음송시인의 무리, 혹은
영국 태생의 외톨이 발라드 가수가
홀로 목청을 돋우네. 관(棺)처럼 음침한　　　　　　　　　　180

---

22 로버트 보일Robert Boyle: '보일의 법칙'으로 유명한 화학자이자 '영국학사원(The Royal Society; The Royal Society of London for Improving Natural Knowledge의 약칭)'의 창립 회원. 1662년 이래 영국 정부는 이곳을 통해서 과학적 연구를 장려했다.
23 제임스 그레이엄Jaems Graham: 1779년 런던의 아델피Adelphi에 건강원Temple of Health 을 세우고 사기 행각을 일삼았던 신용 사기꾼.
24 핍 쇼(peep show 또는 raree-show): 구멍이나 안경을 통해서 안의 것을 보여주는 구경거리.
25 사보이Savoy: 프랑스 동남부, 스위스, 이탈리아에 인접한 지방. 원래 사보이 공령(公領)으로 후에 사르디니아Sardinia 왕국의 일부가 되고, 1860년 프랑스에 할양되었다.

건물들의 안뜰, 그리고 필시 런던에서 가장
날카로울 듯한, 어느 여자 상인의 고함 소리가
울려 퍼지는 볼품없는 거리들이, 그때
우리의 성급한 발걸음을 곤혹스럽게 했을 터.
그 미로들을 따라가다 보면 어느덧,
오염되지 않은, 특권 지역들이 나오고
거기선 근면한 변호사들이 우아한 거처들에서
호수와 산책길과 녹색 정원들을 내다본다네.[26]

 그 후 다시 군중에 뒤섞여, 어느 한적한
장소에 이르기까지, 차츰 줄어드는 사람들의   190
물결을 따라가노라면, 거기서 거리는 넓어지고
교외의 신선한 공기가 미풍에 실려 흩어지며,
문 없는 벽엔 발라드를 적은 쪽지들이 주렁주렁
매달려 있고, 높이 걸린 거대 광고판들은
총천연색으로 눈앞에 밀어닥치네. 장점이
분명하기에 자신만만한 이것들은 낮게 걸리고,
가장 눈을 *끄는* 단어를 앞세운 *저쪽* 것은
아마도 눈속임 광고가 아닐까 싶네.
차츰 넓어지는 보도를 따라가노라면
강인한 인상에, 고달픈 삶으로 붉게 탄   200

---

26 워즈워스는 1792년 말 프랑스에서 돌아온 후, 형 리처드와 함께 스테이플 인 Staple Inn에서 살았고, 1795년 초에는 바실 몬태그 Basil Montague와 함께 그레이스 인 Gray's Inn에서 살았던 것 같다. 법조학원들 Inns of Court은 지금도 여전히 도심에서 많이 떨어진 지역에 있다.

얼굴을 위로 치켜든, 한 사람이 보이네.
그는 이곳은 물론 도처에서 맞닥뜨리는,
떠돌이 절름발이,²⁷ 몸통까지 바짝 절단하여
팔로 힘겹게 걷는 사람이네. 수부의 옷을 입은
또 다른 사람은 길게 누워 있는데, 그 옆엔
평평하고 납작한 돌들 위에 백묵으로 쓴
일련의 필체 좋은 글씨들이 보이네. 여기엔
간호사도, 일광욕 즐기는 독신 남자도,
게으름뱅이 군인도, 그리고 우아한 걸음으로
들판을 향해 산책을 나가는 부인도 있네. 210

   이제 점차 북적대는 거리를 지나 집으로 향하며,
눈에 잘 띄지 않는 군상들 가운데서,
모자를 손에 들고 구걸하는 굶주린 자,
멀리서 보기에, 작은 조각상들²⁸을 반듯이
머리에 이고 붐비는 거리를 조심스레 빠져나가는
이탈리아인, 바구니를 가슴에 바짝 끌어안은
유태인, 잔뜩 포갠 슬리퍼 꾸러미를 옆구리에 끼고
무거운 걸음을 천천히 옮기는 터키인을 본다네!

   충분했네. — 군중 속에서 각양각색의 인종들,

---

27 '거지 왕King of the Beggars'인 사무엘 홀시Samuel Horsey. 이 사람에 대해서는 찰스 램 Charles Lamb도 『엘리야Elia』 270~71행에서 생생하게 묘사했다.
28 아마도 성모 마리아나 성자들의 조각상들일 것이다.

태양 빛에 반사된 모든 다양한 색깔들과   220
각각 다른 형태와 얼굴을 한 사람들을
볼 수 있음에 흡족해하며 사색에 잠긴 채,
도도히 밀려오고 가는 인파를 관찰했네,
스웨덴인, 러시아인, 따뜻한 남녘에서 온
프랑스인과 스페인인, 머나먼 아메리카에서
온 사람, 사냥을 즐기는 인도인, 무어인들,[29]
말레이인, 동인도 수부들, 타타르족, 중국인들,
그리고 흰 무명옷을 입은 흑인[30] 여인들을.

   그 후, 여가 시간이 생기면 날마다,
실내에 전시된 걸작들을 관람했네, ― 모든 종류의   230
새들과 짐승들 그리고 모든 지역에서 수집한
희귀식물들, 그다음엔, 바다와 육지,
그리고 땅의 생김새와 기기묘묘한 절경을,
거울에 반사되듯, 사실적으로 묘사함으로써
실제 모습을 그대로 모방한 경치들을.
내가 여기서 말하는 것은, 세련된 방식으로
가장 순수한 목적을 이룬, 절묘한 창작품이 아니라,
인간의 나약함과 사랑들을 단순하게 드러내며
어설프게 만들어진 모방품들이라네.

---

29 무어인들Moors: 아프리카 서북부에 사는 베르베르Berber인과 아랍인 사이의 혼혈인 이슬람교도.
30 워즈워스는 1802년에 쓴 소네트들에서 흑인의 고통에 대한 연민을 드러냈다.

시야에 들어오는 경치는 하나도 남김 없이 240
모두 화폭에 담아내야만 직성이 풀리는
야망에 넘치는 화가가, 천사들 혹은 사명 띤
정령들[31]과 버금가는 능력을 갖추고서,
온갖 실물들은 물론 실물과 똑같은 모조품이
아래위, 앞뒤로 아득하게 펼쳐진 세계와 함께,
우리의 시선을 어느 높다란 산의 정상이나
바다에 떠 있는 배 안으로 고정시키든지,[32]
아니면 더욱 손재주가 뛰어난 장인들이,
여러 혼합된 채색기법을 응용하여,
목재나 진흙으로, 정확한 비율에 맞게, 250
성 베드로 성당 같은 명소나 사물들의 축소판
모형을 만들든지, 아니면 더욱 야심 찬 계획에서,
세밀한 눈으로, 로마 전체를 만들거나, 혹은,
우연하게도, 빼어난 시골 명소 — 티볼리[33] 폭포,
그리고 깎아지른 절벽 위에 높이 솟아
퇴락해가는 시빌 사원, 주변의 모든 나무,
넓은 벌판의 바위틈에 숨은 마을이나 오두막,
그리고 덤불과 돌과 미세하게 긁힌 자국까지 —

---

31 인간의 욕구에 맞도록 서비스를 제공하는 정령들.
32 244~47행: 18세기에 도입된 파노라마 기법으로 그려진 그림들에 대한 언급. 대형 풍경화는 대체로 관람자를 중심으로 둥글게 펼쳐지거나 전시된다. 229~315행에서는 실제를 있는 그대로 모방하거나 환상적인 것을 사실적으로 묘사하던(280~87행 참고) 당시의 예술창작기법에 대하여 언급한다.
33 티볼리Tivoli: 로마 근처 사빈Sabine 언덕에 위치한 마을. 이곳의 시빌Sibyl 사원은 18세기 영국 화가들이 즐겨 사용한 예술의 소재였다.

여행자가 거기서 보게 되는 모든 것을 제작하든지!

   말없이 정지된 이 진열품들에 덧붙여,   260
실제 사람들, 음악 그리고 바뀌는
무언극의 장면들로 구성된, 더 넓은 범주의
구경거리들이 다양하게 호기심을 자극했네.
수준도 가장 낮고, 의도 역시 가장 소박했지만,
그럼에도 자신만의 영예로써 충분히 빛났던,
절반쯤 시골에 위치한 새들러스 웰스,[34] 이젠
그 이름을 밝혀도 되지 않을까? 즐겁지 않으면
참지 못하는 것이 젊은이의 속성인지라,
그 당시 참아내기 어려웠음에도, 연거푸
이곳에 자리를 잡고, 거인들과 난장이들,   270
어릿광대들, 마술사들, 곡예사들, 광대들이,
온통 소동과 야단법석 가운데서, 재주 부리는 것을
(부끄럼 없이 덧붙이네만, 충분한 보상과 함께)
보았다네. 교육 받지 못한 자들의 본디 그대로의
꾸밈없는 반응을 지켜보는 것도, 믿음의 법칙들과
진보[35]를 주목하는 것도 심심찮게 즐거웠네.

---

34 새들러스 웰스Sadler's Wells: 1790년대 이슬링턴Islington 교외에 있었던 극장. 런던에서 5킬로미터 정도 떨어진 '절반쯤 시골'에 위치한 덕택에 런던 중심부의 극장들과는 달리 당국의 감시와 통제를 피했고, 따라서 대중적 오락거리를 더 많이 제공할 수 있었다.
35 믿음의 법칙들과 진보the laws and progress of belief: 극적 환상dramatic illusion에 관한 낭만적 흥미를 나타내는 표현으로서, 이것은 시적 믿음poetic faith을 설명하는 콜리지의 유명한 정의 — '잠시 동안 기꺼이 불신을 멈추는 것that willing suspension of disbelief for the moment' — 로 발전된다.

이 길에서는 고집불통인 우리가 저 길에서는
얼마나 기꺼이, 또 얼마나 멀리 가는가!
예컨대, 거인을 무찌른 용사, 잭[36]을
무대 위에 불러 세웠을 경우, 그는   280
'그믐과 초승 사이, 텅 빈 동굴에 숨은 달처럼,'[37]
살아 있는 유한한 인간의 눈에 가려진 채,
어둠의 외투를 걸치고, 무대 위에서
걷고, 기이한 일들 벌이지 않는가!
대담한 속임수네! 그걸 어찌 다 형용하겠나?
그가 입은 옷은 죽음처럼 검고, '안 보임'
이란 글자만이 가슴에서 불꽃처럼 번득이네.

　예술의 여명기에 그리스 희극들이 보여주었듯,
여기[38]서도 거칠고 대담한 '시대의 양상들과
모습들' 볼 수 있었고, 실존 인물들의 드라마와   290
아직 열기가 가시지 않은 최근 사건들, 그리고
해전(海戰), 난파선 혹은 용감한 형제들[39]의
최근 공연처럼 **진실**이 폭로되고 **명성**으로 부풀려진,
그 경박한 장소에 걸맞기엔 너무 심각한 주제인
누군가의 가정사 — 다름 아닌,
오 멀리 있는 벗이여! 우리 고향에서 일어난,

---
36 '거인을 무찌른 용사, 잭'에 대하여는 131쪽 주 31 참고.
37 밀턴의 『투사 삼손 *Samson Agonistes*』 89행, 눈먼 삼손의 절규로부터의 인용.
38 새들러스 웰스 극장.
39 용감한 형제들 daring brotherhood: 새들러스 웰스의 배우들을 말한다.

버터미어 처녀[40] 이야기를 다뤘네 —
착실한 자기 부인을 속이고 버린,
부정(不貞)한 악한이 어떻게 거기 나타나서,
잔인하게도 사랑과 결혼서약을 조롱하며,   300
꾸밈없는 산골 처녀에게 구혼하고 그녀와
결혼했나 하는 사연을. 이 말에 그대는,
이 넓은 세상에서 그녀의 이름이 회자되기 전,
우리가 그녀를 처음 보았던 순간을 회고하겠지,
들고 날 때마다, 흔치 않은 우아함을
풍기는 그녀의 얌전한 자태와 몸가짐에
감탄한 나머지 말을 잇지 못하면서,
시골 여관에서 일하는 그녀를 보았던 때를.[41]
그 후 우린 낯설거나 어색함 없이
그녀를 보았지, — 그녀의 사려 깊음,   310
올곧은 견해들, 섬세하고도 조신함,
인내심 그리고 내성적으로 참아내는
온유한 마음에겐 모욕적인 빛이랄 수 있는
칭찬과 과도한 대중의 시선으로 오염되지 않은
겸손한 마음가짐을 지켜보았던 것이네.

---

40 버터미어 처녀 The Maid of Buttermere: 1802년 10월에 워즈워스의 고향인 호수 지역, 버터미어에서 여관집 딸 메리 로빈슨 Mary Robinson이 속아서 유부남과 결혼하는 사건이 발생하게 되는데, 이 실화를 토대로 한 연극이 1803년 4월과 6월 사이에 새들러스 웰스에서 「에드워드와 수전 Edward and Susan」 또는 「버터미어의 미녀 The Beauty of Buttermere」라는 제목으로 상연되었다. 그녀를 유혹한 존 해트필드 John Hatfield는 교수형을 당했다.
41 워즈워스와 콜리지는 도보 여행을 하던 때인 1799년 11월 11일에 버터미어의 피시 인 Fish Inn에 머물러 메리 로빈슨의 시중을 받은 적이 있다.

이 추도의 찬사⁴²로부터 나의 주제로
돌아올 바로 그때, 잡다한 형상들 —
우리가 밟았을 법한 길에서 마주쳤던 형체들 —
안에 섞인 그대 모습이 다시 떠올랐소,
버터미어의 처녀여! 그녀는 태어나고   320
자란 바로 그곳에서 평화롭게 산다네,
세속에 오염되지 않은 채
조용하게, 근심 걱정도 없이.
그녀의 갓난아기는, 산골짜기 교회 곁
흙 속에 잠들어, 폭풍우가 휘몰아칠 때면,
어떤 위험한 곳으로부터 그곳으로 옮겨진
어린 양처럼 두려움 없이, 조그만 바위 같은
돌무더기 밑에서 쉬고 있네. 어머니와 아이!
그들 모두 행복하네. 이 느낌들은 그 자체로는
하찮으나, 습관적으로 세상의 범죄들과   330
슬픔들을 경시(輕視)하는 법을 배우기 전인,
우리의 천진한 어린 시절을 생각할 때는 결코
그렇게 여겨지지 않네. 그 단순한 날들이
이제 내 주제라네. 그리고 아직 기억 속에
남아 있는 장면들 중 으뜸가는 것 하나
떠오르고, 그 중심엔 사랑스러운 **아이**가 있네,

---

42 시의 주제에서 벗어난, 메리 로빈슨에 관한 이야기. 여기서는 '추도memorial'라는 표현을 쓰고 있으나, 그녀는 살아남아, 훗날 같은 지역에 사는 농부와 결혼했다.

난 지 여섯 달 정도밖에 되지 않아,
겨우 옹알이를 할 만큼 자랐던
방실거리는 아가 — 엄마의 목에 매달린
어떤 아가만큼이나 예쁘고, 득의만면한   340
아빠가 자애롭게 응시하던 아이가.
또한, 큰 키와 커다란 검은 눈 탓에
쉽게 눈에 띄는 아기 엄마가 그 곁에
서 있었는데, 그녀의 뺨은 거짓 홍조로 물들어,
가까이 있는 모든 물체에 가차 없이 쏟아지는
극장의 조명이 뿜어내는 번쩍거리는 빛과
너무도 잘 어울렸네. 그 아이는 어디서건
저를 바라보는 모든 이들에게 자랑과
기쁨이 되었으련만, 이곳에서만큼은
구름 속에서 떨어진 이방인처럼 여겨졌네.   350
아이라고 하기엔 힘이 넘쳤던 팔다리에,
뺨은 4분의 3쯤 피어난 여름 장미를
닮았던 — 산골아이 — 바람이 살랑대는
산골 오두막 문 옆에서, 혹은 어느 아늑한
골짜기에서, 자연의 선물을 그토록 넘치게
받은 아기가 일찍이 눈에 띄었다면 말이네.
이 아이는 음식이 차려진 식탁 위에 앉혀졌네,
방대한 극장에서 *그의* 작은 무대 위에.
그리고 거기서 오가는 어중이떠중이,
주로 방종한 남자들과 수치심조차 없는   360

여자들에 둘러싸여, 소낙비 개인 뒤
앞다퉈 지저귀는 새소리인 양, 욕지거리와
웃음과 저속한 말들이 주변에 넘치는 동안,
보살핌과 사랑받고, 먹고, 마시고, 과일과
유리잔을 갖고 놀았네. 이제 그 엄마에 관한
기억은 희미해졌지만, 그 사랑스러운 아이는,
비참한 거짓 즐거움에 둘러싸인 그 애를 보았던
그때처럼, 지금도 눈앞에 생생하게 떠오르네,
머리털 하나 그슬림 없이 불타는 용광로 속을 걸었던
소년들[43] 중 하나인 듯. 검은 속내와 악의를 품고 370
중얼중얼 내뱉은 선동적 주문들과 주술적 말들이,
누군가의 믿음처럼, 꼭 필요한 성장을 멈추게 했네.
아, 이 아름다운 피조물이, 자연의
아주 특별한 총애 받아, 어린 시절에
영원토록 머무를 수 있도록 하려면
얼마나 다른 영으로 기도했어야 했을까!
하지만 우주의 수레바퀴에 실려 세월은
굴러가고, 이 해맑고 순수한 소년은,
메리여![44] 이제 장성하여, 산골짜기 교회 곁에
평화롭게 잠들어 있는 그대의 이름 없는 380
아가를 부러운 시선으로 바라보겠지.

---

43 바빌론 왕 네부카드네자르Nebuchadnezzar에 의해 극렬히 타는 용광로 속에 던져졌으나, 머리털 하나 그슬리지 않고 아무런 상해 없이 그 속에서 나왔던 세 소년 사드락Shadrak, 메삭Meshak, 아벳느고Abednego에 관한 이야기(「다니엘서」 3:23~26).
44 앞서 언급한 버터미어의 처녀, 메리 로빈슨.

목가적 언덕들 지나 남쪽으로 여행하면서,[45]
내 생애 최초로, 불경스러운 말을 일삼는
여인의 음성 들었고— 또한 사악한 치부를
드러내고 사회악을 자랑 삼아 떠벌리는
여인을 보았던 때로부터 신속히 가버린
4년에 관해선 거의 말하지 않았었네.
난 등골이 오싹했네, 단박에 인간 종족을
둘로 나누되, 외양은 같게 유지하면서,
인간을 인간에게서 분리시키는 어떤　　　　　　　　　　390
장벽이 가로놓이는 듯했기 때문이네.
그 광경을 보자 마음의 고통과 함께
진지한 명상이 뒤따랐네. 오랜 세월 후엔
그런 장면을 보아도 다소 누그러진 슬픔,
순수한 연민의 정, 그 개인에 대한 비애와
영혼의 아름다움이 훼손된 데 대한 서글픔을
느끼는 정도였으나, 당시는 그 상태로부터
멀리 벗어나지도 못했고, 그러고 싶지도 않았네,
사실상 슬픈 감정이 날 그곳에 멈추게 했네.

　　그러나 이제, 차분한 마음으로, 우리의　　　　　　　　400
이야기를 정리하려네. 소일거리만을 찾아 헤맸던

---

45 워즈워스는 1787년 10월 남쪽 지방인 케임브리지로 여행을 했다.

곳에서 관찰되는, 실생활의 우연한 사건들이,
무대 위의 짜인 사건들과 엄밀히 계산된
열정들을 얼마나 훌륭히 능가했거나
날려버렸는지에 대해선 충분히 언급했네,
시돈스⁴⁶가 제아무리 열연을 했더라도 말이네.
하지만 극장은 내게 소중한 기쁨의 장소였네.
번쩍이는 금박, 램프들과 소용돌이 무늬들,
그리고 극장의 모든 조야한 실내 장식품들이
살아 움직이는 듯했으며, 즐거움의 물결이   410
한차례 빠져나가자마자, 계속 바뀌는
근엄하거나 명랑한 무대 인물들과 더불어
다시금 밀려들었다네, 어느 아름다운 여인이
구름 사이로 비추는 달처럼 광채 발하며,
나무들 빽빽이 우거진, 깊은 숲 속을 지나갔든지,
혹은 최고 권력자인 왕이, 요란하게 울리는
나팔 소리를 신호로, 세속적 위대함을 최대로
과시하는 화려한 차림으로, 조신(朝臣)들과
깃발들과 호위병들 줄줄이 거느리고 등장했든지,
혹은 남루한 옷을 걸친 포로가 가느다란 수갑을   420
쩔렁거리며 끌려갔든지, 혹은 말괄량이 소녀가
방방 뛰거나 깡충거리며 허공을 쳤든지,
혹은 중얼대는 노인이, 온통 얼기설기 얽어맨,

---

46 사라 시돈스(Sarah Siddons, 1755~1831) : 찰스 켐블Charles Kemble의 누이로서, 1790년대에 전성기를 누렸던 당대 가장 유명했던 여배우.

허섭스레기 같은 누더기를 걸친 늙은
허수아비 꼴을 하고, 지팡이에 의지하여
절름거리면서, 이따금 그 지팡이로
딱딱한 무대를 쳐서, 무대로 하여금 제법
큰 소리로, 그토록 오랜 세파에 짓눌린 늙은이가
처할 곳이 어딘지 말하도록 했든지 말이네.
아무려면 어떻겠나! 웃음, 싱글거림, 찌푸린 얼굴,   430
서로 상대를 능가하고자 꾸며대는 별난 짓거리들,
이들 중 가장 하찮은 것 하나도 빠짐없이, 모두가
열렬한 환영을 받았네. 공연이 있는 밤이면 시종,
공연과 공연, 그리고 머리와 머리가 맞닿을 만큼
운집한 관객들 사이로, 또 소란스러운 소동이나
말다툼이 벌어지는 구석구석, 내 마음도, 말하자면,
얼마나 열심히 눈빛을 빛내며, 이곳저곳을
두리번거렸던가! 바람이 소용돌이치는 가운데,
밀집들과 부스럭거리는 나뭇잎들 속에서 장난치는
새끼 고양이처럼, 재미 삼아 긴장하고 또   440
면밀히 살피면서. 그간의, 참으로 조붓한,
세월의 공간을 통해 볼 때 가히 낭만적이라 할!
황홀하고 달콤했던 시절이여! 왜냐면 당시,
거룩하고 숭고한 명상에 잠기는 것에도
확실히 상당한 진전을 보이긴 했지만,
이러한 장면을 볼 땐, 뭐랄까 순진한
어린이 같은 신선한 빛이 아직 남아 있었고,

극장의 즐거움은 우연하게도, 허술한 헛간을
대충 꾸며 시골 극장으로 대신했던 시절,
어쩌다 여름 저녁, 뜻하지 않게, 낡은 벽의   450
갈라진 틈새로 비춰오는 환한 햇빛 한 줄기를
보게 되면, 내가 거기 있다는 생각만으로도,
누구나 보는 태양 빛으로는 볼 수 없는
일에 열중하여 부산히 움직이는 요정들로
가득 찬, 이야기 속 눈부신 동굴 안으로
들어간 것보다도 훨씬 더 기뻤던,
그 시절로부터 이어져 내려왔다네.

   지금 우리를 지체시키는 주제가 많은 이들에겐
충분히 품위 있는 것도, 노력을 요하는 것도 아닌 듯
보일지 모르네, 그러나 인간의 내면을 응시하면서,   460
파괴되기 쉬운 우리네 삶의 시간들을
서로서로 묶어주는 끈들, 그리고 기억과
생각의 세계를 존재하게 하고 유지시키는
기이한 버팀목들을 보아온 사람들에게
조롱당하진 않을걸세. 더욱 고상한 주제들,
적어도 보다 자랑스러운 얼굴을 한 것들이
우리의 주목을 간청하네만, 그러한 것들을
생각하면, 상상력이 내 안에서 사그라짐을
느끼네. 심지어 비극적 고통들에 억눌려
가슴이 터질 것 같은 때조차 상상력은 잠들었고,   470

가슴 부푼 젊음의 계절에도 상상력은
내 흐느낌과 눈물들 사이에 잠들었다네.
내가 어느 누구보다 더 열렬히 감동받고
장면이 바뀔 때마다 즉각 고분고분하게
대응했을지라도, 그 폭풍우는 내 마음의
외곽 저 너머로 지나가지 못했기 때문이네.
연기와 표정으로 표출된 무대 위의 현실들,
시인의 세계 안에서 조화롭게 움직이는
정신들이 육화(肉化)되어 드러난 장면들이
이상적 장엄함에 도달하거나, 대조의 힘을 빌려, 480
나로 하여금, 위대한 셰익스피어의 책을 덮고서
나 홀로 음미하고, 생각하고, 느껴보았을 때,
내가 이미 형성했었고 또 아직 형성하지 못한 것들,
이미 보았었고 또 거의 보지 못한 것들을
단박에 깨닫게 할 경우를 제외하고서.[47]

   우리는 그런 공공연한 여흥거리들을 뒤로하고
보다 더 명성 높은 다른 것들을 찾아나섰네,
하지만, 적어도 젊은 시각으로 판단하건대,
이름이 암시하는 것보다는 여흥에 더 가깝다고 할,
말하자면, 법복 입은 판사 앞에서 법정공방 벌이는 490
변호사들의 다툼들, 또는 번지르르 말 잘하는

---

[47] 워즈워스는 자기 마음속에 절반쯤 그려지고 절반쯤 표현된 사물을, 시인(셰익스피어)의 상상의 세계를 통해서 동일시할 수 있을 때만 깊이 감동받았다는 뜻.

상원의원들이 존경과 부러움 받으며, 임무수행하는

저 대단한 곳 말이네. 오! 이들 중 으뜸가는 한 사람,

옛적에 헨리 5세 해리가 말한 베드포드, 글로스터,

솔즈베리처럼,[48] 우리가 어릴 적부터,

일상적으로 친숙하게 그 이름을 들었었던

한 사람[49]이 자리에서 일어났을 때,

내 가슴은 얼마나 뛰었던가. 조용히! 쉿!

이건 하찮은 것도, 살짝 날아오르는 기지도,

힘겹게 이어지는, 더듬대는 짤막한 연설도 아니라네.   500

아니고말고! 그 웅변가는 젊은 오로라처럼,

시간들을 자기 전차에 묶어놓았으니,[50]

매우 환영받는 **존재**였네! 그토록 찬란한 영광으로

밝아오는 길을 주목하는데 어떻게 인내심 잃고

잠시라도 지루해하겠는가! 모두가 빠져들고,

놀랐네. 이야기 속 주인공처럼, 그가

결코 끝나지 않는 뿔피리를 계속 불어대니,

말이 꼬리를 잇듯, 의미도 꼬리를 잇는 듯하네.

초월적이고 초인적으로 들리던 말솜씨가

---

48 셰익스피어의 『헨리 5세 Henry V』에서 왕은 베드포드Bedford, 솔즈베리Salisbury, 글로스터Gloucester와 같은 이름들이 아쟁쿠르Agincourt 전투 참전 경력으로 인해 친숙한 '일상적 언어'가 될 것이라고 예언했다(4막 3장 51~55행).
49 (한 번의 공백기를 포함하여) 1783년부터 1806년까지 국무총리를 지냈던, 윌리엄 피트 William Pitt.
50 새벽의 여신 오로라Aurora는 아침 햇살과 함께 밝아오는 길을 따라 전차를 타고 바다에서 떠오르는 것으로 되어 있다. 여기서는 피트의 연설이 시간이 경과함에 따라 무르익어감을 암시한다. 즉, 그가 긴 연설을 할 수 있는 능력의 소유자라는 뜻.

젊은이의 귀에조차 지루하게 여겨질 때까지, 510
기억력도 논리도 얼마나 탁월했던가!

    버크[51]의 영이여! 허울 좋은 경이로움에 유혹당하고,
저 광경을 전하는 데 너무도 느린 펜을 용서하시라,
꾸밈없는 사람들, 우쭐대던 지도자들을 불신하기
시작하며 곤혹스러워하는 사람들,[52] 그리고
지금은 말없이 차디찬 무덤에서 영원히 침묵하는
그대의 가장 웅변적인 말을 통해 더 현명해지려 했던
현자들, 열광적으로 사로잡힌 청중들의 모습을!
내 눈앞엔, 노년이지만 여전히 활기찬 그가,
잎이 무성한 원줄기에서 사슴뿔 같은 가지들이 520
뻗기 시작하여, 숲의 묘목들을 더욱 압도하는
떡갈나무처럼 서 있네. 그러나 어떤 이들은—
추상적 권리에 입각한 모든 제도에 반대하여[53]
그가 미리 경고하고, 비난하고, 예리한 조롱을
퍼붓고, 세월 따라 신성해진 **제도들**과 **법률들**을
근엄한 태도로써 선포하고, **관습**에 의해

---

51 512~43행: 프랑스혁명을 극렬히 반대했던 보수주의 정치가, 작가, 뛰어난 웅변가로 알려진 에드먼드 버크(Edmund Burke, 1729~1797)를 칭송하는 내용. 그러나 이 부분은 1832년에 가서야 삽입되었고, 1791년 당시 젊은 워즈워스는 버크의 견해에 비판적이었다.
52 '곤혹스러워하는 사람들' 가운데는, 한때 주저 없이 프랑스혁명을 지지했던 워즈워스 자신도 포함되었을 것이다. 여기서 '우쭐대던 지도자'로 제쳐놓은 사람들 중에는 프라이스 Price, 페인 Pain, 고드윈 Godwin 등이 포함된다.
53 버크는 인간에게 타고난 추상적 권리가 있다는 견해에 반대했다. 그 대신, 인간의 권리는 국가의 전통과 관습, 그리고 국왕의 신성한 권리에 의해 결정된다고 믿었다.

소중해진 사회적 유대의 활기찬 힘을 선언하고,
그리고 심한 모멸감을 드러내면서,
급조된 **이론**을 타파하고, 인간이 나면서부터
마땅히 바쳐야 할 충성⁵⁴에 대해 설파하는 동안 —   530
어떤 이들은 — 말하자면 고집스러운 군중들은 —
(진리는, 사랑하지 않으면 미워하는 법이므로)
군주의 사슬에 부딪쳐, 아이올로스 동굴 속을
어지러이 나뒹구는 바람⁵⁵처럼 숙덕거린다네.
그 시대는 불길한 변화들로 커져버렸기에, 매일 밤
첨예한 갈등들 생겨났고, 격정의 검은 구름들 일었네.
그러나 지혜가, 제우스의 머리에서 튀어나온 여신⁵⁶처럼,
빛나는 언어들로 완전무장하고서 불쑥 나타나
의회를 깜짝 놀라게 했던, 잊을 수 없는 순간들도
더러 끼어들었네. 이럴 때, 젊은이라면, 그리고   540
옛 이야기에 정통하고, 일찍이 고전적 웅변의 위엄에
가슴 부풀었던 사람이라면 감사의 마음 없이,
영감을 받지 않고, 앉아서, 보고, 들을 수 있었겠나?⁵⁷

강단의 설교 역시 실패 없이

---

54 군주에 대한, 또는 과거에 제정된 헌법에 대한 충성.
55 바람의 신 아이올로스는 모든 바람을 사슬에 묶어 동굴 속에 가둬두었다고 한다.
56 갑옷으로 완전무장을 하고서 제우스Zeus의 머리에서 튀어나왔다는 지혜의 여신 아테나 Athena.
57 워즈워스는 당시 젊은이였던 자신이 버크의 연설에 감동받았음을, 수사학적 질문을 통해서 간접적으로 표현한다.

더욱 고귀한 승리를 거두었네. 경고의
말씀도 충분히 느껴졌고, 영혼을 파헤치는
다양한 능력 받은 입술을 통해 전달된
무서운 진리들도 가볍게 들리지 않았네.
하지만 종종 장광설을 쏟아붓던, 오만한
과시는 그 장소에 얼마나 거슬렸던지! ─ [58]   550
거기서 나는 반듯한 젊은 목사를 한 명 보았네,
그는 두어 시간 몸단장을 한, 말쑥한 차림으로
강단에 올라, 천사의 표정으로 위를 쳐다본 다음
일부러 정교하게 꾸민 낮은 어조로 설교를
시작한 후, 미뉴에트[59] 박자로 빙빙 돌려가며
다양한 목소리를 내었네. 그러고는 이따금
입 모양을 가장 섬세한 관(管)처럼,
너무 작아서 겨우 알아볼 정도로
아주 작은 구멍처럼 오므렸다가,
다시 활짝 열어서, 절묘한 환희의   560
빛을 비추는 미소를 자아냈네.
한편 복음 전도자들, 이사야, 욥, 모세,
전에 「아벨의 죽음」[60]을 썼던 자,
셰익스피어, 그리고 음울한 주제 위로
천재성이 영감의 원천인 별만큼이나

---

[58] 544~50행은 뒤에 나오는 교회에 대한 풍자적인 묘사와 균형을 맞추기 위해 1838~1839년에 삽입되었다.
[59] 17~18세기에 유행한 3박자의 완만하고 우아한 춤.
[60] 「아벨의 죽음The Death of Abel」(1758) : 독일 작가 살로멘 게스너Salomen Gessner의 시.

총총한 상상력으로 빛났던 음송 시인,[61]

그리고 해안가 모어벤[62]으로부터 소환된

오시안[63] (의심 말게— 이건 적나라한 진실이니)—

이들 모두, 차례차례로, 모든 들판의 자랑인

이 아름다운 목자가 제 우리 속 양 떼를   570

다스리고 안내하도록 돕는 웅변의 지팡이[64]를

휘감을 장식들과 꽃들을 빌려주곤 했네.

　나는, 커다란 홀, 안뜰, 극장, 집회소[65] 혹은 상점,

공공장소나 사적인 곳, 공원이나 거리 등에서

멍청하게도 제 잘난 멋에 들떠서 남의 칭찬을

받고자 두리번거리는 숱한 사람들은 내버려두고,

다만 눈에 띄는 몇몇 표적들에만

시선을 던지네. 어리석음, 사악함,

현란한 제스처, 행동, 옷차림 그리고

남달리 돋보이고자 벌이는 치열한 경쟁,   580

솔깃한 거짓말들과 어디로 보나 진짜 거짓말들—

61　1742~1745년에「삶, 죽음, 그리고 영원에 관한 야간 사색Night Thoughts on Life, Death and Immortality」을 쓴 에드워드 영Edward Young.
62　모어벤Morven: 제임스 맥피어슨James Macpherson이 그의 '오시안Ossian' 서사시들인 『핑갈Fingal』과 『테모라Temora』에서 스코틀랜드 서북 해안에 붙여준 이름. 맥피어슨이 3세기의 게일어 원전을 번역했다는 '오시안' 서사시의 진위 여부는 번역판 출판 당시 (1762~1763)부터 문제가 되었으나 1805년에 결국 가짜였음이 드러났다. 그의 작품들은 게일어 민담시를 토대로 하였으나, 많은 부분 그가 지어낸 것임이 밝혀졌다.
63　오시안: 3세기경의 아일랜드와 스코틀랜드의 전설적 영웅.
64　목사의 웅변적인 설교: 남의 글에서 잘라낸 '꽃들'로 장식한 목자의 지팡이에 비유되었다.
65　집회소conventicle: 비국교도인 개신교도들이 예배하는 곳.

이것들 그리고 이것들의 감쪽같은 겉치레에
끝이 없었네. 그와 같은 볼거리들 즐비한
바로 그 현장에 있는 것이 즐겁긴 했지만,
그것들을 쫓아다니지도, 과찬하지도 않았고,
호기심 어린 눈으로 재빨리 간파해낸 것을
은근히 자랑스럽게 여기지도 않았네.
다만, 급하지 않은 용무로 길을 가는 여행자가
해변의 모래사장에 흩어진 조개껍질들, 혹은
6월의 들판에 무리 지어 피어난 데이지 꽃들을   590
쳐다보기라도 하듯, 오늘도 존재하고, 내일도
여전히 지속될 현상들의, 하나의 공통된
산물로서 그들을 기꺼이 주목했을 뿐이네.

 하지만 어리석음과 광기의 쇼는, 그것들의
소중한 거처인 여기서 가장 친숙하긴 하나,
학부에 갓 들어간 서툰 신참내기에 이르기까지
어디서나 볼 수 있는 흔한 광경이었네.
오히려 내 관심사는, 용기 혹은 고결함,
혹은 진실, 혹은 부드러움을 자아내는
저 낱낱의 광경들, 박(箔)을 둘러, 훨씬   600
감동적으로 보였던 것들을 주목하고, 기억 속에
간직하는 것이었네. 하나만 택하자면, 어떤 아버지에
— 그가 그 신성한 이름을 지녔기에 — 관한 걸세.
열린 광장에 나와서, 드넓은 목초지를 빙 둘러

울타리를 친 뽀족한 쇠말뚝들이 박힌,
나지막한 담의 주춧돌에 앉아 있는,
그를 보았는데, 이 **한 사람**은 병약한 아가를
무릎에 편안히 누인 채 말없이 앉아 있었네,
아가에게 햇빛을 쐬고 신선한 공기를
마시게 하려고 데리고 나온 것이었네. 610
그는 지나가는 사람들, 그리고 그를 바라보는
내 시선 따윈 안중에도 없이, 억센 팔에
(그 기술자는 팔꿈치를 드러내고 있었는데,
일터에서 잠시 빠져나와 있음이 분명했네)
아이를 안고서, 그가 찾아나섰던
햇빛과 바람 모두가 너무 강할세라,
아가 위로 몸을 굽히며, 형용할 수 없는
사랑에 찬 눈으로 가엾은 아이를 살폈네.

   산꼭대기를 휘감은 검은 폭풍우가
골짜기의 햇살을 돋보이게 하듯, 620
저 우글대는 거대한 인류의 집합소[66]가
개개의 형체들과 대상들에게 엄숙한 배경,
혹은 위안이 되어주고, 거기로부터 그들은,
느낌과 명상적인 시각을 위해, 타고난
그 이상의 활력과 힘을 이끌어낸다네.

---

66 런던을 지칭하는 표현.

난 얼마나 자주, 인파 넘치는 거리들에서
군중 속에 섞여 앞으로 나아갔으며,
혼자 중얼거렸던가, '내 곁을 지나는
모든 이의 얼굴이 불가사의라!'고.
그렇게 무엇을 어디서, 언제 어떻게 할 건지   630
골몰하며, 끊임없이 보고, 또 보았네,
눈앞의 형체들이 고요한 산 위로
미끄러지듯 날거나, 꿈속에 나타나는
환영의 행렬처럼 보일 때까지.
한 번은, 쉽사리 설명할 수 없는
이런 기분에 잠겨, 시시각각 움직이는
구경거리에 넋을 뺏긴 채 한참을 가던 중,
갑자기 (흔한 광경인) 어떤 눈먼 걸인과
맞닥뜨렸네. 얼굴을 치켜들고, 담장에
기대어 서 있던 그의 가슴팍엔   640
자기가 어디서 왔고, 누군지 밝혀주는
사연을 적은 이름표가 붙어 있었네.
그 광경을 보자 내 마음은 물의 힘으로 도는
바퀴[67]처럼 빙빙 돌았고, 이 이름표는
우리가 자신들과 우주에 관해서 알 수 있는
최대치를 나타내는 적절한 상징인 듯했네,
그리고 나는, 미동조차 없는 그 사람의 형체,

---

[67] 산업혁명이 '물의 힘으로 도는 바퀴들'로부터 시작되었다는 것을 상기할 때, 이 이미지는 당시로서는 매우 강력한 이미지였음을 알 수 있다.

꼿꼿한 얼굴과 시력이 상실된 눈을, 마치
또 다른 세계로부터의 경고인 양 응시했네.[68]

    외적 사물들의 토대 위에 세워지기는 하나,   650
이러한 구조물들은, 활기찬 정신이 주로
저 자신을 위해 세우는 것이네. 한편, 밤이면
찾아오는 평화처럼— 충분히 형성되어,
약간의 내적 도움으로, 인간 능력들을
사로잡는 다른 장면들이 있다네. 인간 삶의
거대한 조수가 잠시 멈출 때, 중간중간
자연의 휴식시간이 가져오는 깊은 엄숙함,
새날의 업무는 아직 시작되지 않았고,
사라진 날의 일은 무덤에 묻힌 듯 잠기어가고,
하늘과 땅이 한데 섞여 자아내는 고요함,   660
달빛과 별들, 텅 빈 거리들, 사막에서처럼
간혹 들려오는 소리들. 깊어가는 겨울밤
건강에 해로운 비는 세차게 쏟아지고,
아직 인적이 끊이지 않은 거리 모퉁이,
어느 불행한 여인[69]의 입에서 새어나오는
희미한 인사가 이따금 행인들의 귓가에
흩어지나, 아무도 주위를 돌아보지 않고,

---

68 「결심과 독립」의 거머리 잡이같이, 이 시의 눈먼 걸인도 '또 다른 세계로부터의 경고'처럼
    묘사된다.
69 거리에서 호객하는 창녀.

아무것도 경청하지 않는 시각. 하지만 이것들이
잘못 나열되었는지도 모르지. 존재하는 것들은
마음이 반응하거나, 가슴이 즉시, 또는   670
천천히 느끼는 것과는 같지 않다네. 그러면,
도시의 절반이 하나로 뭉쳐 열정, 복수, 분노 혹은
공포를 터뜨리는 시간들에 대해선 무어라 말하겠나?
처형 현장들,[70] 불타는 거리, 군중들, 소동들,
혹은 기쁨의 순간들에 대해서! 이런 광경들 중
일례를 들자면, ─ 지난날 순교자들이 고통당한
장소에서 열리고 성(聖) 바돌로매의 이름을 딴,
오랜 축제로 지켜온 장[71]이 그것이네. 거기선
완제품이 우리 손에 들어오고,[72] 그 제품이,
이 땅의 어떤 구경거리가 그럴 수 있다면,   680
인간의 모든 창의력을 잠들게 한다네! ─
우리가 뮤즈의 도움을 간청한다면, 뮤즈는
즉각 날아와, 군중의 압력과 위험이 닿지 않는
공중을 가볍게 떠돌다가 어떤 흥행사의
무대 위에 자리 잡을 것이네. 얼마나 놀라운 것들이
눈과 귀를 사로잡았던지! 얼마나 야만적이고

---

70 영국에서는 1868년까지 공개처형을 실시했다.
71 성 바돌로매 장 St. Bartholomew's Fair: 성 바돌로매 축일(8월 24일)을 기념하여 나흘간 열렸던 런던의 큰 장. 처음(1133~1840)에는 스미스필드 Smithfield에서, 그 후에는 이슬링턴에서 1855년까지 열렸다. 스미스필드는 메리 여왕 시절(1553~1558) 개신교 순교자들을 화형시킨 장소로, 이곳에서 열렸던 장이 워즈워스에게는 도시 생활의 무질서의 상징처럼 여겨졌다. 워즈워스와 도러시는 1802년 9월에 찰스 램을 따라 이 장에 갔다.
72 물건이 완성되어 손에 들어오므로 상상력이 개입할 여지가 없다는 의미.

지옥 같은 무질서와 소음, ─ 기괴한 색깔, 움직임,
형체, 광경, 소리의 환상적 광경이 펼쳐졌던지!
저 아래, 열린 광장은, 드넓은 지역의
구석구석마다 반짝거리고, 붐비는 사람들의   690
머리들로 활기차며, 중간 지역과 위쪽으로는
화가의 뛰어난 솜씨를 말없이 선포하는
야한 그림들과 커다란 족자들이 걸려 있네.
장대에 매달린 채 줄곧 떠들어대는 원숭이들과
회전목마를 타고 빙빙 돌아가는 어린이들.
사람들을 부르느라, 목을 길게 빼고
눈을 부릅뜨고, 앞다퉈 목청 높여 외치는
사람들. 서로를 향해 찡그리고, 비비 꼬고,
고함치는 익살꾼들, ─ 허디거디[73]를 타고
바이올린 소리에 맞춰 노래를 지어내고,   700
소금상자[74] 흔들고, 주전자를 북 삼아 치는 사람,
트럼펫을 부느라 두 뺨이 터질 듯 부푼 사람,
목에 은빛 깃을 세우고 탬버린 치는 흑인,
청색 반바지, 분홍색 조끼, 긴 깃털을 뽐내는
곡마사들, 곡예사들, 아낙들, 소년 소녀들─
온갖 지역에서 모여든, 각종 진기한 대상들이
여기 모였네─ 백인들, 몸에 칠을 한 인디언들,

---

73 허디거디 hurdy-gurdy: 류트 모양의 옛날 악기. 손잡이를 돌려서 타는데, 10~14세기에 애용되었으나 그 후 거지의 악기라고 해서 천시되었다.
74 소금을 담은 나무 상자. 흔들거나 두드려서 소리를 내도록 만든 일종의 악기로 주로 거리의 악사들이 사용했다.

난쟁이들, 영리한 말,⁷⁵ 유식한 돼지,⁷⁶
돌을 먹는 사람, 불을 삼키는 사람,
거인들, 복화술사들, 투명 소녀,   710
부릅뜬 눈알을 희번덕거리며 말하는 반신상,
밀랍 인형,⁷⁷ 시계 공예품, 모든 현대판 멀린⁷⁸들의
놀라운 솜씨, 야생동물들, 인형극들, 모두가
상궤를 벗어난, 억지 춘향의 왜곡된 모습들이며,
모두 자연의 변종들, 모두 프로메테우스적
사고의 산물로서, 인간의 우둔함, 광기, 재주가
모두 뒤범벅되어 괴물 집합소를 이뤘네.
한편, 장터 전체가 거대한 공장인 듯
텐트들과 간이매점들은 사방팔방으로
남자들, 여자들, 세 살배기 어린이들,   720
품 안의 아가들을 토해내고, 삼키고 있었네.

   오, 공허한 혼돈! 끝없이 동일하게
반복되는 사소한 일들의 소용돌이에 휩쓸려
하나의 정체성으로 녹아들고 축소되어,
가장 고결한 정신의 소유자들조차 피할 수 없고,

---

75 발을 쾅쾅 구르는 방식으로써, 숫자로 된 문제의 답을 맞히도록 훈련받은 말.
76 1817년의 런던 장에 소개된 '유식한 돼지, 토비Toby the Sapient Pig'는 사람들의 생각을 알아맞히는 것은 물론, 철자를 알고, 책을 읽고, 숫자를 세며, 카드놀이까지 할 수 있었다고 한다.
77 마담 투소Madame Tussaud가 수집한 무시무시한 밀랍 작품들. 곧 화정 당시 파리에서 만들어졌고 1802년에 영국에 들어와 전시되었다.
78 멀린Merlin: 아서Arthur 왕 전설에 나오는 덕이 높은 마법사, 예언자.

가장 강한 자들도 자유롭지 못한 억압의 굴레 속에,
아무런 법칙도 의미도 목적도 없이
각양각색의 모습으로 살아가는—
수천수만의 시민들에게 거대한 도시의
진면목을 보여주는 진정한 축도라네. 730
그러나 속성상 제어가 불가능한
그 광경이 눈을 피곤하게 할지라도,
가장 보잘것없는 것들 속에 잠재된
위대한 의미를 발견하는, 확고부동한 신념의
소유자에겐 꼭 그렇지는 않아서, 그는 부분을
부분으로 보되, 전체적 느낌 안에서 그런다네.
우리가 최초로 습득하는 것들 중 바로 이것이,
잡다하고도 가장 현격하게 다른, 다양한 교육
방식들을 통해 마련되고, 내가 갓 끝마친
교육에서도 적지 않은 기쁨으로써 이뤄졌네. 740
집중력이 도약하고, 이해력과 기억력이 흐르는 것은,
모든 지역에 펼쳐진 신의 작품들과의 이른 대화를
통해서 이루어지나, 단순함과 힘이 가장
명백히 나타나는 곳에서 주로 그렇다네.[79]
아득히 뻗어 있고 지금도 저 멀리 드넓게 뻗어나가는,
영겁을 흐르는 개울과 숲들이 유랑하는 인디언을
얼마나 고양시키는지 생각해보게. 사막의 모래벌판에선

---

[79] 노년의 워즈워스는 시골 출신의 사람들이 신에게 가장 접근하기 쉽다고 진실로 믿었다.

누구나 느끼듯, 얼마나 장엄한 경치가, 얼마나 신비스러운
아름다움이 햇볕에 그을린 아랍인의 눈앞에 펼쳐지는가.
그리고, 바다가 이 지역에서 저 지역으로   750
조류 흘려보내고, 측량할 수 없을 만큼 바다 생물의
무리를 증식하고, 구름군단을 흩뜨리고 드높이
날려 보내듯, ― 그렇게, 바다의 능력들과 양상들이
불변의 원칙들을 따라서, 인류를 위해
장엄함을 보는 영혼의 시야와 그것을 향하는
열망들을 형성한다네. 영속하는 태고의
언덕들도 이 같은 효험을 지녔고, 시시각각
변모하는 숲의 언어들도 그에 못지않게
잠자는 마음을 일깨우며, 제아무리 혼란스러운
생각일지라도 질서와 관계성을 지니고   760
움직이도록 돕는다네. 이제까지 그랬듯,
지금도 여전히, 흔히 바라는 것처럼,
진정 신중하게, 마땅한 자제력 잃지 않고,
이것을 자유로이 말해도 된다면―
런던이라는 거대한 도시에서 난 이것을 느꼈네.
거기서 **자연의 영**이 나와 함께했고,
아름다움의 영혼과 영속적인 삶이 내게
자연의 영감을 불어넣었고, 변변찮은 시구와
색깔들을 통해서, 그리고 자아를 파괴하는
일회적인 사물들의 압박 가운데서도,   770
평정, 그리고 품격 높이는 **조화**를 확산시켰네.

제8권

회상

인류 사랑으로 이어진 자연 사랑

헬벨린 산¹이여, 먼 거리 자체에, 소리를
더 잘 들리게 하는 힘이 있듯, 위로 올라가는
공기층에 실려, 그대의 정상까지 들려오는
저 소리들은 무슨 소리들인가? 어떤 무리가
저 아래 녹색 마을을 온통 뒤덮고 있는가?
고독한 산이여! 그대에게 그들은 큰 무리로
보이겠지, 사실은 때맞춰 처자들을 동반한,
목동들과 땅을 일구는 사람들, 그리고
여기저기 간간이 눈에 띄는 낯선 이들로
구성된 조촐한 인간 가족에 지나지 않지만. 10
그들은 시골 장을 여는 중이네 — 산 정상에

---

1 헬벨린 산: 호수 지역에 있는 높이 951미터의 산. 정상에서 내려다보면 해마다 9월 초에 열리는 그래스미어 장Grasmere Fair의 전경이 한눈에 들어온다고 되어 있다(도러시의 1802년 9월 2일 일기 참조).

머물던 구름 떼가 즐겨 찾던 휴식처를 떠나
바다 쪽으로 불려가거나, 안개마저 산산이
흩어져, 산머리가 뚜렷이 드러날 때면,
헬벨린 산은 고요한 휴식에 잠긴 채,
골짜기 이편과 저편에서 번갈아 열리는
축제 한 마당을 해마다 지켜본다네.
이 외딴 골짜기에 둥지 튼 모든 이에게
이날은 참 즐거운 날, 그래서 그들은 이날을
열렬히 환영하네. 정오의 볕 들기 한참 전,   20
외양간이나 들판에서 가축들이 끌려왔고,
양들은 우리에 가둬진 채 흥정이 시작되네.
새 주인의 음성에 불안해진 어린 암소는
구슬피 울고, 큰 소리로 매애매애 우는 양 떼.
번듯한 매점은 없고, 두어 군데 좌판이 전부라네.
절름발이나 장님도 나와서, 한 명은 구걸하고,
다른 한 명은 음악을 연주하네. 이곳엔 또한
책, 그림, 머리빗, 핀 따위 행상 품목들을
가득 담은 바구니를 팔에 걸고, 먼 곳에서
한 해도 거르지 않고 꼬박꼬박 나타나는,   30
나이 든 여인이 올해도 어김없이 등장하네!
핍 쇼 상자에 매달린 줄을 잡아당기며,
상투적 말로 관객을 끄는 호객꾼도 있고,
많은 세월 흐른 뒤, 단상에 서서 말재주 뽐내는,
더욱 기고만장한 순회 약장사나, 온갖 신기한

것들을 포장마차에 가득 실은 장사치도 오겠지.
하지만 거기에는, 골짜기에서 물건을 팔러 나온,
어여쁜 아가씨가 하나 있네. 그들 중 가장 사랑스러운
그녀를 보면 누가 물건을 사주지 않겠는가?
그녀의 상품은 아버지의 과수원에서 딴 과일인데,   40
그녀는 새로 맡은 이 일이 즐겁기도 하지만,
부끄럽기도 해서 계속 얼굴 붉히며, 때깔 좋은
농산물을 가지고, 군중 사이로 돌아다니네.
아이들도 지금은 부자, 오늘만은 어른들도
젊은이처럼 인심이 후하기 때문이지. 이 광경을
보는 것만으로도 만족스러운 어느 노부부가
그늘에 나란히 앉아 물끄러미 바라보는 동안,
'기분 좋은 미소가 떠올라 주름진 이마 펴주고,
어느덧 사라져버린 날들이 되살아나기 시작하며,
낮잠에서 저녁에 깨어난 사람의 눈에 비쳐오는   50
사그라지는 햇빛처럼, 희미하지만 더욱 고요한,
어린 시절의 모든 장면들이 눈앞에 어른거리네.' [2]
이처럼, 청년에서 노인으로, 노인에서 청년으로
퍼지는 즐거움과 유쾌함이 대기에 가득하여,
아무도 부족함이 없는 듯하네. ─ 그들을
아늑하게 감싸고 있는, 이 외딴 지역의
자연환경은 참으로 광대하고, 웅장하네.

---

[2] 48~52행: 워즈워스의 가장 오랜 지기이자 『서정담시집』의 출판을 맡은 조세프 커틀 Joseph Cottle의 「맬번 언덕들 Malvern Hills」(1798) 952~56행의 인용.

부드러운 파란 잔디 위로 돌아다니는 그들.
연약한 아기처럼, 가여울 만큼 사랑스러운
처절한 나약함 탓에, 그들과, 그들이 하는 일들,   60
또 그들이 추진하거나 방해할 수 있는 모든 것이
얼마나 작아 보이는가! 그러나 모든 것이 그들을 섬기니
이 또한 얼마나 위대한가! 말 없는 바위에서
반짝이는 아침 햇살도 그들을 사랑하고,
지금 높은 곳에서 그들을 굽어보는 말 없는
바위들도 그들을 사랑하며, 쉬어가는 구름도,
어디선가 흘러나와 재잘대며 흐르는 개울물도,
그리고 이날, 그들의 조용한 거처를 활기차게 하는
소요를 느끼는, 오랜 헬벨린도 그들을 사랑하네.

   자연이여, 사람과 사물들이 뒤섞여 혼잡스러운   70
저 거대한 도시에 머무는 동안, 난 마음 깊이
경건하게 느꼈다오, 그대에게, 그리고 미적 감각을
향해 최초로 내 가슴이 열린, 목가적 평화가 깃든
저 장소들에게 내 일찍이 얼마나 큰 은혜를
입었는지. 저 유명한 1만 나무들의 낙원,
혹은 (상상이 아닌, 저 웅장한 성벽, 방대한
중국의 만리장성을 능가하여) 무수한 사람들의
인고의 노역과 관대한 자연의 아낌없는 도움으로,
타타르 왕조의 기쁨 위해 지어진,
비길 데 없는 게홀의 정원³들보다도   80

훨씬 더 절묘하게 아름다운 지역에.
가장 광대한 제국의 기름진 토양에서는,
여기저기 산재한 환락궁들[4]과 더불어,
꽃 덮인 잔디밭의 화려한 꿈을 이루며
(마법인들 더 잘 해낼 수 있었을까?), 동방의
사원들 위한 그늘진 골짜기들, 꼭대기 장식을 단
사원들이 치솟은 양지바른 언덕들, 다리들, 곤돌라들,
바위들, 동굴들, 그리고 우거진 숲들이 순응하는
제 빛깔들을 길들여 서로에게 녹아들게 하고,
너무 정교하여 뒤쫓을 수 없는 미묘한 추격 속에   90
사라졌다간 또다시 사라지며, 혹은 조화를 깨지 않고
맞은편에서 불쑥 앞으로 다가서기도 하는,
열대 조류들의 산뜻한 깃털에 층층이 아로새겨진
색깔들처럼 강렬하고도 휘황찬란한 아름다움.
이 모두를 병풍처럼 빙 둘러 감싸 안은 산들.
그리고 흘러가고, 떨어지거나, 잠자는 강물로 인해
모든 경치가 끊임없이 풍요로움을 더해간다네.

   그러나 내가 성장한 낙원은 이보다 훨씬 더

---

3 게홀의 정원Gehol's garden: 게홀의 황제를 위해 지어진 환락궁. 한자로는 '1만 나무들의 낙원'이라고 불린다. 1792~1794년에 중국 대사인 매카트니 경Lord Macartney을 수행하여 중국에 다녀온 존 배로John Barrow의 『중국 여행기Travels in China』(1804)에 삽화와 함께 묘사되어 있다.
4 환락궁들(domes/Of pleasure): 콜리지의 「쿠블라 칸Kubla Khan」에 나오는 '장엄한 환락궁 stately pleasure-dome'을 암시하는 구절.

사랑스러웠으니, 이곳 못지않게 혜택 받고,
모든 감각에 더욱 감미롭게 스며드는, 자연의   100
태곳적 선물들에 둘러싸여, 태양과 하늘,
대기의 요소들, 그리고 변화하는 계절들을 보면서,
거기서 동료-일꾼으로 손색이 없는 인간—
자유로운 인간, 시간과 장소와 대상을 택하여
스스로 일하는 인간을 만난다네. 그의 필수품들,
위로들, 자연스러운 직업들, 관심사에 따라
유쾌하게 개인적이거나 사회적인
목적으로 인도되고, 구하거나 심지어
생각조차 하지 않은— 단순함과 아름다움과
타고난 우아함을 조용히 풍기는 인간을.   110

　그렇다네, 저 왕궁 정원들을 힐끗 보기만 해도
어린아이는 너무도 커다란 황홀감에 휩싸이고,
그토록 멋진 곳을 반시간쯤만 돌아다녀도
온갖 이미지들이 춤추듯 눈앞에 어른거려
몇 주일씩이나 단잠을 설치게 되리라.
그러나 그때마저, 녹색대지의 평범한 거처들과
그것들에 둘러싸인, 인간의 평범한 관심사들이,
둘 다 주목 받지 않은 채, 보이는 그대로
각각 서로의 도움을 받아가면서
어느 틈엔가 가슴속에 고정된다네.   120
내 경우, 친척들, 벗들, 놀이친구들에 대한

애정이 최초로 인간 존재의 절대적 자아를
향한 사랑으로 향하게 되었을 때,
저 괄목할 만한 마음의 너그러움이
샘물로부터 솟아났고, 지고한 자연이
제 아름다움으로 장식한 일들과 직업들을
지시하는 바로 거기서 대부분 넘쳐났으며,
날 최초로 기쁘게 해준 이들은 **목동들**이었네.
그러나 이들은, 새턴[5]이 라티움[6] 벌판에서
그토록 알맞은 기술과 법칙들로 다스렸기에,   130
삶으로써, 이 시대에 수고하는 우리에게까지
황금시대의 빛나는 전통을 남겨준 자들 같지 않고,
외딴 아카디아[7]의 요새 안에서, 자자손손,
잘 알려진 그리스 노래로 지복(至福)을
전해 내려온 목동들과도 같지 않고,
불운이 닥쳐와 집도 가정도 다 버려두고,
기구한 운명으로, 셰익스피어의 천재성과 함께,
천연 그대로의 아든 숲 속에 들어가,
피비가 가짜 가니메데[8] 때문에 한숨짓기 전,

---

5 새턴Saturn은 아들 주피터에게 자리를 빼앗긴 후 라티움에 황금시대Golden Age를 열었다. 129~44행에서 워즈워스는 문학작품에 묘사된 비현실적인 목가적 장면들을 소개하는데, 이 장면들은 그의 고향 웨스트모어랜드의 농촌 풍경과 대조를 이룬다.
6 라티움Latium: 현재의 로마 동남쪽에 있었던 고대 이탈리아의 도시국가.
7 아카디아: 고대 그리스의 펠로폰네소스Peloponnesus 반도에 있었던 고원. 주민은 목양을 업으로 삼고, 목가적이며 평화로운 도원경을 이루고 있다는 전설로 유명하며, 그리스, 라틴 전원시의 배경을 이룬다.
8 가짜 가니메데Ganymede: 셰익스피어의 『좋으실 대로As You Like It』에 나오는, 공작의 딸

양지나 음지에서, 혹은 축제의 여왕과 왕인   140
퍼디타와 플로리젤이⁹ 함께 춤추던 곳에서,
무수히 이어지는 시간의 최선의 열매들을
땄던 궁정의 무리와도 같지 않고,
스펜서가 지어낸 얘기와도 같지 않았네.
동틀 무렵 저 멀리서 5월의 가지¹⁰를 꺾어오며,
아직도 집에서 자고 있는 게으름뱅이들을
조롱하는 노래를 부르며, 삼삼오오 떼 지어
거리를 지나가는 (아마도 그¹¹가 보았을 법한)
아가씨들에 관해서, 정말이지, 나도 들었었네.
또한 아직도 기억이 생생한 사람들에게서   150
메이폴¹² 댄스와, 현관, 출입구, 혹은
교회기둥을 장식한 화환들에 관하여,¹³
그리고 연례적인 관습대로, 동트기 전에
저마다 짝을 동반하고, 무리 지어 쏟아져 나와,
신성한 샘터의 물을 마시고는 화환으로 샘터 주위를

　　로잘린드. 남장을 한 그녀를 보고 목녀 피비가 사랑에 빠진다.
 9　퍼디타Perdita와 플로리젤Florizel: 셰익스피어의 『겨울 이야기 The Winter's Tale』에 나오는, 양털 깎기 축제의 왕과 왕비이며, 보헤미아와 시실리아의 왕위 계승자들.
10　오월제May Day에 사용되는 산사나무 가지. 5월의 아침에 산사나무 혹은 다른 꽃가지들을 꺾어서 집으로 가져오는 이 전통은 영국 일부 지역에서 19세기 초까지 이어졌다고 한다.
11　스펜서.
12　메이폴May-pole: 오월제 동안 사람들이 주위를 돌면서 춤추거나 놀이를 하는 높다란 기둥. 꽃과 리본 등으로 아름답게 장식된. 메이폴은 1644년에 의회의 법령에 의해 무너졌고, 1660년의 왕정복고와 더불어 다시 세워졌으나, 이 풍습은 점차 약화되어갔다.
13　144~52행: 스펜서의 「목동의 달력The Shepherd's Calendar」에 나오는 '오월의 목가May Eclogue'를 암시하는 구절.

장식한 젊은이들에 관하여 들었었네. 사랑은 남았지만,
그 목적 위해 꽃들은 더 이상 자라지 않으며,
세월 역시, 너무 현명하고, 어쩌면 너무 오만하여,
이런 가벼운 풍미들을 던져버렸네. 내 어린 시절
눈여겨보았던 시골 생활의 방식과 습관들은   160
하찮으나 꼭 있어야 할, 필수적인 것만 갖춘
호화롭지 않은 생활의 소산일 뿐이었으되,
모두가 느끼는 진정한 아름다움으로 넘쳤네.
그러나 위험과 낙담의 이미지들, 엄청난
힘들과 형상들[14] 틈에서 고통받는 인간,
이들에 관해서 들었고, 상상력이 흔들릴 만큼
충분히 보았으며, 나 자신이 빈번한 위기로부터
자유롭지 못했고, 이야기들 또한 부족하지
않았네 ─ 지나간 시절의 비극적인 이야기들,
돌연한 위험들 그리고 기이한 도피들이, 그리고   170
어디를 가든, 불변의 바위들과 쉬지 않고 흐르는
강들이 이것들에 대해 말해주는 기념비가 되었네.

 옛적엔 양 떼와 목동이 아름다운 게일서스[15]

---

14 힘들과 형상들Powers and Forms: 워즈워스의 생각들이 유년기의 경험들로 돌아감에 따라서 '숭고함'에 대한 강조가 되살아난다. 여기서 형체들은 경치를 나타냄이 분명하나, 힘들은 아마도 교육의 힘을 일컫는 것 같다.
15 173~84행: 게일서스Galesus와 클리텀너스Clitumnus는 칼라브리아Calabria에 있는 강 이름들이며, 아드리아Adria는 이탈리아의 아드리아 해안을 말한다. 루크레틸리스Lucretilis는 호레이스의 사비니인 농장 위쪽에 위치한 언덕 몬테 제나로Monte Gennaro의 라틴 명칭이

강둑에서 긴 봄과 온화한 겨울을 나며,
순탄하게 살았고, 도금양[16] 만발한 아드리아
해변에 흩어져 살았던 무리들도 그러했었네.
목동의 삶은 순탄했고, 눈처럼 하얀 양 떼는
풍부한 클리텀너스의 신성한 물결[17] 위에서
승리의 축제들과 희생 제사들 위해
바쳐졌네. 염소치기도 그에 못지않게   180
평온하게 살았네, 수호성인의 음악으로
바위들을 진동시키며 모든 위험으로부터
양 우리를 지키는, 보이지 않는 신, 판의
피리 소리 들리는, 시원한 루크레틸리스의
유쾌한 벼랑 밑에서. 당시 다 큰 성인이던
나 자신도, 이 같은 목초지를 하나 보았네,
그곳은 비록 덜 관대하고, 덜 평온한 하늘 밑이긴
했어도, 공상을 마구 불러일으킴 직했네.
거기서 자연은, 자신만의 기쁨 위해
놀이터를 만들어, 평평한 초지를 꽤 넓게   190
펼쳐놓고, 숲은 군데군데 섬처럼 흩어놓고,
우거진 풀들로 둑을 이뤄놓았었네. 하지만

며, '수호성인의 음악'은 목양의 신, 판Pan의 음악을 일컫는다. 이 구절들은 라틴 시에 대한 워즈워스의 관심과 지식을 잘 보여준다.
16 도금양: 향기로운 하얀 꽃이 피는 상록 관목. 잎이나 열매에도 향기가 있어, 사랑의 여신 비너스Venus의 나무로 여겨지며, 결혼식 화환에 사용된다.
17 클리텀너스 강물이 너무 맑았기 때문에 그 강둑에서 풀을 뜯는 양의 털을 하얗게 만들어주었고, 따라서 양을 제물로 사용하기에 알맞게 해주었다는 이야기를 암시하는 부분.

평원은 끝없이 펼쳐져, 이쪽은 탁 트였는가 하면,
저쪽은 작은 호수들이나 잔디밭과 잡목이
뒤엉킨 후미진 곳들, 은신처 안의 은신처인
시냇물이나 만으로 막혀 있어, 그곳에서 목동은
거처인 이동오두막[18]을 자유로이 옮긴다네.
봄철이 되면 그곳에 와서, 여름내 머물곤
하기에 동틀 무렵 그대들은 맑고 깨끗한
사랑의 곡조, 또는 멀리 울려 퍼지는   200
경쾌한 플루트 같은 그의 피리 소리를 들으리.
거기엔 아늑한 은신처도, 통로가 열리는
광활한 공간도 없지만, 바로 그곳도
차례로 방문객 맞아 말해주리, 목동이
마음대로 그 지역 곳곳을 탐색하는 동안,
힘든 일이라곤, 훗날 여행자의 눈에 뜨이듯,
냇물이나 샘물을 퍼 마실 너도밤나무 바가지를
파는 것이 고작이었던, 애쓰지 않고 얻은
기쁨의 시간들에 대해서. 한때 장엄했던
고슬라[19]의 음침한 성벽으로부터 저 드넓은   210
평원을 따라 매일 산책하곤 했을 때 나도
그와 같은 신나는 삶을 힐끗 엿본 적 있네.
허시니안 숲[20]의 거대한 끝자락에서 시작된

---

18 바퀴 달린 조그만 오두막. 목동들이 양 떼와 머물기 쉽게 만들어졌다.
19 고슬라: 워즈워스가 방문했을 당시, 옛 왕궁의 영광스러운 흔적이 아직 남아 있었던 독일의 도시. 워즈워스는 여기서 1798~1799년 겨울을 지내면서 『서곡』을 쓰기 시작했다.

그 평원은 관문들에 이르기까지 동쪽과 서쪽,
그리고 북쪽으로 펼쳐져 있었지. 하지만 그대
황무지들, 산들, 밭두렁들, 그대 텅 빈 골짜기들,
그대 대서양의 음성을 실어오는 길고 깊은 수로들,
고향 산천의 정령들이여! 마음을 더 확고히
잡아끄는 그대들이여! 통제할 수 없는 그대의
눈(雪)과 강물들, 그리고 그대의 섬뜩한 고독 속을   220
벗 하나 없이 거니는 자를 향해 그토록
황량하게 울부짖는 무시무시한 바람들이여!
거기서, 목동의 임무는 겨우내 폭풍우를
견뎌내는 것임에, 다가오는 폭풍우를 재빨리
알아차리고, 양 떼를 안전한 은신처로
피신시키며, 집에서 그곳까지, 험난한
바위투성이 길 따라 무거운 짐[21] 나르며,
그 짐을 풀어 양들을 위한 양식을 꽁꽁 언
눈 위에 뿌려준다네. 그리고 어느새 봄이
돌아와, 어린 양들과 함께 산천초목이 춤추고,   230
양 떼가, 따스해진 날씨에 이끌려, 점점
더 높은 곳으로 오르면, 그가 할 일은,
제멋대로 헤매는 양 떼가 길 잃지 않도록

---

20 허시니안 숲Hercynian forest: 독일의 거대한 숲 하르츠Harz의 로마식 명칭. 워즈워스와 도
   러시는 1799년 2월 23일에 고슬라를 떠나 영국으로 돌아가기 전에 콜리지를 만나기 위해
   서 괴팅겐Gottingen으로 갔다. 그들이 하르츠 숲을 통과한 것은 분명하지만, 그에 대한 기
   록은 남아 있지 않다.
21 양에게 먹일 건초.

지켜주는 것이네. 이 임무를 완수코자 그는
새벽녘에 집을 나서고, 태양이 불같은 열기로
내리쬐기 시작할 때면 어느 반짝이는
바위에 벌렁 드러누워, 그의 개와 함께
아침을 먹는다네. 늘 그러하듯, 시간을
엄수하는 대신, 필요치도 않은 휴식이나
애정 교환을 위해 잠시 지체한 후,　　　　　　　　　　240
침상에서 일어나 걸음을 재촉하네. 이제 발길
닿는 곳마다, 자연의 멋진 솜씨로 풀밭 사이에
나지막이 피어난 백리향(百里香) 꽃들을 짓이겨
싱그러운 향기 퍼뜨리니, 지팡이를 사냥꾼의 창인 양
곧추세우고, 혹은 거기 의지하여 바위에서 바위로
건너뛰고, 또 다리도 없이 요란하게 흐르는 냇물의
강바닥을 건너, 이 산에서 저 산으로 서둘러 가는 동안,
남아 있던 아침 안개는 그를 감싸고 피어오르네.
철학은, 내 생각에, 공상의 부름에 응하여, 그가
온종일 걸으면서 행하거나 보는 모든 것을 통해　　　　250
황공하게도 그를 뒤따를 것이며, 그는 자기
할 일이 있는 그런 광대한 지역들에서 스스로를
자유인으로 느끼네, 인간 본성에 그토록 소중한
저 장엄한 나태와 교체된, 희망과 위험 그리고
고된 노동으로 점철된 그의 삶과 하나 된 채.
따라서 이리저리 쏘다니는 소년이었던 나는,
그가 마치 자연 아래, 하느님 아래,

주인이요 지배자, 혹은 권력자, 혹은
수호성인인 양, 자신의 영역을 지키는 그의
존재를 느꼈네, 그리고 그가 거기 있을 때   260
혹독한 고독이 더욱 당당한 모습을 띠었네.
비 오는 날 낚시 하러 인적 없는 냇가로 나가거나,
안개에 휩싸여 당황한 채 길 없는 언덕을 총총히
걸어갈 때면, 갑자기 몇 발짝 떨어진 곳에서
짙은 안개를 뚫고 당당히 지나가는, 거인처럼 큰
그의 모습이 시야에 들어왔는데, 그의 양들은
마치 그린란드[22] 곰 같았네. 혹은 그가
어느 산 그림자 경계선 너머로 멀어질 때,
그의 형체가 지는 해의 심오한 광채 받아
영광스러운 모습으로 내 앞에서 빛났었네.   270
혹은 먼 하늘가의 그를 어렴풋이 보았네,
모든 높은 것 뛰어넘어 우뚝 선, 고독하고도
숭고한 대상을! 그 모습은 마치 예배 위해
샤르트뢰즈의 뾰족한 바위 꼭대기에 홀로
서 있던 십자가[23]와도 같았네. 이렇게 인간은
내 눈앞에서 외형적으로 고결하게 되었고,
또 이렇게 내 마음은 일찍이 인간 본성에
대한 무의식적 사랑과 존경심을 향해
열리게 되었으며, 이로써 인간의 형상은

---

22 그린란드Greenland: 북미 동북방에 있는 세계 최대의 섬.
23 169쪽 주 51 참고.

내게 기쁨, 우아함과 영예로움, 능력과   280
훌륭함을 가리키는 한 지표가 되었네.
한편 이 피조물은— 책 속의 인물들처럼
대부분 영적이지만 훨씬 더 고귀하고,
자신만의 공상에 따라서 혹은 시시각각
필리스[24] 주위를 빙빙 돌며 춤추기 위해
사는, 숲 속의 명랑한 코린보다
훨씬 더 상상적인 형상이긴 하나 —
나면서부터 가장 평범한 한 인간이었기에,
남편이자 아버지이며, 배웠고, 가르치며
경고할 수 있었고, 다른 모든 이들과 더불어   290
악과 어리석음, 비참함과 두려움으로 고통당했네.
난 이것을 거의 보지도 못했고, 좋아하지도 않았지만,
무언가를 느꼈던 것만은 분명하네.
       그대들은 이 외양들을—
내 어린 시절 목동들에게서 보았던 것들,
인간에게 주어진 이 자연의 신성함을—
그림자요 망상이라 부르지, 죽은 글자[25]만을
응시하고 사물의 정신을 놓치는 그대들은.
그대들의 진리는 활기찬 기능들로
살아 있는 형상이나 움직임이 아니라,
그대 자신들이 만들고 숭배하는 나무나   300

---

24 필리스Phyllis와 코린Corin: 라틴 전원시에 빈번히 등장하는 목동들.
25 죽은 글자the dead letter: 사실, 실제를 말함.

밀랍의 형상이로다! 그러나 그로 인해
자연과 인간의 하느님께 축복을,
미숙한 내 눈앞에 사람들이 최초로
그토록 정화되고, 세속과 동떨어지고, 또한
알맞은 거리를 두고 자신들을 나타냈던바,
그래서 우리가, 우리 모두가, 무엇에 의해
어떻게 인도되었건, 어느 정도 지식으로
이끌렸음에. 만약 그렇지 않았다면, 그래서
우리가 최초 유년기에 선을 발견하듯 그렇게
빨리 악을 발견했거나, 악이 발견된다고 여긴다면,   310
순수한 마음이 어떻게 버티고 살아갈 수 있었겠나!
그러나 내 운명은 두 배로 운이 좋아서,
어쩌면 대부분의 사람들에게 특권처럼 주어지는
것보다 더 나은 어떤 삶이 나를 둘러쌌던 것이
여기서만 그런 것은 아니었고, 처음부터 난
위대하거나 아름다운 대상들을 통해 인간을 보았고,
그것들에 힘입어 최초로 인간과 교감했네.
또한 이로써, 우리가 왕래하는 일상의 세계
사방팔방에서 부딪쳐오는 야비함, 이기적 염려들,
거친 행태들, 천박한 격정들의 중압감에   320
맞설 수 있는 확실한 안전장치와
방어수단이 생겼네. 이 시점으로부터
진리를 향해 얼굴을 돌리고, 그와 같은
호의적 선입관에서 비롯된 이점을 지닌 채

출발했네, 그 선입관 없이 영혼은 선을
낳을 수 있는 아무 지식도 얻을 수 없고,
아무런 진정한 통찰력도 갖지 못할 것이기에.
지나치게 감시하는 눈들의 속박에서 벗어나,
나는 해를 거듭할수록 행복하게, 이리저리
돌아다녔네. 그리고 이제 가장 고맙게 여기네,   330
혼잡한 삶의 추한 모습들과 거기 부수되는
자기 만족의 조롱거리들과 멸시들, 말하자면,
설사 우리가 지상의 정당한 주인, 이 땅에 거하는
하늘의 상속자에게 합당한 경외심을 갖고
생각하고자 할 경우에도 우리를 허락지 않을,
그런 것들과 너무 일찍 접촉함 없이
나의 행보가 지켜졌음을, 그리고 자신을
기꺼이 헌신할 마음을 찾아 성전과
성전의 지성소[26]까지 추적하게 됨을.

   그러나, **벗이여!** 인간이 내 삶에서 그렇게 일찍   340
탁월한 위치를 점했다고 생각진 마시게.
자연 자체조차, 이 미성숙한 시절엔,
나 자신만의 추구들과 동물적 행동들, 그리고
그것들이 가져오는 모든 사소한 기쁨들보다 더
중요하지 않았네. 이 모든 것들이 시들해지며

---

26 영혼.

서서히 사라졌을 때, 자연이, 그 자체로도
중요했고, 내 기쁨이 되었지만, 그때까지도—
그리고 청년이 되고서도 꽤 늦도록,
스물두 해 여름을 맞이할 때까지는—
나의 애정과 고려의 대상에서, 인간은   350
자연, 즉 자연의 보이는 형체들과 보이지 않는
작용들보다 중요하지 않았네. 자연이 격정이고,
종종 환희였으며, 언제나 가까이 있는
즉각적 사랑이었다면, 인간은 다만 어쩌다
찾아오는 기쁨, 우연히 만나는 은총일 뿐,
그의 시간이 아직 오지 않았었네. 당시
짐승이나 새 따위 열등한 피조물들은
(오랫동안 그들을 조심스레 관찰했음에도)
내 정신을 저 온화한 사랑에 훨씬 덜 조화시켰고,
다만 이제는 최초의 축복들과 나란히 헤아려도 좋을,   360
온화함에 대한 미세한 존경심을 내게서
획득했을 뿐이네. 그럼에도, 이것들 위에
아름다움의 빛이 헛되이 비췄거나, 장엄함이
그들을 끝없이 헛되이 감싼 것은 아니었네.

   그러나, 더 이상 영혼의 사소한 영향력 아닌,
저 평범하고도 엄격한 상상력의 최초의
시적 능력이, 어느 성급한 뮤즈의 진지한
부름에 따라, 조화로운 언어들 사이에서

제 능력을 시험코자 모험을 감행했을 때,
그리고 책의 개념들과 예술의 규범들에 370
그 자신을 세련되게 맞추고자 했을 때,
인간 삶의 단순한 형태들 사이에
공상과 기발한 착상이 고집스레 찾아왔고,
자연과 자연의 대상들이 이 허구의 세계를
미화시켰네, 어떤 경우엔, 차례대로, 그것들이
자연을 빛나게 하듯. 이 새 힘의 접촉으로부터
안전한 것은 아무것도 없었네. 잘 알려진
납골당 옆에 서 있던 딱총나무는 그 후 암울한
빛을 띠었고, 주목(朱木)에는 유령이 깃들어,
유령은 그곳을 장식용 거처로 삼았네. 380
그 후 평범한 사건이 자아내는 엄숙함은
무미건조했고, 진리의 중용 또한 충분한
기쁨을 담보하지 못하는 한 요소에 불과했네.
그런데, 만약 극심한 절망으로 휘청거리는
어떤 과부가 어느 날 밤, 또는 아마도 여러 날 밤,
고통을 이기지 못해 혹은 반쯤 정신 잃은 채
자기도 모르게, 남편이 잠든 차디찬 무덤으로
발걸음을 옮겼다는 사실이 알려졌다면,
이 사실은 욕심스레 내 손에 잡혀, 그녀는
끊임없이 흐르는 눈물로 잔디를 적시며 390
1년 내내 그 무덤가를 찾아왔을 것이네.

기이한 이상(異狀) 현상들을 통해 이런 열망들을
추구할 수도 있었으니, 긴 꽃대의 마디마다
차례차례 꽃을 피워 올린 디기탈리스[27]가,
빗방울 하나에도 쓰러지는 가느다란 풀잎만큼이나
휘어질 듯 보였던, 점점 가늘어지는 줄기 맨 끝의
마지막 한 송이만 남기고, 종 모양의 꽃들을
모조리 한길가에 떨어뜨린 후 앙상하게
서 있을 때면, 공상이 슬며시 찾아와,
아름다움 빼앗긴 채, 곧 떨어지게 될 마지막   400
유품을 아직은 꼭대기에 달고 있는 이 꽃 아래,
어느 방랑하는 어머니 앉혀놓기를 즐겼네.
엄마의 절망스러운 곤경 탓에 뒷전이었던
장난꾸러기 어린 것들은 주변언덕 푸른 풀밭에
흩뿌려진 자줏빛 컵 모양의 꽃들을 앞다퉈
두 손 가득 모으며 깔깔거렸네.
                    (기우는 여름 태양이,
쉼 없이 흐르는 냇물로 젖은, 매끈한 바위에 반사될 때는
언제나) 우리 오두막 바로 앞에 솟은, 덤불로 뒤덮인
강둑 너머로 반짝이는 다이아몬드 같은 빛이
보였네. 나는 종종 벽난롯가에 앉아서,   410
열린 문으로, 이 흔들리는 광채를 자주
오랫동안 물끄러미 응시했고, 그러는 동안

---

27 디기탈리스foxglove: 일명 '여우 장갑'으로 불리는 디기탈리스 속 식물의 총칭. 긴 꽃대를
　 따라 종 모양의 홍자색 또는 백색 꽃이 피고, 잎은 강심제로 쓰인다.

내 공상도 그 빛인 양 따라 흔들렸네.
그것은 때로는, 불명예스럽게 쓰러져
어두운 숲 속에 매장된 기사(騎士)의
무덤 위에 걸린 번쩍이는 은빛 방패 되었고,
때로는, 바위 요정들이 지은 마술동굴이나
궁전으로 가는 입구가 되었지만, 여하한
경우에도 그곳을 찾아가서, 그 근사한
마법을 풀고 싶은 유혹은 느끼지 않았네.   420
이렇게 고집 센 공상이, 기분 상하지 않게,
순수한 상상력에 의해 생겨난 느낌들에
억지춘향식 형상들을 접목시켰나니.[28]
공상은 활기찬 **능력**, 그 민첩한 눈동자로써
본능적으로, 당시 거의 이해하지 못했던,
인간의 열정들을 향했네. 하지만, 그토록
다채로운 시각으로 거대하고도 아름다운
지역을 살피는 동안, 이같이 엉뚱하고 기발한
생각들이 들끓는 가운데 나를 차분하게 하는
분명한 형상들을 얻었네. 비현실적 공상은 저마다   430
견고한 중심부 주위를 돌았고, 그 중심부는 즉시
공상을 움직이게 함과 동시에 통제했네.
위대한 영혼임에도, 병약함의 악몽에

---

[28] 워즈워스와 콜리지는 상상력Imagination을 '단순한 요소들로부터 인상적 효과를 창출하는 능력'으로 보았다. 반면에 공상Fancy이란 워즈워스에게 있어서는 '감정의 표현,' 콜리지에게 있어서는 '시공을 벗어난 기억의 한 방식'일 뿐이다.

끊임없이 시달렸던, 그대의 불운한 운명이
그러했듯, 친애하는 **벗이여**! 나는 도시에서
자란 사람처럼, 지식의 등불 없이 사물을
분리하고 합치느라, 야위지 않았네. 나무꾼이
떳장으로 지은 인디언식 오두막의
맨땅에서 밤마다 잔 것이 화근이 되어
병들어 쇠약해졌을 경우, 설사 내가,   440
실연으로 끝나버린 그의 사랑의 고통들과
다른 모든 잘못된 슬픈 사연들 불러와
그의 황천길 재촉한들 해로울 것 있겠는가?
한편 그가, 집에서 죽기 위해 숲에서
벌써 나오지 않았다면, 십중팔구는 부드러운
바람들, 새들, 흐르는 시냇물들 그리고 황금빛
저녁마다 그토록 아름다운 언덕들 사이에서,
서서히 시들어갔으리라. 산속 오두막 굴뚝이
연기를, 잠시 후 그의 몸을 빠져나가야 할
유령이나 혼의 형상을 뿜어내는 동안에.   450
또한, 공상이 어떻게, 저 가느다란 실들을 짰던
계절에, 자유분방한 소년을 사람답게 인도하고자,
자연의 부름 따라, 훗날에 더 잘 어울릴 법한
모종의 사려 깊은 묵상에게 양식을 줄 수 있었는지
내가 여기서 보여준다면, 비록 우회적인 길을
통해서이긴 하나, 우리 이야기의 지향점인
건전한 인간성을 향해 우리가 나아가지

못하지도 않으리.
　　　　　　서스턴미어²⁹ 호숫가엔 숲이
하나 있네. 호수의 서쪽 가장자리에서 길게 뻗은
나뭇가지들이 너무 짙은 그늘 드리워, 누구든지　　　　　460
낮은 천장 밑 수면 위로 미끄러지듯 나아가노라면
복도를 따라가는 듯하네. 언젠가 — 그 그늘에서
한가로이 노닐던 중, 저무는 태양에서 쏟아지는
황금 빛줄기들이, 동쪽 어느 높은 산의
풀 한 포기 없는 능선에 머무르며 고요한 아름다움
자아내는 광경 보았네만 — 그렇게 내 생각들이
마음에서 갓 나온 순수한 언어의 흐름 타고 흘러나왔네.
사랑스러운 고향산천이여, 내 유한한 삶의 여정이
그 어디서 끝난다 해도, 거기서 내 그대를 생각하고,
죽어가면서, 뒤돌아 그대에게 마지막 시선 던지리,　　　　　470
저물어가는 태양조차 (그 골짜기가 어떤
어렴풋한 추억의 빛으로 물들지 않았음에도)
애정 깊이 남아 있는 마지막 힘을 다해
고요히 머뭇거리며, 제가 최초로 떠올랐던
사랑스러운 산꼭대기에 이별의 빛을 비추듯.

　소박한 이야긴 이제 그만. 소환하라,
내 노래여! 그대 음성이 이제까지 들려준

---

29 서스턴미어Thurston-mere: 혹스헤드 근처에 있는 코니스턴Coniston 호수.

저 고상한 감정들을. 영감을 주며
영감에 찬, 저 터져나오는 연민의 정을,
그때 모든 곳에서 활기찬 맥박 느껴졌고,　　　　　　　　480
모든 사물의 다양한 형태들이, 별처럼,
뚜렷이 구별되는 각각의 위대함 통해,
서로서로를 비췄거나, 각기 상대방의 광채인,
생명과 영광의 별무리 안에서 절반쯤
넋을 잃었나니. 그 한가운데 인간이 서 있었네,
비록 흙에서 태어났고, 벌레와 다를 바 없지만,
안으로는 명상의 대상으로, 밖으로는
보이는 모든 피조물 중 영장으로서,
그리고 힘과 사랑의 신성한 영향력을 통해,
환희를 인식하고 분별하는 모든 능력에서　　　　　　490
가장 으뜸가는 하나의 존재로서, 그리고
우리가 아는 어떤 것보다도, 신성(神聖)으로
가득 찼으며, 이성과 의지로써
숭고한 의존성을 인정하는 **존재로서**.

　　머지않아, 그 외로운 산들을 떠나서, 나는
인간 본성에 대한 이상화된 생각들, 아이디어,
혹은 추상적 개념을 되도록 힘껏 무색케 하는,
눈앞에서 펼쳐지는 세속적 악덕과 어리석은
짓거리들, 농락과 야유와 조롱거리들,
차별적인 태도들과 성품들, 그리고　　　　　　　　　500

사소하고도 요란스러운 열정들에
둘러싸여 하루하루 보냈다네.

   앞서[30] 대부분 말했듯이, 새로운
삶의 터전이었던, 학문의 전당에서
빈둥거렸던 나. 하지만 여기선, 지난 시절들과
옛적 관습들, 그리고 지역적 특권 등의
채색을 통해 빛나는 현재의, 실제적이고
일상적인 삶의 평범한 빛이 장엄하지는
못할망정 반갑고도 온화하게 느껴졌네.
그럼에도, 악덕과 죄, 그 전조가 되는 510
비참함에 더욱 가까이 노출되었기에 나는
온몸을 떨었네— 폭풍우들과 성난 날씨들이
내 속에 불러일으켰던 막연한 공포와
우울함을 지닌 채, 이따금, 인간의 삶에
대해 생각했네만, 소동과 무질서,
소란, 위험 그리고 모호함에 상응하는
훨씬 더 암울한, 희미한 비유를 떠올렸네.

   이렇게 말할 수도 있겠지 (하지만 모두에게
공통되는 것들에 관해 말해서 무엇 하겠나?),
나는 보면서, — 마음의 기쁨이 아니라 520

---

30 제3권.

길잡이를 위해 선과 악 사이에서 판단하면서—
때때로 내가 나약한 방식이나마 최선을 다해서
그러했듯, 인간적 연민에 사로잡혀 행동하기에,
혐오와 가장 고약한 고통 가운데서도
진리에 입각하여 행동할 수밖에 없는 사람에
대해서 진지하게 숙고했다고. 이 믿음을
나는 결코 저버린 적 없네, 바르게 행동하고
이해함으로써 삶의 목적과, 우리가 아는 모든 것을
사랑하는 법을 배워야 한다는 믿음을.

   엄숙한 **교사**, 준엄한 **지도자여**! 그대는   530
이따금 가장 엄격한 양상을 띨 수도 있으니,
런던이여, 내 그대에게 기꺼이 돌아가리.
전에 내 시는 그대의 외투를 장식한 꽃들과
더불어 한가하게 노닐었고, 그 즐거움과
어린이 같은 호기심으로 이따금
그대 모습 올려다보며, 거기 깃들어
있을 법한 어떤 내적 의미들을 찾아보는
정도의 단순한 시선으로 만족하였네.
그러나 근교 마을들 사이로 난 긴 미로를
요리조리 헤쳐나가 처음으로 그대의   540
광대한 지역에 들어갔던, 그날의 그토록 신선한
기억을 간직하면서, 어떻게 내가 그렇게 가벼운
기분에 잠길 수 있겠나? 평범한 사람들에

둘러싸여, 역마차 지붕 꼭대기에 앉았노라니,
보이는 것은 집들, 포장된 도로들, 거리들,
사람들과 사물들의 하찮은 모습들—
온통 초라한 광경뿐이었네. 그런데, 바로 그 순간,
문지방을 이제 막 통과했다고 스스로에게 말해도
좋았을 법한 바로 그때, (어떤 외적 현상이
살아 있는 정신에 그토록 큰 영향을 끼친다는   550
것이 얼마나 기이한가! 하지만 정말 그랬네),
연륜의 무게가 즉시 내 가슴에 느껴졌네,
구체화된 생각도 아니고, 분명한
기억들도 아닌, 다만 중압감과 힘이—
중압감 아래서 자라나는 힘이. 슬프게도! 그때를
소홀히 다루는 듯하네만, 그건 일순간의 멈춤이었네—
내 안에서 일어난 모든 것들이 순식간에 왔다가
가버리는 듯했네. 하지만 그건 **시간**과 더불어,
신성한 것인 양, 감사한 기억으로 머물러 있네.

    훤한 대낮부터 햇불 쳐들고 거대한   560
안티파로스 동굴,[31] 혹은 옛날 덴마크 마녀가
출몰했던 요다스 동굴[32] 속으로 들어간,

---

31 안티파로스 동굴Grotto of Antiparos: 에게 해의 섬, 안티파로스에 있는 거대한 동굴. 신기한 자연 경관으로 유명하다.
32 요다스Yordas: 서부 요크셔 잉글튼Ingleton 근처에 있는, 안티파로스보다 훨씬 작은 석회석 동굴. 워즈워스와 동생 존은 1800년 5월에 이곳을 방문했다.

호기심 많은 여행자를 상상해보시게. 그는
주위를 둘러본 후, 사방으로 넓어지는
둥근 천장을 쳐다보네, 그리고 머지않아
머리 위의 커다란 천장이 일순간 흔들리며
물러나는 광경을 보거나, 본다고 여긴다[33]네—
실체와 그림자, 빛과 어둠이 모두 뒤섞여,
마치 유령처럼 변형되고 사라지며, 바뀌고
서로 뒤바뀌는 형상들과 형태들, 그리고   570
어렴풋한 모양들로 하나의 천개(天蓋)를
만들고 있는, — 고요하고도 장엄한 소동을!
잠시 후 모든 노력, 모든 움직임이
차츰 둔해지다가 마침내 사라지고,
눈앞의 광경이 완전한 모습으로 드러나
한 권의 책처럼 죽은 듯 서게 될 때까지! —
그러나 잠시 멈췄다가 다시 보면,
형상들이 새로이 되살아나, 처음엔 조심스레
시작되다가, 재빨리 움직여, 마침내
직전까지 혼돈스러운 이미지 덩어리였던   580
동굴 전체가, 뚜렷하게 조립된 이미지들과
형상들로— 이쪽에선 돌기들, 주름들, 공동(空洞)들이

---

[33] "보거나, 본다고 여긴다sees, or thinks he sees": 베르길리우스의 『아이네이드 *Aeneid*』 제6편, 454행 "videt, aut vidisse putat"의 직역으로, 아이네아스Aeneas가 하계에서 디도Dido를 만나는 장면에서 따온 것이다. 카르타고Carthage의 여왕 디도는 트로이 전쟁을 마치고 돌아가는 길에 카르타고에 들른 아이네아스를 사랑하여 그가 로마 건설을 위해 고국으로 돌아가자 그것을 슬퍼하여 자살했다.

어우러져 형성된 다채로운 풍경의 이미지가 —
저쪽에선 갑옷으로 무장한 거인 같은 무사의 형상,
두건 쓴 승려, 베일에 가려진 수녀, 혹은 지팡이에
기대어 쉬고 있는 순례자를 방불케 하는
유령 같은 형상들로— 눈을 어지럽히니,
기이한 군상이로다! 하지만 영감을 불러일으키는
마음으로 파악하는 눈들엔 재빨리 들어오는 법.

   난 처음부터 그 정도로까지 감동했고,   590
또 지속적으로 감동받을 수밖에 없었네,
내 조국과 세계의 운명의 원천인,
그 거대한 도시, 그와 동시에 연대기이자
열혈지사들의 무덤, 그리고 제국의 황실,
그들의 으뜸가는 삶의 터전[34]이었던
저 위대한 상업 중심지를 탐색했을 때.

   과거에 그러했듯 현재도 여전히 세상을
떠들썩하게 하는 것들로 가득 찬, 그런 곳은
당시 지식을 추구하기보다는 힘[35]을 갈망했던
나를 기쁘게 했음에 틀림없네. 하지만   600

---

[34] 워즈워스는 다양한 인간 군상의 희로애락이 녹아 있는 삶의 중심지로서 런던을 매우 중요하게 여겼다. 참으로 많은 사람들이 그곳에 살았으며, 그들 중 어떤 이들은 역사에 기록되었고, 대부분은 무덤에 묻혔다. 그리고 당시에도 여전히 수많은 이들이 런던에 살고 있었다.
[35] 상상력의 힘.

추구했든 그렇지 않았든, 지식은 찾아왔네, 그리고
그 자체로 매우 큰 어떤 것이 내 안에서
그에 상응하는 커다란 마음을 발견했거나,
그런 것처럼 여겼을 때, 힘의 지류들이 스스로,
혹은 힘의 부름 받아, 갑자기 가장 친절한
이해심을 보이며, 사방에서 흘러 들어왔네.
그런 것이 우리 젊음의 힘이요 영광 아닌가!
내가 거기 속했다고 느꼈을 뿐 아니라,
사랑으로 경외해마지않았던 인간 본성은
시공의 한 지점에 국한된 존재가 아니라,   610
시간과 공간에 널리 흩어진 영(靈)으로서,
곧추서 있거나, 엎드렸거나, 공동 휴식처인
땅을 향해 비스듬히 기울어진 기념비들, 사라진
민족들의 널리 흩어진 장엄한 폐허[36]로부터,
혹은 책들과 책 속의 그림과 기록들로부터
더욱 명확히 도출되는 증거로써 도움 받는다네.

  사실인즉, 그리스와 공화정 로마의
역사들과 비교되는, 우리 조국의 역사,
그리고 조화롭게 하는 정신이 결여된
이 시대의 정교한 이야기들 속의   620
관습적인 삶과 친숙한 사건들[37]은

---

36 특히 드루이드교 사원들과 스톤헨지Stonehenge같이 원형으로 늘어선 거석들의 폐허(제2
   권 101~02행 참조).

나를 결코 기쁘게 하지 못했네. 또한
다른 이들에 비해서 나의 지성은
기록이나 전통이라는 외적 상황에 덜
기대곤 했네. 그러나 그 **위대한 도시**에서
무엇인가 일어났고 고통받았으며, 또 여전히
무엇인가 일어나고 고통받고 있다는 인식이
엄습했고, 생각의 시련을 지탱해줄 수 있었네.
그리고, 이미 사라져버렸거나, 결코 돌아오지
못할 곳으로 떠나가는 모든 것에도 불구하고,　　　　　　630
거기서 나는 위엄과 힘과 더불어 영적 교제를
나눴네, 마치 독립된 자연물인 양. 그로써
그곳은 어린 시절의 감성을 자라게 했었던
황야들처럼 상상을 풍부하게 하는 것들로 넘쳤네―
동굴들, 바위들, 자연의 소리 들리는 은신처들로 가득 찬
민둥산들과 골짜기들, 힘차게 흘러가는 호수들,
메아리들과 폭포 소리들, 그리고 뾰족한 바위들과
그 곁을 스쳐 지나가며 음악 소리를 내는 바람들로.
그러자 여기서 내 젊은 상상력은 취향에 맞는
요소를 발견했고, 여기 새로운 대상들 사이에서,　　　　　　640
심지어 마음의 상태가 요구했을 법한 대로,
다른 경우엔 너무도 신중한 이성의 행진을
시작하도록, 섬기거나 명령을 내릴 수 있었네.

---

37 영국 역사에서는 그리스와 로마의 이상들은 물론, 인간미를 풍길 법한 나날의 상세한 기록
도 찾아볼 수 없다.

그 결과, 인간 본성에 대해 더욱 고양된
견해들을 갖게 되었다네. 악덕도 죄악도,
몸이나 마음으로 겪었던 자기 비하도,
눈앞에서 지켜볼 수밖에 없었던 모든 불행들,
가볍게 지나가지 않고, 때로 가슴 깊이 연민의 정을
자아냈던 불행조차도, 우리가 무엇이 될 *것인가*에
대한 나의 신뢰를 무너뜨릴 수 없었고, 650
내가 무지하다거나, 교육을 잘못 받았다거나,
헛된 착상들로 고무되어, 백일몽이나 꾸면서
돌아다니는 외톨이라는 생각나게 하지 않았네.
그런 슬픈 장면들의 회상에서 돌아오자,
아 놀라웠네! 정말로 신성한 모든 것이
침범할 수 없는 나름의 순수함 회복했네,
아니, 이 불길한 암울함과 대조됨으로써
더 밝게 빛났네, 동녘 하늘에서 한낮이
되기도 전에 어둠을 보았을 때, 그리고
창공에 눈부신 하얀 선을 그으며, 660
천상에서 무언가를 싣고 천천히 내려오는,
서쪽 구름에서 한층 빛나는 아침 빛을 보았을 때,[38]
그런 상반적 요소가, 지복으로부터는 떨어졌지만
아직 낙원에 머물던 아담의 마음을 일깨웠듯.

---

38 658~62행: 『실낙원』 제11편 203~07행의 인용. 천사 미카엘Michael이 아담과 이브에게 그들의 범죄에 대한 하느님의 심판을 전하고자 내려오는 장면.

덧붙이자면, 그 거대한 도시의 수많은
군중 틈에서, 다른 어느 곳에서도
유례가 없을 만큼, 종종 감동적인
장면을 통해서, 인간의 하나 됨,
무지와 악을 다스리는 하나의 영(靈),
선하고 악한 마음들을 도덕적으로 판단하는   670
한 생각을 보았네, 마치 빛나는 태양의
눈이 하나이듯. 따라서 연합이든 교감이든
어떤 연유로든 하사된, 장엄한 *아이디어*가
엄습할 때면 그 영혼은 순수한 축복을
누리고, 하느님과 더불어 안식을 취하네.

 이렇게 아주 어릴 적부터, 오 벗이여!
내 생각들은 점진적으로 천천히
인류, 그리고 인생의 선과 악에게
다가갔네. 자연은 항상 나를 인도했고,
종종 '분주한 소음' 사이에서, 마치 내가   680
자연을 잊기라도 한 듯, 자연의 도움 없이
홀로 여행한 것 같았으나, 아니었네,
내 습관적 생각 속에서 인간세계가
자연계를 능가하지 못했네. 사랑의 저울은,
매일 채워졌음에도, *자연의 묵직한 물체들이*
놓였던 저울에 비하면, 여전히 가벼웠네.

제9권
프랑스 체류

강물이 — 한편으로는 (그렇게 보일 테지)
옛 추억거리들이 생각나서, 다른 한편으로는
곧장 앞으로 가면 머지않아 게걸스러운 바다에
삼키어버릴지 모른다는 두려움에 사로잡혀 —
오던 경로를 되짚어, 처음 출발 당시
건넜던 지역들을 찾아서, 멀리 되돌아
흐르듯, 그렇게 우리도, 내 벗이여!
이런저런 이유로 지체하며 되돌아갔네.
혹은 환상적인 골짜기가 내려다보이는
벼랑 가에 도착한 여행자가 잠시 호흡을   10
고르는 동안, 방금 떠나온 지역을 되돌아보고
싶은 유혹에 끌리듯, 그리고 주목할 만한
가치가 있는 어떤 것을 지나쳤거나,
너무도 무심히 보아넘겼기에,

그 높은 곳에서 한 번 더, 마지막으로
한 번 더 보고, 제대로 파악하려고 애쓰듯,
그렇게 우린 머뭇거렸네. 이제 다시 용기와
앞날의 새 희망을 안고 새롭게 시작하네.
이 형체 없는 갈망에게 언제라도 반가운
인사를! 이렇게 긴 작업에 꼭 필요하고, 20
지금 우릴 기다리는 이야기엔 세 배나
필요하기에! 오, 과거와는 얼마나 다른가!

　산등성이 초원의 망아지처럼 자유롭게
나는 달이면 달마다 드넓은 런던 이곳저곳을
돌아다녔네. 당시 나는 학문이나 품위나
지위가 탁월한 사람들과 자주 만나고자
애쓰지 않으며 사람들 눈에 띄지 않게
무명인으로 살았네. 이렇게 1년을 다 못
채우곤 군중 속의 고독을 버렸네.[1]
런던의 호화로운 장관(壯觀)과, 충분히 30
후원 받는 모든 예술 공연들보다는,
길모퉁이 지날 때마다 눈에 띄고 손에 닿던
거리의 판매대에 더 미련을 갖고서.

　프랑스가 날 유혹했네, 그리고 가장 최근에

---

1 1791년에 워즈워스가 런던에서 지낸 기간은 단 4개월밖에 되지 않는다.

만년설 덮인 알프스 여행 중 통과했었던 지역이.
그러나 지금 나는, 여행용 전대와 지팡이, 그리고
태양만큼이나 한결같은 동작으로 새날을 맞이하던
사람들의 발걸음 주변에 작열하던 한여름의
태양빛이 자아낸 모든 즐거움을 포기한 채,
체류할 목적으로, 도도한 루아르²의   40
물결로 씻긴, 기분 좋은 도시³로 갔네.

  손쉽게 갈 만한 곳이 파리에 널려 있었기에,
거기서 며칠 머물면서, 서둘러 고금의
명소들, 그중에서도 주로 현재 유명한
장소들을 방문했네. 샹드마르⁴에서
아래로 성 안토니⁵의 외곽 지역까지,
그리고 몽마르트르⁶에서 남쪽으로
즈네비에브 교회⁷까지. 시끌시끌한

---

2 루아르Loire: 프랑스에서 제일 긴 강. 남부에서 발원하여 대서양으로 흘러든다.
3 오를레앙Orleans을 말함. 워즈워스는 1791년 12월부터 1792년 1월에서 2월까지 여기 머물렀고, 여기서 아네트 발롱Annette Vallon을 만났다.
4 45~49행에서는 프랑스혁명과 관련된 파리의 지명들이 소개된다. 샹드마르는 에펠탑 아래 넓게 펴져 있는 잔디 광장이다. 1765년에는 군사 훈련 장소로, 이후에는 각종 회합 및 축제 장소로 쓰였다. 1790년 7월 14일에 입헌군주국의 출현을 축하하는 대규모 회합이 열린 장소로 특히 유명하다(165쪽 주 43 참고).
5 성 안토니St. Antonie: 성자 안토니의 이름을 따서 명명되었고, 호전적인 노동계급이 밀집된, 파리 교외 바스티유 근처의 지역.
6 몽마르트르Montmartre: 파리 북부의 언덕과 그곳에 있는 성심수도원을 중심으로 한 지구. 지난날 예술가들이 모여들었던 곳으로 유명하고, 프랑스혁명을 위한 집회 장소로 사용되었다.
7 즈네비에브Genevieve: 팡테옹Pantheon. 프랑스 위인의 묘소로 사용되는 파리의 기념회

국회와 자코뱅[8] 당사(黨舍) 모두에서
혁명의 권력이 닻을 내린 배처럼   50
풍랑에 흔들리는 것을 보았네.[9]
오를레앙의 거대한 궁전에선 아케이드[10]
따라 걸었고, 줄지어 늘어선 술집, 매춘 굴,
오락실과 상점들 주위로 빙빙 돌아다녔네.
볼 일이 있건 없건 모두가 서성대는
그곳은 최악과 최선이 공존하는 장소였네.
나는 낯선 눈으로 유심히 바라보고 들었네,
고함치는 행상인들, 장광설로 북적대는 광경을!
또한 야유조의 파당(派黨)꾼들은 혈안이 되어,
떼 지어, 혹은 둘씩, 혹은 홀로 서 있었네.   60
희망의 표정 하나에도, **의심**이나 **두려움**에도
가식은 전혀 없었네. 난 그들 모두를
훑어보며, 분노와 짜증과 원한 섞인,
제어할 수 없는 모든 몸짓들이, 명랑함과
느슨한 여유로움과 나란히 공존하고,
또한 정면으로 대립 중임을 바라보았네.

당. 위대한 혁명군 정치가요 웅변가였던 미라보 백작Comte de Mirabeau이 1791년에 이곳
에 매장되었고, 볼테르Voltaire와 루소도 이곳에 재매장되었다. 1764년에 성 즈네비에브 교
회로 착공되어 1885년부터 일반에게 공개되어왔다.

8 자코뱅Jacobins 당원: 프랑스혁명 당시 주로 1789년부터 1794년에 걸쳐서 활동한 과격한
  혁명당원으로 공포정치 및 극단적 정책을 촉진했다.
9 혁명은 혼란스럽긴 했으나 1790년에는 아직 평화롭게 진행되고 있었다.
10 아케이드Arcade: 양쪽에 가게들이 늘어 서 있는, 지붕 덮인 가로(街路).

어디선가 산들바람 불어와 바스티유의 흙먼지를
일으키는 동안, 난 햇볕을 쬐고 앉아서,
길가에 나뒹구는 돌 한 개 집어 들어
열렬한 혁명 지지자인 양 그 기념품을   70
주머니에 넣었네. 그러나 솔직히 말해서,
나는 발견할 수 없는 무언가를 찾고 있었네,
실제 느낌보다 더 가슴 뭉클하게 할 그 무엇을.
이 다양한 광경들이 처음엔 강한 충격 주었지만,
너무 분명하게도, 여행자의 수고들을 보상함에
있어서는, 흐트러진 머리, 반짝이는 눈,
그리고 끊임없이 흘러내리는 눈물에 젖은
창백하고도 근심 어린 뺨을 가진, 절묘하게
그려진 미인, 르 브룅의 마그달레나[11]보다도
부족한 듯 여겨졌기 때문이네.   80

   그러나 앞으로 좀더 오래 머물 거처[12]를
향해 걸음을 서둘렀네. 거기서, 낯선 언어,
그 지역 풍습들, 관습들, 몸짓들, 표정들,
그리고 모든 일상적인 옷차림들을 접하자
관심이 고조되었네. 그리고 이런 것들로 즐기며,

---

11 마그달레나 Magdalene: 17세기 프랑스의 대표적 화가 및 예술 이론가인 샤를 르 브룅
(Charles Le Brun, 1626~1690)이 회개하는 마그달레나를 소재로 그린 바로크풍의 작품.
현재 루브르 박물관 소장.
12 오를레앙.

나라 전체에서 모든 숲과 나무들이 뿌리째
흔들리는 동안, 나는 온실 안의 꽃처럼,
혹은 아무 방해도 받지 않고 평화로이
가지 뻗은 응접실의 화초처럼, 그 엄청난
충격들 한가운데서도, 무심히, 고요할 만큼   90
편안히 지냈나니, 이 무관심이 이상하게
보이겠지만, 당시 나는 아무 예비지식도 없이,
어떤 극장으로 불쑥 들어갔는데, 무대 위에선
벌써 연극이 시작되어 한창 분주하게
공연이 진행되고 있는 것 같은 형국이었네.
남들처럼, 나도 당시 주요 책자들[13]을, 대충
그리고 때로는 꼼꼼히, 읽어보았었고,
떠도는 얘기와 대중 뉴스의 도움으로
그 척박한 토양에서 마구 형성된 어설픈
식견(識見)이 부족하지 않았네만, 주요 정치 기구들이   100
언제 싹텄었고, 그들의 움직임들이 언제 어떻게
이뤄지고, 그로써 사건들을 구체화시켰나
하는 것들을 충분히 보여줄 수도 있을
역사적 기록들은 본 적 없었기에,
내겐 모든 것들이 느슨하고 엉성해 보였고,

---

13 에드먼드 버크의 『프랑스혁명에 대한 비난 Reflections on the Revolution in France』. 이 책에 반론을 제기한 토마스 페인의 『인간의 권리 The Rights of Man』 등, 워즈워스가 프랑스의 정치 현장에 오기 전에 읽었던 영문 책자들(버크와 페인에 관해 언급한 211쪽 주 51, 52 참고).

생생한 흥밋거리 하나 없이
애정들이 모두 떠나버렸네. 그 당시엔,
더구나, 최초의 폭풍우가 한바탕 지나갔고,
밖으로 폭력을 휘둘렀던 강한 손은
결박당해 조용해져 있었네.[14] 그토록   110
위대한 주제와 관련하여 그토록 하찮은
행위에 대해 (말해야만 될 것 같기에)
말하게 되어 유감스럽네만, 난 매일 밤,
도시 특권층의 가문에 태어나 그 밖의
계층으로부터 분리된 사람들이 드나드는
품격 있는 장소들, 세련된 예술을 논하고
격식에 맞춰 시를 짓는 모임들에 출입했네.
거기선, 더욱 심각한 이유들로, 그 시대의
선과 악에 관한 모든 이야기를 용의주도하게
피해갔네. 그러나 이 같은 제한된 삶도   120
곧 지루해졌고, 그래서 나는 점차
시끄러운 세계로 빠져들었고, 머지않아
혁명 지지자가 되었네. 그리고 내 마음을 전부
민중에게 주었고, 그들을 사랑했네.

   당시 그 도시에 주둔했던 한 무리의
군인 **장교**들이 내가 알고 지내던 주요

---

14 처음의 난폭한 시기가 지난 후, 혁명은 1792년 8월에 왕당파 포로들의 학살이 있기까지 평화롭게 진행되었다. 공포정치는 1793년 7월에 시작되었다.

인물들이었네. 이들 중 어떤 이들은
전쟁에 길들여진 칼들을 차고 있었으며,
모두 출신 좋은, 프랑스 귀족이었네.
그들은 나이도, 기질도 달랐으나 모두의   130
마음속에 하나의 정신이 깃들어 있었으며,
(앞으로 언급될 단 한 사람[15]을 제외하곤)
이미 된 일을 철회하려는[16] 쪽으로 기울었네.
이것이 그들의 안식이요 유일한 희망이었으며,
그들은 이미 최악을 겪었기에, 나쁜 상황이 더
악화되리라는 두려움은 없었고, 어떤 일에서도
선동할 의도가 없었으며, 그것에 대해 일고의
가치도 없다고 느꼈네, 오직 행동이 반대로 보일
경우를 제외하면. 한 사람은, 나이로 치면,
남성의 절정기에 접어들었으며, 전에는   140
많은 젊은이들의 지도적 위치에 있었네.
지금은 그러한 영예들에 관심 없고, 변했지만,
기질은 확실히 시대의 지배를 받았고,
세태는 그의 몸도 마음도 상하게 하여
그를 파멸시켰으며, 그의 아름다운
인품을 빼앗아갔었네. 한때 곧고 열린

---

15 미셸 보뛰Michel Beaupuy. 287행부터 보뛰에 대한 긴 묘사가 시작된다.
16 1792년 봄, 프랑스 군대는 여전히 왕당파 장교들 휘하에 있었고, 그들은 잠시 후 맞싸우게 될 오스트리아 사람들에게 연민을 느꼈다. 오스트리아 군대가 라인 강가에서 프랑스 군을 기다리는 동안, 프랑스 황제는 루이를 절대권좌에 회복시키려는 ('된 일을 철회하려는') 의도를 표명했던 것이다.

마음의 소유자였던 그의 자세가 지금은
구부러지고 위축되었으며, 자연에게서
가장 아름다운 선물 받아, 빛나고
활짝 피어났던 균형 잡힌 얼굴은,   150
건강치 못하고 분노에 찬 생각들로 인해,
지금까지 보았던 어떤 얼굴 못지않게,
한물간 초췌함을 풍기고 있었네.
파리의 신문사에서 때맞춰 뉴스 뭉치가
날아드는 시간이 되면, 어김없이 열기가
솟구치고 이 사람을 흔들어, 할 말을
빼앗아버리고, 노란 뺨을 총천연색으로
붉으락푸르락하게 만들었으며, 기사를
읽거나 곱씹는 동안, 손으로는 끊임없이
자기 칼을 더듬었네, 그것이 마치 자기   160
몸의 불안한 장소인 양. 그때는 정말로
전 인류의 격동기였기에, 가장 온순한
사람들마저 동요했으며, 소란한 움직임들,
서로 다른 격정과 견해들이 평화로운
집안을 시끄러운 소리들로 가득 채웠네.
일상적 삶의 토양이, 당시엔, 너무 뜨거워서
밟을 수가 없었네. 당시에, 그리고 그때뿐
아니라 자주 나는 말했네, '이 얼마나 안타까운
역사, 과거와 다가올 미래의 조롱거리인가!
지금 난 어떻게 모든 인간이, 민족들과 그들의   170

업적을 읽으면서, 믿음 대신 허영과 공허로
가득한 채, 사실은 속고 있는지 느끼네.
오! 지금의 이런 모습을 먼 훗날까지
반영하게 될 지면(紙面)의 웃음거리여!' [17]
메뚜기 떼가 삼켜버린 들판처럼, 그 땅은
온통 걱정으로 들끓었네, ─ 카라, 고르사[18] ─
수백의 다른 이름들을 더하게, 지금은 잊혀
더는 부르지도 않는 이름들을. 하지만, 그들은
지진처럼 힘이 있었고, 날마다 충격을 일으켰으며,
도시와 농촌 방방곡곡에 영향을 끼쳤네.   180

  이것이 당시 상황이었네. 한편 내가 알고 지냈던
군대 지휘관은 라인 강 유역에 진지를 구축한
국외 망명 군대를 증원하고자 탈주 준비를 마치고
대기하던 중이었네, 그리고 임박한 전쟁에 대비하여
소집된 외국의 적들[19]과 동맹을 맺었네.
이것이 숨김없는 그들의 의도였네, 그리고
그들은 온몸과 마음을 다해 출발 순간을
기다리고 있었네.[20]

---

17 당대의 복잡한 상황을 묘사하고자 한 역사가의 지면 자체가 웃음거리가 되리라는 뜻.
18 카라Carra와 고르사Gorsas: 영향력 있는 저널리스트들로서 각각 1793년 10월 31일과 7일에 로베스피에르Robespierre에 의해 처형되었다. 훗날 워즈워스는 고르사의 처형을 보고자 파리에 갔다는 주장을 했다. 영불전쟁 중이던 1793년에 그가 엄청난 위험을 무릅쓰고 프랑스에 갔다면 이는 아마도 아네트 발롱, 그리고 그녀와의 사이에서 낳은 딸 앤 캐롤라인 Anne Caroline을 보기 위해서였을 것이다.
19 오스트리아와 프러시아.

　　　　　　그 이름만으로도,
다루기 힘든 마음의 성향을 어느 정도
허가할 듯 여겨지는 땅에서 태어난 영국인,　　　　　　　　　190
젊음의 특권마저 누리며, 대충 배운 말솜씨로
점잖은 사람들과 소통한다는 만족감에 빠진
이방인인 나. 다른 데선 소외되고 회중(會衆)에
끼지 못했었으나, 왕권 옹호자들인 이 군인들과는
자유롭게 지냈고, 이야기를 나누었고, 그들의
견해를 경청했으며, 그들 역시 그들의 명분에
끼어들고자 하는 내 바람을 멸시하지 않았네.

　내가 비록, 정체(政體)나 법률에 대하여,
그리고 생득권(生得權)과 시민권의 차이에 대해,
당시 모든 언어로, 멋지게 논하는 것을, 생각이나　　　　　　200
책을 통해 배우지 못했고, 민족들의 행위들과
그들의 스쳐 지나가는 일시적 흥미들에
(비세속적인 목적과 목표들과 비교한다면)
거의 무관심했으며, 심장을 크게 뛰게 하고,
아름다운 형상들과 옛 영웅들과 그들의
고난과 행위들로 상상력을 채워준,
역사가의 이야기조차, 시인들의 이야기들을
존중했던 것만큼밖에는 존중하지 않았네만,

---

20 1792년 4월까지 프랑스 군 장교 9천 명의 절반 이상이 망명군과 합세하기 위해 탈주했다.
　이들은 혁명군을 물리치고 프랑스를 혁명 이전 상태로 회복시키고자 했다.

제왕의 홀(笏)과 화려한 사회적 영예들 중,
당시, 과거 어느 때, 가장 유치한 유년기에조차,   210
나를 황홀케 하는 어떤 것도 찾지 못했고,
으뜸가는 자들이 다스리는 것이 아님을 보며,
또 그들이 통치해야 한다고 느끼며, 오히려
한탄스럽고 참기 힘든 것을 보았을 뿐이네.

  가난한 지역인 데다, 영국 땅 어느
산골보다도 그 옛날 소박한 삶의 흔적을
더 많이 간직한 곳에서 태어난 나였기에,[21]
유년 시절의 모든 경험을 통틀어 볼 때,
소년이건 성인이건, 부유하다거나
출생신분이 고귀하다는 이유만으로   220
관심이나 존경을 받은 사람의 얼굴을
볼 기회가 거의 없었네. 훗날 학문적 제도와
규율들을 통해서 알게 된 바, 그것들이
모든 사람이 평등한 입장에 서 있는
공화국의 면모를 보여주었다는 것은,
많은 혜택들 중에서 작은 것이
아니었으니, 우린 하나의 공동체로서,
모두 영예로운 형제들, 학자들, 그리고

---

21 워즈워스가 '가난한 지역'에서 태어난 것은 사실이나, 그의 아버지가 당시 영국에서 막강한 영향력을 행사하던 지주 제임스 로더James Lowther의 법률 대리인이었던 관계로 그의 집은 비교적 부유했다.

신사들이었으며, 더구나 거기선 누구나
수상(受賞)의 영예 차지할 수 있었고,   230
부와 벼슬보다는 재능, 가치, 그리고
성공을 담보하는 근면함을 더 존중했네.²²
이에 덧붙여, 맨 처음부터,
자연의 지고한 자태를 통해서 드러난
하느님의 신비한 능력에 대한 순종과
존경스러운 거룩한 책들과의 교제가,
영혼의 자랑스러운 활동들과 크나큰
자유를 확인해주었네. 이렇게 교육받은
나로선, 인간의 능력들을 경탄의 눈으로
바라보고, 최상의 약속들을 기꺼이   240
받아들이며, 또 평등권과 개인의 가치를
표방하는 정부를 최선의 형태로서 환영할
수밖에 없었네. 그러니, **오 벗이여!**
만약 내가, 이 거대한 혁명의 시초에
젊은이답지 않게 덜 기뻤다면, 그 이유는
내게는 그 사건이, 일찍이라기보다 오히려 늦게
주어진 선물로, 자연의 순리를 벗어난 것이
전혀 아닌 것처럼 보였기 때문이기도 했네.²³

---

22 222~32행: 앞의 호반 지역 묘사에서처럼, 여기서도 '평등한 삶의 경험'에 관하여 다소 과
    장된 이야기를 전한다. 18세기 말의 케임브리지는 공화국과는 전혀 다른 모습이었다. 학생
    들과 신사들은 서로 다른 복장을 했고, 다른 삶을 영위했다. 학생들은 대부분 학내와 교회
    에서 자신의 입지를 굳히고자 노력했던 반면, 신분이 고귀한 학생들은 출세하기 위해 굳이
    재능이나 근면함에 기댈 필요가 없었다.

따라서, 격정에 불타고, 편견으로 눈멀고,
상처로 고통당하던 이들 혁명 지지자들이   250
이 절호의 기회에, 내 희망이 그들의 희망과
같은 양상을 띠게 하고, 그들의 영예 위해,
내가 이해하는 바를 영예롭게 바꿔놓을 수
없었다 해도 이상할 것 없네. 이제까지 잠자고
있던 열의가 지금 북극의 여름인 양 정반대로
터져나오고 있었기에, 그들의 입에서 나온
모든 언어가 화살 되어, 역풍을 맞아
그 자신들에게 되돌아갔네. 그들의 이성은
인간의 이해를 초월하는 어떤 힘에 의해
교란당한 듯했고, 대화는 마비되고, 기운이   260
빠졌기에, 그들의 현저한 약점을 발견한
나는 의기양양했다네.
      한편, 날이면 날마다,
도로들은, 프랑스의 가장 용감한 젊은이들과
기백 있는 가장 기민한 모든 행동파들로 붐볐고,
그들은 늠름한 군인정신으로 하나 되어,
전방의 전쟁터로 나갈 채비를 서두르고 있었네.[24]
그런데 바로 이 순간 내 눈엔 눈물이 고이기
시작하네. 딱히 운다는 건 아니고—

---

23 프랑스혁명이 발발하던 무렵 워즈워스는 대다수 영국민들과는 다른 입장을 취했다. 당시 영국민들은 혁명을 환영했다. 그들이 명예혁명을 통해서 획득한 헌법적 권리를 프랑스가 백여 년 뒤에 얻고자 하는 것처럼 보였기 때문이다.
24 프랑스는 1792년 4월 20일에 오스트리아에 선전포고를 했다.

당시에도 울진 않았네, — 하지만 당시의
이별 장면들, 이산가족들, 가장 뼈아픈   270
이별의 순간에 드러나는 여성의 강인함,
조국애와 자기 헌신, 그리고 순교자 같은
확신으로 고무된, 좋은 세상에 대한 희망
등이 기억나서 눈물이 시야를 가렸네.
심지어 단 한번, 잠시 스쳤을 뿐인,
낯선 자들의 대오, 멀리서부터 군가[25]의
곡조에 맞춰, 군기들을 휘날리며
도시로 들어오는 남자들, 여기저기 군중
틈에서 유난히 눈에 띄는 얼굴이나 사람,
하지만 여전히 낯선 자이며 누군가의 총아.   280
이처럼 스쳐 지나가는 광경들에 의해서도
내 가슴은 종종 고조되었으며, 그들은,
길 잃고, 버려지고, 이기적이고, 오만하고,
천박하고, 비참하고, 고집스레 사악하고,
공평과 진리를 증오하는 왜곡된 자가 아니라면,
아무도 반대할 수 없는, 선하고 순수한 명분을
증명하고자 하늘이 파견한 증거들 같았네.

　　이미 암시했듯, 장교의 무리 중에는

---

[25] 프랑스의 국가인 「라 마르세예즈 La Marseillaise」. 1792년 8월 프랑스혁명 중 마르세유 Marseilles 의용군이 이 노래를 부르며 파리로 진군한 뒤로 라 마르세예즈라는 이름을 얻게 되었다.

남다른 성품의 소유자가 한 명[26] 있었는데——
애국자였고, 그 때문에 다른 모든 장교들에게서   290
배척받았으며, 마치 다른 신분의 사람인 양
동양식 미움으로 퇴짜 맞았네. 이분보다 더 온유한
사람은 일찍이 없었으며, 더 관대한 사람도 없었네.
그는 열정적이면서도 온유했네. 상처들이 그를
더욱 품위 있게 해주었고, 당시 그의 인품에서는
알프스 초원의 향기로운 꽃들이 발에
짓밟혔을 때처럼 모두가 알아차릴 정도로
아름다운 향기가 풍겼네. 그는 마치 옛적
로맨스나, 요정 이야기 책, 혹은 여름 구름
뒤에서 일어나는 작용들의 환영 속을 헤매듯,   300
확고부동한 신념에 차서 저 위대한 변화의
사건들 사이로 누비고 다녔네. 혈통으론
가장 고귀한 가문에 속한 그는, 인류 가운데
특히 빈자들을 섬기는 일을 자처했네,
그들과 마치 보이지 않는 끈으로 묶인 듯,
성직(聖職)을 위해 맹세하듯. 그는 인간으로서
인간을 사랑했으며, 초라하고 보잘것없고,
소박한 일들을 하는 모든 소박한 자들에게,
지나친 겸손으로 생색내는 일 없이

---

26 132행에서 언급한 보퓌. 302~03행에서 지적했듯, 명문가 출신의 철학자인 그는 모계로는 몽테뉴의 후손이다. 36세 때 22세의 워즈워스와 알게 된 후 워즈워스에게 자신의 평등사상을 전해주는 등, 그의 생애에 중대한 영향을 끼치게 된다.

예의를 갖추었는데, 그 모습에선 오히려,　　　　　310
지난날 군인다운 만용으로 아가씨에게
행동했을 때와 같은 열정과 정중함이
배어나왔네. 다소 자만에 빠지거나
그렇게 보이기도 했지만, 그건 허영심이
아니라 기분 좋다는 표시였고, 그가
사랑이나 자유의 일에 열중했을 때나,
자신이 참여한 명분의 순조로운 진행을
만족스럽게 회상했을 때 뿜어져 나오던
빛나는 기쁨이었네. 그러나 이마저 온유하고
평온했으며, 기쁨에 찬 그에게서 아무것도　　　320
빼앗지 않았네. 종종 나는, 시민정부의
목적과 가장 훌륭한 정부 형태들에 관해서,
옛날 신하들의 충성심 그리고 헌장에 의해
선포된 권리들, 관습과 습관, 새로운 것과
변화에 관해서, 자존심과, 가문의 영예를
위해서 성별(聖別)된 소수의 미덕과,
다수의 노동자들에게서 발견되는 무지에
관해서 그와 단둘이 이야기를 나눴네.
모든 종류의 편협함에 내키지 않아 하는 그의
마음속에선 이 모든 생각들이 균형을 잡았고,　　　330
그 무렵 그 소동에 거의 발을 담그지 않았던
나 또한, 훗날의 경우[27]보다 더 건전한
판단을 내릴 수 있었으며, 불순물이 별로

섞이지 않아 온전한, 지나간 시절들의 경험을
언제나 떠올리고 있었네. 너무 가까이 있는 것들
때문에 압박받지도 않고, 현재의 목적 위해
군중 틈에서 싸우느라 현혹되거나 호도되지 않는
젊디젊은 마음들에, 그 경험은, 책들과 평범한 삶의
도움을 받아, 확실히 들어오기 때문이네.

   귀를 먹은 것도 아니거니와, 우리 반대편   340
사람들에게서 변명할 수 없는 잘못을
찾아내고자 집요하게 굴지도 않으면서,
그리고 거리낌 없이 고백하건대,
영혼이 가장 천박한 자들이 가장 크게
번영하는 왕궁에서, 위엄, 개인의 진정한
위엄이라고는 존재하지 않는 그곳에서,
정당한 감정의 자연스러운 수로(水路)로부터,
겸손한 연민과 정화(淨化)의 진리로부터 차단되어,
경박하고, 잔인하고, 허영이 넘치는 세상,
선과 악이 이름을 맞바꾸며, 피 묻은 전리품 노린   350
해외 원정이 국내의 악행과 짝을 이루는
그 왕궁에서, 느낌도 없이 쾌락을 쫓는 삶과
비참한 생활들을 상상하면서, 우린 더 큰 기쁨
얻었네. 또 가장 소중한 화제들을 더하여 —

---

27 워즈워스가 1793~1795년경에 겪었던 정서적 혼란을 암시하는 부분.

인간 그리고 하느님이 인간 능력 가운데
넣어준 선물인 인간의 고결한 성품,
명백한 진리를 포착할 수 있는 인간의
맹목적 욕구들과 꾸준한 능력들, 전자로는
속박을 끊고, 후자로는 견고한 토대 위에
자유를 굳게 세워, 널리 퍼져 결코 파멸되지　　　　　　　360
않는 지식을 통해서, 사회생활을 법칙처럼
정의롭게, 그리고 현명하고 선한 개인처럼
순수하게 만드는 것 등에 대해 논했네.

　우린 옛이야기 속 명예로운 행동들을
환기했고, 모든 시대의 역사에서 발견될 법한
모든 빛나는 지역에 대해서, 보존된 진실과
사라진 과오에 대해서 생각했네. 그리고
하늘로부터 불꽃 받은 신실한 영혼들에 대해서,
그리고 어떻게 숱한 사람들이 서로를 양육하고
북돋울 수 있을지. 여러 다른 종파(宗派)의　　　　　　　370
사람들이 모든 관습, 언어, 국가, 사랑 혹은
미움의 장애물을 극복할 수 있는, 적절한 성품을
얻고자 얼마나 열심이며, 그들의 신조를 위해
무엇을 하고 어떤 고통을 견디어내는지.
그들이 얼마나 멀리 가고, 얼마나 오래 참는지.
강대국들이 미미한 시작으로부터 얼마나 신속하게
형성되었는지. 어떻게, 흩어졌던 종족들이,

새 견해들로 뭉침으로써, 하나의 거대한
몸체 이뤄, 하늘의 구름처럼 널리 퍼졌는지를.
우린 그때 우리만의 마음속 열망에   380
호소했으며, 마침내, 수치스러운
무능함의 심연으로부터 새벽별처럼
신선하게 솟아오른 한 민족에게서,
우리 앞에 놓인 모든 것의 살아 있는
증거를 보았네. 크게 기뻐하며 그들의
미덕들을 바라보았고, 가장 거친 사람들에게서
가장 확고한 자기희생과, 관대한 사랑과,
침착한 마음, 그리고 가장 치열한 싸움에서
최고조로 드러나는 정의감을 보았네.

　오 벗이여! 우리가 고향의 로타, 그레타,   390
더웬트 강가²⁸ 혹은 이름 모를 개울가
푸른 골짜기들에서 일찍이 맛보았듯이,
대학 교정의 숲 속, 또는 그런 여유로운 곳에서,
대화하며, 이성적 자유와 인간에 대한 희망,
정의, 평화 등에 관해 깊이 사색하는 것이
얼마나 달콤한 일인가. 그러나 그러한 수고는—
수고 아니겠나, 우릴 심오한 생각들로 이끄니까—
훨씬 더 달콤한 법이네, 만약 어떤 험난한

---

28 로타Rotha, 그레타Greta, 더웬트: 호수 지역의 강들.

시련에 직면하여 인간성이 굳건히 서고,
헌신적인 어떤 사람, 시대의 요청에   400
부응하여 깊은 사고가 행동으로 나타나고,
외적인 형태를 지니며, 그것이 온 세상에
축복이 되는 누군가의 음성을 듣게 된다면.
그때 의심은 사라지고, 진실은 진실 그 이상이 되어 ─
희망이 되고, 열망이 되네. 또한 신성한
권위로써 인증 받아, 위험과 어려움과
죽음마저 초월하는 열렬한 신조가 된다네.
그와 같은 담화를, 아티카²⁹의 그늘 아래서,
디온³⁰은 플라톤과 함께 나눴고, 그것은
해방자의 영광스러운 임무로 무르익었네 ─   410
이미 임무수행의 사명을 띠었던 그는,
모험적인 무장군인들로 둘러싸인 채,
에우데무스와 티모니데스³¹와 동조했네,
이 대담무쌍한 자들을 태운 저 두 척의 배가
시실리의 독재자를 전복시키고자 자킨투스³²를

---

29 아티카Attica: 고대 그리스의 동남부. 아테네 주변의 지방으로 아테네의 지배를 받았다.
30 디온Dion: 플라톤의 제자로서 철학자인 동시에 왕의 본보기. 그는 B. C. 357년에 시라큐스Syracuse의 독재자 ─ 415행의 '시실리Sicily의 독재자' ─ 디오니시우스Dionysius를 폐위시켰다.
31 에우데무스 키프리안과 티모니데스 루카디안Eudemus Cyprian and Timonides Leucadian: 이들은 디온을 도와 시실리를 독재자로부터 해방시켰고, '두 척의 배'(414행)로 시실리에 왔다.
32 자킨투스Zacynthus: 잔테Zante 섬의 라틴 명. 잔테 섬은 그리스 서해안 먼 바다의 섬으로, 이오니아 제도의 최남단에 있다.

떠나 항해했을 때, ─ 그건 **철학자들**이 이끈
철학적 전쟁이었네. 내가 말하는 그는, **오 벗이여!**
야망은 비슷했지만, 보다 더 가혹한 운명의
주인공이었네. 그렇게 보퓌는 (이 이름이 가장
존경할 만한 옛 사람들 곁에 나란히 서기를)   420
그의 삶을 이뤄나갔네. 우리가 유사한 신념으로
경의를 표하며 숱한 긴 얘기를 나누는 중에도,
그는, 임무에서는, 최악의 사태에 대비했네.
그는, 최고의 지휘관으로서, 불운한
루아르 접경 지역에서, 그의 동포인
기만당한 사람들에 대항하여, 자유 위해
싸우다 죽어갔네. 하지만 살아남아 훗날의
나라의 운명, 그리고 그때의 그만큼이나
뜨거운 가슴을 가진 우리가 지금 보는 것을
보지 않아도 되었기에 가장 복 받은 자 되었네.³³   430

　밤낮 없이 축제의 즐거움이 울려 퍼지고,
시민살상이라는 죄를 아직은 범하지 않았던,
바로 그 루아르 강변 따라 우린 자주 걸었네.

---

33 보퓌의 말년에 대한 이야기는 사실과 다르다. 보퓌는 방데Vendee에서 반(反)혁명군을 진압하는 임무를 띠었고, 1793년 10월에 샤토-곤티에Chateau-Gontier에서 심한 부상을 입었다. 그러나 이후 3년을 더 살았으며, 1796년 10월에 동부전선 엘즈Elz 전투에서 사망했다. 그는 나폴레옹의 부상(浮上)과 프랑스 제국의 창설을 보지는 못했지만, 워즈워스와 다른 영국의 급진주의자들에게 '혁명의 배반'으로서 충격을 주었던 1794~1796년의 공격적 활동에는 가담했다.

혹은 키 큰 나무들이 아치를 이루어, 끝없이
그늘 드리운 넓은 숲 속, 나무들 밑으로는
탁 트인 공간이 펼쳐져, 산책로가 길게 뻗은—
웅장한 지역을 거닐었네. 그런 장소들에서
진지한 대화를 하던 중에도 내 생각은 종종
곁길로 새어, 외로운 **수도승**이, 미사가 끝난 후,
평화로이 침묵에 잠겨 고딕 성당의 포도 위로   440
걸어가듯, 은신처를 막 벗어난 어떤 **은자**가,
아무 방해도 없이 숲 속 명상에 잠겨, 이끼 덮인,
대리석이나 잔잔한 바다처럼 매끄러운,
뒤엉킨 나무뿌리들 위를 거닐었음 직한,
다른 시절에 대한 기억의 세계로 시나브로
빠져들었네. 그러나 단단한 땅이 진동하도록
말발굽 소리를 요란하게 울리며 재빨리
사라지거나 다가오는, 산길을 우회하는
여행자의 소리가 저 멀리서 들려왔다면—
보이진 않지만 들렸다면, — 그건   450
천둥처럼 말을 몰아 숲 속을 통과하는
안젤리카,³⁴ 혹은 그녀처럼 아름다운
도피자인, 상냥한 아가씨, 어미니아였네.
때때로 나는, 나무 밑에서 마상시합 중인 두 기사를

---

34 안젤리카Angelica와 어미니아Erminia: 유명한 이탈리아 서사시들인, 아리오스토Ariosto의 『올란도 퓨리오소 *Orlando Furioso*』와 타소Tasso의 『예루살렘 리베라타 *Gerusalemme Liberata*』에 각각 등장하는 여주인공들. 이들은 낭만적 상상력을 불러일으켜 보퓌와 관련된 정치적 내용과의 사이에 균형을 잡아준다.

본 듯도 했네. 나무들은 폭풍우를 만난 듯
그들의 머리 위로 높이 흔들리고 있었네. 이윽고 시야에서
가려진 습지 어딘가 사티로스³⁵의 거처에서
갑작스러운 선포에 따라, 떠들썩한 즐거운 소리와
우렁찬 음악 소리가 터져 나왔고, 그들은
불행한 포로인 빼어난 미인을 한가운데   460
세워놓고 흥겹게 춤을 추고 있었네.
저 드넓은 거대한 숲들은 내겐 아주
새로운 광경으로서, 존경하는 그 동반자와
함께 산책을 할 때면, 종종 이렇게
내 상상력을 지배했네. 그리고 때때로—³⁶
시냇가 푸른 초원 위에 세워진
수도원에 갔을 때는, 시간의 준엄한
손길에 의해서가 아니라 갑작스러운
폭력에 의해서 생긴 폐허로 인해—
저 기운을 북돋우는 대화들,   470
그리고 진정한 열정과 내 속에 싹튼
덜 진지한 열정에도 불구하고— 그토록
극심한 악행 탓에 비탄에 잠길 수밖에 없었고,
더 이상 울리지 않는 아침기도 종소리,
저녁 촛불, 그리고 가장 높은 첨탑

---

35 사티로스Satyr: 그리스 신화에서 주신(酒神) 디오니소스를 따르는 숲의 신. 상반신은 사람, 하반신은 양의 모습으로 표현되며, 술 마시고 놀기를 좋아하는 호색한으로 유명하다.
36 465~78행에서 워즈워스는 폐허가 된 수도원들과 사원들에 대한 슬픔을 피력한다.

꼭대기 높이 솟은 십자가, 그 환대와
(지친 여행자들의 눈에 그 얼마나 반가웠던가!)
평화로운 안식의 상징으로 인해 슬펐네.
그리고 저 다채로웠던 산책길의 파트너가
이따금, 고대 왕들의 거처였던　　　　　　　　　　　　480
로모랑탱[37]의 옛터와 블루아[38]의
웅장한 건축물을 가리켰을 때,
혹은, 프랑시스 1세의 구애를 받았고,
서로를 향한 열정의 사슬로 그에게 묶여,
탑으로부터, 마을의 전승설화가
전해주듯, 화톳불과 사랑의 봉화로써
황실 기사와 연락하는 법을 익혀,
그녀가 기거했던 높다란 거처와 저 멀리
평원에 세워진 그의 거처, 샹보르[39] 사이에서
사랑을 나눴던 한 여인이 살았던, 지금은 이름이　　　490
기억나지 않는, 저 시골 성을 가리켰을 때,
평화로운 종교적 장소보다는 덜했지만, 심지어
여기서도, 왕들과 그들의 악행들과 보다 나은
행위들을 기념하는 수많은 기념비들 사이에서도,
상상력은, 때때로 정의로운 분노와
고상한 꾸지람으로 불타오를 수 있지만,

---

37 로모랑탱Romorentin: 루아르 강 유역의 조그만 마을.
38 블루아Blois: 루아르 강에 면해 있는 프랑스의 중부 도시.
39 샹보르Chambord: 프랑수아François 1세에 의해 루아르 골짜기에 세워진 성(城).

종종 시민의 편견, 소위 한창 나이의
젊은 애국자에게서 흔히 나타나는
편협함을 완화시켜주기도 했다네.
그리고 난 무수한 기사도(騎士道)의 기쁨으로   500
빛나는 이 장소들을 바라보았네. 그러나 한 사람의
의지가 모든 이의 법이 되는 절대적 통치에 대한,
그리고 불의한 특권들에 의하여, 통치자와 백성
사이에 서서, 백성이 아니라 통치자를 돕는
사람들 속에 도사린 불모한 자만심에 대한
적지 않은 증오가, 연민의 정과 사랑과 섞여,
날이 갈수록 더욱 강하게 나를 사로잡았네,
희망이 있는 곳에 비참한 자들에 대한 사랑도
깃드는 법이므로. 그리고 어느 날,
소를 묶은 끈을 제 팔에 매고서   510
어린 암소의 걸음과 보조를 맞춰
기운 없이 느릿느릿 걸으며, 그리고
이렇게 겨우 걸음걸이를 지탱하는 한편,
절망에 빠져 창백한 손으로 홀로 뜨개질에
열중하던, 가난에 찌든 어떤 소녀와
우연히 마주쳤을 때, 이 광경을 본 내 친구는
분노하며 말했네, '우리가 싸우는 이유가
바로 *저런 사람 때문*'이라고. 나도 그와 더불어
믿었다네, 관대한 정신이 널리 퍼져서
아무도 막지 못할 것이며, 이러한   520

처절한 빈곤은 잠시 후 더 이상 존재하지
못할 것임을. 그리고 이 땅이 아무 방해도
받지 않고, 온유한 자, 겸손한 자, 참고 견디며
일하는 어린이를 보상하고자 하는 희망을 이루고,
예외를 합법화하는 모든 제도가 영원히 사라지며,
공허한 허세와 방종한 생활방식과 잔인한 힘이
한 사람의 칙령에 의해서건, 몇몇의 그것에
의해서건 폐지되며, 마침내, 이 모두의 총화이자
가장 중요한 것으로서, 사람들이 강한 힘을
얻어 자신들의 법칙들을 손수 만드는 것을 530
우리가 보게 될 것이며, 이로써 온 인류에게
더 나은 날들이 오리라는 것을.[40] 그러나 이것들을
차치하고라도, 무슨 생각이든 인류의 복지로
귀결시켰던 마음을 활기차게 함에 있어서,
이 확신 하나면 충분하지 않았을까? 이제부터는
법에 명시되지 않은 위임에 의한 감금은
폐지되어야 한다는 것, 그리고 모두가 자유를
누릴 수 있는 것도 아니고, 인간의 마음속에
두려움이 남아 있다 하더라도, 공공연한 비난은
온 세상이 듣는 가운데 판결과 공개처벌로 540
이어져야 한다는 확신 말이네. 이 정상으로부터
몸을 굽혀, 종종 우리 생각이나 대화를 지체시켰던,

---

40 많은 사람들처럼 워즈워스도 프랑스혁명이 이 땅에 정치적 개혁을 가져오리라 믿었다.

공적인 행동들과 인물들, 그리고 마음속 깊이
새겨진 감정들 같은, 더 소박한 문제를 살피진
않을 것이네, 항상 달라지는 기록이나 보고가
바람인 양 우릴 휩쓸고 지나갔기 때문이네.
그 대신 여기서, 내 애국자 친구에게서 들었던,
슬픈 사연의 이야기[41]를 되풀이해도 되겠지,
프랑스가 치명적인 재앙과 사악하고
암담한 치욕으로 여기며 진저리 치는,   550
저 고목이 얼마나 땅속 깊이 뿌리내렸으며,
얼마나 넓게 가지 뻗었는지 입증하는 얘기를.

　오, 젊음으로 충만한 연인들의 행복한 시간이여 (이렇게
내 얘기가 시작될 수도 있겠지). 오, 향기로운 시절,
아가씨 이마에 드리운 사랑매듭[42]이 하늘에서

---

[41] 워즈워스가 보퓌에게서 전해들은, 보드라쿠르Vaudracour와 줄리아Julia의 슬픈 사랑 이야기. 이들은 같은 마을에서 성장했고 서로 사랑하여 결혼을 원하지만, 신분상의 차이 때문에 보드라쿠르의 아버지의 극심한 반대에 부딪친다. 그 와중에 줄리아는 사생아를 낳게 되나, 계속되는 반대와 핍박 때문에 수도원으로 보내진다. 아이는 아빠에게 남겨지지만 곧 죽고, 보드라쿠르는 정신 이상에 걸리게 된다.
　워즈워스는 이 이야기를 『서곡』의 1805년판에서 자세히 다뤘고(556~935행), 1820년에는 독립된 시로 출판했다. 그러나 1832년에는 이것을 『서곡』에서 대거 삭제한 후 줄거리 요약 부분만 남겨 두었다.
　이 이야기는 종종 워즈워스와 아네트 발롱 사이의 이루지 못한 사랑과 비교된다. 보드라쿠르처럼 워즈워스의 친척들도 그와 아네트의 결혼에 반대했다. 돈도 직업도 없는 워즈워스가 그녀와 결혼하고 그녀를 영국으로 데려온다는 것은 불가능했을 것이다. 게다가 1793년에 영불전쟁이 일어나 그들의 결합은 더욱더 어려워졌다. 만약 워즈워스가 그해에 프랑스로 돌아왔다고 해도 그녀를 만나지는 못했을 것이다. 그들은 양국 사이에 왕래가 가능해진 1802년에야 다시 만날 수 있었다(266쪽 주 18 참고).

빛나는 가장 아름다운 별보다 더 아름다운 때여!
어쩌면 그렇게— 그리고 이 서곡으로써 그 기록은
시작되었을지도 모르네, 그리고, 충실한 시로써,
구슬픈 속편이 씌어졌고 말이네.
       그러나 우리의 작은 바는
대담하게도 힘찬 강물 위로 항해를 시작했었네,   560
그런데 우리가 도도히 흐르는 물결에서 벗어나
작은 개울에서 멋대로 빈둥거린다면, 그곳이
제아무리 매력적이라 해도, **길벗이여!**
꾸짖지 않겠나? 하지만 내 수고가 헛되다 생각 말게,
그 평범한 이야기 속의 보드라쿠르와 줄리아가
(그 불운한 한 쌍은 이렇게 불렸지) 그들의 심장이
멎은 후에도, 남들의 심장에서 눈물을 자아낼 테니까.
그대 역시 거기서 여가를 틈타 읽게 되리라,
사랑하는 젊은이들이 어떻게, 공권력 탓에 나락으로
떨어져, 괴물 같은 법에 대항하는 자연의 반역인,   570
치명적 죄를 범하는 지경에까지 이르게 되었는지.
강압적인 명령이 어떻게, 마음과 마음 사이에,
진실한 사랑으로 결합했었던 자들 갈라놓고,
둘 모두를 괴롭혔으며, 마침내 그가 주저앉고
운명이 정해놓은 자리에 떨어져, 악의에 찬
회한의 독소가 힘을 발휘하여 그를 일으키는

---

42 사랑매듭love-knot: 사랑의 표시로, 특별한 모양으로 묶어서 몸에 지니고 다니는 리본.

경우를 제외하곤, 무기력하고 멍한 채로,
기도조차 못하고 지냈는지를. 인간들의 거처를
피하여 그는 깊은 숲 속으로 도망쳤으며,
거기 머물러, 정신은 점점 쇠약해져갔네.   580
프랑스 전역을 통해서 급속히 울려 퍼지던
자유의 소리도, 민중의 희망도, 혹은 그 자신이
저지른 최악의 행위에 대한 기억조차 그를
일깨우지 못했으며, 그는 어두운 그늘 속에 숨어
남은 날들을 허비했을 뿐이네, ― 넋이 빠진 채로.

제10권
프랑스 체류와 프랑스혁명

지면(地面)을 뒤덮었던 한낮의 풍경이
묘한 정적(靜寂)에 휩싸여 저물어가던,
그날은 아름답고 고요한 날이었네—
고요히 흐르는 루아르 강가에서 걸음을 멈추고
비옥한 강 유역의 포도밭과 경작지, 푸른 초지,
그리고 여러 색깔이 어우러진 숲들을 향해
다시, 또다시, 이별의 시선을 던졌을 때,
예나 다름없이 아름다웠던 그날은 내 회한을
달래주었네, 그 내용을 심화시키긴 했지만.[1]
그 후 그 고요한 장면을 떠나 거칠고 사나운   10
수도(首都)를 향해 걸음을 옮겼네. 왕[2]은

---

[1] 당시 워즈워스는 루아르의 아름다운 가을뿐 아니라 그의 아이를 해산하러 오를레앙에 와 있었던 아네트와도 이별을 하고 있었다. 그는 1792년 10월에 파리를 거쳐 12월 초에 영국으로 돌아갔다.

폐위당했네, 그리고 저 침략군들—
그 오만한 구름 떼는, 그들을 몰아온 음산한
바람의 부드러운 자비들을 검은 전선에
앞세우고— **자유**의 들판들에서 속절없이
산산이 부서졌네. 더 담대히 말하자면,
그들은— 대무갈³이 예전에
라자들과 옴라들⁴을 동반하여,
아그라⁵나 라호르⁶에서 나올 때,
사냥감을 일개 주(州)만큼이나 넓은 원으로   20
포위하여 몰고자 했으나, 사냥 신호가 떨어지자,
목숨을 위협하는 창끝이 즉각 거리를 좁히기도 전에—
기대해마지않았던 사냥감은 복수자로 돌변하고,
이것을 본 그들, 성급한 사람들이 잔뜩
겁에 질려, 성난 동물들을 피해서 도망쳤던,
대무갈 휘하에 집결했던 동양 사냥꾼들처럼
우쭐대며 쳐들어왔었네. 사악한 기대에 가득 차
온갖 상상으로 분주했을 그들 모두에겐 실망과
당혹감만이 남았을 뿐이며, 확신과

---

2 루이 16세가 1792년 8월 10일에 폐위당하자, 8월 19일에는 오스트리아와 프러시아가 프랑스를 침공했다. 이들은 폐위된 왕권을 회복시키고자 하였던 것이다. 그러나 발미 Valmy 전투 후 침략자들은 물러났고, 그들의 위협은 무해한 것으로 판명되었다.
3 대무갈 Great Mogul: 1626년 바버 Baber에 의해 건설된 인도 무갈제국의 황제.
4 라자들 Rajahs과 옴라들 Omrahs: 인도의 왕자들과 귀족들로서 대무갈 궁정의 고관대작들.
5 아그라 Agra: 인도 북부, 유타 프라데쉬 Uttar Pradesh 주의 도시. 타지마할의 소재지.
6 라호르 Lahore: 파키스탄 동북부에 있는 도시. 아그라와 라호르 이야기는 『실낙원』 제11권 391행에서 인용되었다.

완전한 승리는 더 나은 명분의 몫이었네.　　　　　　　　　　　30

　　마치 안전을 보장하는 최후의 도장을 찍기
위해서인 듯, 그리고 도전 정신으로 고양되었거나
통렬한 분노로써 마음이 상한, 고결하고도
담대한 영혼인 제 국민의 모습을 온 세상에
보여주기 위함인 듯, 또는 약화되던 능력들을
선동하여 새로운 방향으로 몰고 가려 했었던,
당황한 동맹군을 악의에 찬 감사로써 조롱하기
위해서인 듯, 프랑스는 왕이 몰락했을 때,
텅 빈 왕좌를 남겨두지 않았고, 자만심에
가득 차서 서둘러 공화국이라는 정체와　　　　　　　　　40
성스러운 이름을 채택했네.7 사실, 이 시간이
오기 전, 통탄할 만한 범죄8이 있었으니, 끔찍한
대학살이 자행되어, 감각도 없는 칼이 재판관인 양
사람들이 거기 매달렸네만, 이 모두 지난 일이고,
땅은 거기서 영원히 해방되었다고 생각되었네, —
일시적인 괴물들이 단 한 번 나타났을 뿐!
사물들이 제 모습 드러내고는 소멸되었던 것이네.

---

7 프랑스는 1792년 9월 22일에 입헌군주제를 버리고 공화국이 되었다.
8 오스트리아와 프러시아 군대가 베르됭Verdun을 침략했다는 소식이 퍼지자, 성난 군중들이 9월 2~6일 나흘간 폭동을 일으켜 왕권 옹호자들로 의심받던 파리의 죄수들을 처형했다. 마라Marat와 다른 사람들이 귀족들의 처형을 옹호했고, 프랑스의 다른 지역들에서 특히 사제들의 숙청이 감행되기도 했으나, 파리에서 죽은 사람들의 5분의 4는 왕당파가 아니라 평범한 범죄자들이었던 것 같다.

이 희망으로 활기를 찾은 난 파리로 돌아갔네,
그리고 이제까지 느껴보지 못한 열의를 보이며,
그 넓은 도시의 이곳저곳을 누볐네. 그리고   50
발길 닿는 대로 가다 보니, 그 불운한 군주가
부인과 자녀들과 함께 감금되었던 감옥,
그리고 최근에 질풍노도 같은 성난
군중에 의해 습격당한 궁전을 지나갔네.
불과 얼마 전만 해도, 죽어가는 사람 위에
시체들이 겹겹이 포개졌던 카루셀 광장⁹을
(내가 갔을 땐 텅 비어 있었네!) 가로지르며,
이곳저곳을 응시했네, 마치 눈앞에 놓인
책이 기억할 만한 내용을 담고 있다는
것쯤은 아는데, 읽을 수 없는 언어로   60
씌어져서 그 뜻을 전혀 알 수 없기에,
무언의 책장들에게 고통스레 질문하면서, 그것들의
침묵을 절반쯤 꾸짖는 사람처럼. 하지만 그날 밤
내가 어떤 세상에 와 있는지, 어떤 땅을 밟고 섰는지,
또 어떤 공기를 호흡하는지 가장 깊이 느꼈네.
커다란 저택 혹은 호텔 지붕 근처에,

---

9 스위스 호위대에 의해 자행된 1792년의 대학살에 대한 언급. 루이 16세의 거처인 튈르리 궁을 습격했던 4백여 명이 이때 희생되었는데, 왕이 호위대의 무장을 해제하자 이번에는 공격자들이 호위대를 학살했다. 이때 죽은 시체들을 카루셀 광장에 쌓아놓고 불태웠다. 루이 16세는 1793년 1월 21일에 처형당했다.

높이 외따로 있었던 내 방, 더 평온한
때였다면 마음에 들었을 숙소였으나,
당시에도 즐거움이 전혀 없지는 않았네.
밤마다 촛불 밝히고 간간이 책을 보며,   70
깨어 있노라면, 이미 지나간 두려움이
앞으로 다가올 두려움인 양 엄습했네.
나는, 일어난 지 불과 한 달밖에 안 된
저 9월의 학살들[10]을 생각했고, 그 현장을
보았고, 또 만졌네. 나머지 장면들은 비극적으로
꾸민 이야기들이나 실제 역사, 지난 시절의
회상들과 희미한 경고들로부터 떠올렸네.
말(馬)은 날뛰는 법을 배우고, 제멋대로
운행하던 별은 다시 저만의 궤도를 밟으며,
허리케인이 소멸되면 공중에서는 더욱   80
사나운 바람 일으키며, 파도는 밀려가는
즉시 깊은 바다 밑 은신처를 뛰쳐나와
되돌아오고, 만물은 제2의 탄생을 맞으며,
지진은 한번으로 만족하지 않는 법.
이런 식으로 나 자신을 설득하고 있노라니,
도시 전체를 향해, '더 이상 잠 못 이루리라,'[11]
외치는 음성이 들리는 듯했네. 이 소리에
꿈결 같던 몽상은 출발점으로 달아나고,

---

10 앞서 언급한 '통탄할 만한 범죄들'(42행)의 주 참고.
11 『맥베스 Macbeth』 2막 2장 35~36행에서 맥베스가 하는 말.

더욱 평온한 마음의 소리들은 헛되이
부드러운 평화와 달콤한 망각을 약속했네.   90
그곳은, 여전히 정적에 휩싸여 있었지만,
호랑이들 출몰하는 숲처럼 무방비 상태로,
밤의 안식을 주기에는 부적절해 보였네.

   다음 날 아침 일찍 나는 기대에 부풀어
오를레앙의 궁전 산책길로 향했네. 아직 거리들은
고요했지만, 길게 뻗은 아케이드 주변은 시끄러웠네.
거기서 나를 맞이하는 시끌벅적한 소리들과
고함 소리들을 뚫고서, 군중 속으로
장사꾼들의 날카로운 음성 들려왔네. 그들은
'막시밀리앙 로베스피에르[12]의 탄핵'을   100
외쳐대면서, 목소리만큼이나 기민한
손으론 즉각 연설문을 쳐들어 보였네.
그것은 최근, 로베스피에르가 자신을 겨냥한
간접적 비난의 말들이 무슨 뜻인지 모르지
않으면서, 뻔뻔스럽게도 자리에서 일어나,
자신에 대해 나쁜 추측을 일삼았던 사람을 향해,
자신에게 씌운 혐의를 공개하라고 도전했을 때

---

12 막시밀리앙 로베스피에르Maximilian Robespierre는 1792년 10월 루베Louvet에 의해서 잠정적인 독재자로서 탄핵을 당했다. 루베는 이에 관한 책자를 하나 발간하였는데, 워즈워스는 이것을 보았던 것 같다. 그의 염려대로 1793년 7월 로베스피에르는 혁명정부를 장악하였고, 이때부터 공포정치가 시작되었다.

행했었던 연설을 적은 것이었네. 그때,
죽음 같은 정적이 흘렀고, 아무도 움직이지 않고
모두가 말없이 지켜보는 가운데, 자리에서   110
일어난 루베가 홀로 복도로 걸어나와
연단의 지정된 좌석에서 말했었네,
'로베스피에르, 당신을 고발한다!'라고. 그 비난에
의해서 촉발된 불명예는 물론, 우렁찬 목소리로
그 놀라운 청천벽력 같은 공격을 퍼부었던,
용감한 단 한 사람인 그가 어떻게 그 위험천만한
의무를 수행해줄 추종자도 한 명 없이 거기
남겨졌으며, 또 하늘의 최상의 도움이 거짓된
사람들의 손에서 낭비되는지 한탄하며 물러났는지,
모르는 자는 없었다네.   120
               하지만 내가 말하는
이러한 것들이 나 개인의 입장에서는
다만 폭풍우나 햇빛일 뿐 그 이상의
의미는 없었네. 그런데 이제 와서 말하자면—
직접 눈으로 보아서 알게 된 바로는
머지않아 시골 구석구석까지 이 땅의
곳곳에 퍼지게 될 **자유**, **생명**, **죽음**이
수도를 통치하는 자들의 의지에 달렸다는
것이네. 또한 이들이 무엇 때문에 싸웠고
승리는 어떤 투사들의 것이 되어야 하는지,
최선의 목적을 가진 듯 여겨지는 자들의   130

우유부단함, 그리고 부도덕한 방법으로
공격이나 방어에 강한 사람들의 확고한
걸음— 이러한 것들로 인해 난 마음속 깊이
흔들렸네. 그렇다네, 할 수 있다면 기도라도
하고픈 심정이었네, 자유에 걸맞은 이성을
참을성 있게 행사함으로써, 온 땅에 사는
모든 사람들에게, **진리**의 거룩한 빛 안에서
확장되는 열정으로 가득 찬 모든 영혼들에게
방언의 능력이라도 임하고,[13] 프랑스 위해 무언가를
할 수 있는 능력이 사방에서 바람에 실려와,   140
남의 도움 없이 스스로는 할 수 없는 명예로운
일을 할 수 있도록. 여기에 내가 안전문제[14]를
덧붙였다 생각진 말게, 나는 천사들이
죄에서 먼 것만큼이나, 사태의 귀결에 관한
모든 의심이나 불안으로부터 멀었으니까.

　하지만 난 슬펐네, 슬펐을 뿐 아니라,
저항과 개선책들에 관해서도 생각했네.
보잘것없는 무명의 이방인이요,
게다가 모국어조차 웅변적으로 말하는
능력을 타고나지 못했고, 소동이나   150

---

13 오순절에 사도들에게 임했던 방언의 능력처럼(「사도행전」 2:2~4).
14 안전문제 work of safety: 리드Reed는 이것을 워즈워스 개인의 '자기보호 self-protection'라고 해석하나, 워즈워스는 여기서 공화제를 채택한 프랑스의 방위에 관해 생각하고 있는 듯하다.

책략에는 더더욱 부적합한 나였음에도,
그 당시 그토록 위대한 명분을 위해서는
제아무리 위험해도 무언가 도움 되는 일을
기꺼운 마음으로 했을 것이네. 나는 숙고했네,
인간의 운명이 여전히 얼마나 소수의 사람들에 의해서
좌우되는지, 그리고 하늘에 태양이
하나이듯 모든 지역적 특질을 초월하는
하나의 속성이 있다는 것과,
따라서 위대한 목표들일지라도 가장
소박한 눈들의 범주에 들어온다는 것,   160
그리고 신성한 증거가 가장 확실한 희망을
선포하는 곳에서의 희망의 결핍과 불신을
통해서만 인간은 약해진다는 것 등에 대해서.
또한 내 비록 젊어 경험은 부족했지만
확신할 수 있었네, 희망이 있기에 강하며
고상한 열망들을 품도록 단련된 정신,
자기 자신에게 철두철미 충실한 정신이야말로
사회의 비이성적 무리를 다스리기 위한
지배적인 직관으로서, 단번에
길과 안내자, 여기저기 흩어진 자잘한   170
개울과 물줄기를 한곳으로 모아
안전한 물길 따라 즐겁게 흐르게 하는
유동의 저장소가 됨을. 그리고 자제심,
용의주도함, 또 단순함 안에서와 같이

마땅히 있어야 할 곳에서 평온한 마음은
목표를 상실할 만큼 완전한 패배로 전락하거나,
외부로부터, 자신을 망치거나 패배시키는
배신을 당하는 경우가 거의 없다는 것을.
그리고 마지막으로, 인간의지, 나약한 인간의지에
의존하고 있는 수단들[15]이 너무도 대담하게   180
그것들을 신뢰했던 자를 배반한다 해도,
시끄러운 세상의 혼란 한가운데서
영혼 깊숙이 어떤 지고한 음성[16]이,
선과 악, 삶과 죽음을 초월하는 심판자가
존재함을 느꼈네, 엄숙한 위엄을 갖추고,
진리와 정의의 목표들을 최대로 증진시킬 수 있도록,
우리의 모든 관심 영역으로부터의 희생,
혹은 자연이 준엄한 명령에 맞서,
진지하고도 맹목적으로 탄원하는
우리의 연약한 애정들을 요구하면서.   190

다른 한편으로, 나는 학교들의 다반사가
되어버린 저 평범한 진리들을 돌이켜보았네—
(어른에겐 너무 진부하나, 학생들 위한 주제[17]를)
하지만, 생동감 넘치는 계시와 더불어,

---

15 여기서 '수단들'이란 지도자가 의지하는 그의 지지자들인 것 같다.
16 양심.
17 학생들의 작문을 위해 제시된 주제들.

그것들의 모든 포괄적인 맥락에서
옛적의 철학자들, 세상일에 미숙하고
무명으로 살았던 사람들에게 알려지고
보여졌으며, 하모디우스와 그의 동료
아리스토기톤[18]에게 알려지고, 브루투스[19]에게
알려졌던 진리들 — 말하자면 폭군의 힘은   200
나약하여, 거기엔 감사도, 믿음도, 사랑도,
믿을 만한 선인이나 악인의 뒷받침도
없다는 것, 우리의 신성은 결코 온전히
잠들지도 조용해지지도 않는다는 것,
공명정대와 이성 외에는 아무것도 지속성을
타고나지 못했다는 것, 그 밖의 모든 것은
화해할 수 없는 적들을 만나며, 기껏해야
각양각색의 질병의 힘으로만 산다는 것 등을.

    내 바람들은 열렬했고, 생각들은 강렬하고도
혼란스러웠을 터이나, 당시 하나만은 의심치 않았네,   210
즉, 탁월한 정신을 소유한 단 한 사람의 힘이
저 권력 투쟁을 일삼는 파벌들[20] 부끄럽게 하고 —

---

18 하모디우스Harmodius와 아리스토기톤Aristogiton: B. C. 514년 아테네의 폭군 히피아스 Hippias와 그의 동생 히파르쿠스Hipparchus에 대항하여 반란을 이끌던 아테네의 귀족들. 하모디우스는 혼란 중에 죽었고 아리스토기톤은 붙잡혀서 처형되었지만, 이들은 이 정의로운 시도로 인해 널리 칭송을 받았다.
19 브루투스Brutus: B. C. 44년 시저Caesar 암살에 중요한 역할을 했던 인물.
20 자코뱅 당원들.

분노와 잔인한 권력을 소멸시켰으리라는 것,
그리고 미숙함의 더욱 통탄할 증거인 무지와
잘못된 교육을 통해서, **민중**이 오랫동안 어떤
상태에 있어왔고 또 있었음에도 불구하고,
그리고 외부의 필사저항에 항거하여 —
의로운 정부가 갈 길을 닦았으리라는 것,
그리고 옛 입법자들의 본보기를 따라서,
다시 찾은 국가에 진정한 생득권을   220
남겨놓았으리라는 것을.
                    이러한 마음가짐으로
모질게도 어쩔 수 없는 현실이라는 사슬에 끌려,
그땐 그렇게 보였지, — 이젠 감사히 인정하듯,
하늘의 은혜로운 섭리에 의해 강요된 것이네만, —
난 영국으로 돌아왔네,[21] 그렇지 않았다면
(내 비록 보잘것없었고, 또 그랬음이 분명하고,
무서운 폭풍우 만나 악전고투하는 배의
갑판 위 견습 선원보다 나을 것 없었지만)
의심할 여지없이, 그때 죽어간 몇몇 사람들과
일치 협력했을 것이며,[22] 어쩌다 나도 죽어서,   230
투쟁에 잘못 뛰어든 길 잃은 가련한 제물로, —

---

[21] 워즈워스는 영국으로 돌아가야 했던 진짜 이유에 대해서는 언급을 회피하는데, 실제로 그는 자신과 아네트, 그리고 곧 태어날 아기를 부양하기 위해 돈이 필요했다.

[22] 워즈워스는 프랑스혁명 당시 과격한 자코뱅 당과 대립했던 온건한 공화주의 당파였던 지롱드 당Girondins에 호의를 보인다. 지롱드 당원들 거의 모두가 로베스피에르에 의해서 1793년 7월에 투옥되고 10월에 처형당했다.

자연의 품으로 되돌아갔을 것이 분명하네,

내 모든 결심들, 모든 희망들과 더불어,

사람들에겐 쓸모없는, 나만을 위한

시인[23]으로서, 게다가, 사랑하는 벗이여!

그대에겐 알려지지도 못한 채![24]

       내가 앨비언[25]의

해변에 밀려오는 파도를 보았던 때로부터,

우리 조국의 성스러운 땅에서 귀에 익은

모국어의 억양들을 분별했던 때로부터,

나무들이 두 번씩이나 잎을 떨어뜨렸네,   240

겨울이 종종 하얀 왕관을 머리에 썼을 때처럼.

세계의 애국자인 내가 어떻게 예전의 아름다운

선율 가득한 은신처, 숲 그늘로 달려가 자연과

더불어 교제할 수 있었겠나? 난 대도시에

머무는 것이 더 좋았고, 거기서 감지했네,

단합된 인류의 강력한 힘에 의해서,

흑인 노예상인들에게 가해진

저 잊지 못할 최초 공격[26]의 후유증이

---

23 워즈워스는 아직 거의 아무것도 출판하지 않았고, 영국으로 돌아오고 나서 「저녁 산책」 과 『서술적 소묘들』을 출판했다.

24 워즈워스가 콜리지를 만난 것은 1795년 9월이었다(158쪽 주 26 참고).

25 앨비언 Albion: 영국의 옛 이름으로 '하얀 땅'이라는 뜻. 브리튼 Britain 섬의 남부 해안을 도버 해협 상공에서 내려다보면 백악질(白堊質)의 절벽이 희게 보이는 데서 유래했다고 한다.

26 1787년에 클락슨 Clarkson, 윌버포스 Wilberforce 등을 중심으로 노예 매매 금지를 촉구하는 한 단체가 발족하였고, 1792년에 노예 매매 금지 법안이 영국 국회의 하원을 통과했으

아직 남아 있어 어수선한 주변 공기를.
비록 실패하긴 했지만 그 노력은   250
잊힌 옛 원칙들을 상기시켰으며,
전국 방방곡곡에 고결한 정서의 새로운
열기 퍼뜨리고 있었네. 내 경우엔,
이 특정한 투쟁이 애정 어린 관심을
끌기엔 역부족이었고, 또한 성공하지 못한
이 문제로 인해 내가 매우 슬퍼한 것도
아니었네, 왜냐하면 만약 프랑스가 번영하면,
선한 사람들이 인류에게 오랫동안
결실 없는 찬양을 바치지 않으리라,
그리고 이 인간 수치의 가장 부패한 가지가,   260
불필요하게 보였던 이 고통거리가 머지않아
모체(母體)와 함께 쓰러지리라 믿었으니까.
이런 때, 무장한 영국이 저 동맹군들과 더불어,
오, 수치스럽고 유감스럽게도! 자유로운 힘을
행사했을 때[27] 내 심정이 어떠했겠는가!
그 시간 이후 나 한 사람뿐 아니라,
모든 순진한 청년들 마음속에서 변화와
몰락의 조짐[28]을 보았네. 바로 그 순간에

나, 상원에서는 이를 거부했다. 노예 매매가 법으로 금지된 것은 이 단체가 창립된 때로부터 20년이 지난 1807년의 일이다.

27 프랑스는 1793년 2월 1일에, 영국은 그로부터 10일 후인 2월 11일에 선전포고를 했다.

28 혁명을 지지하던 젊은이들은, 조국이 그들의 희망을 실현시켰던 나라(프랑스)와 전쟁을 하게 되자 스스로 무너질 수밖에 없었다.

이르기까지 일찍이 내 도덕적 품성에
어떠한 충격도 주어진 적 없고, 바로 270
이 한번 외엔 가히 혁명[29]이라 일컬을 만한
어떤 일탈도 감정의 전환도 없었다네.
이제껏 다양한 속도로 걸어온 나의 한결같은
여정에서 그 밖의 모든 것은 한 방향으로
나아가고 있었네만, 이번만은 한걸음에
성큼 다른 곳을 향하고 있었네. 제가 돋아난
어느 회색 바위틈에서 미풍에 나부끼는
가볍고도 유연한 초롱꽃처럼, 그렇게
사랑하는 조국의 고풍스러운 탑에 재빨리
뿌리내린 채, 거기서 시드는 것보다 더한 280
행운은 바라지 않으며 제멋대로 뛰놀았었던 나.
이제 나는 그 즐거운 터전에서 뜯겨져 나와
회오리바람 속에 휘말렸네. 그 후, 난 기뻐했네,
정말이네 — 드러내기 참 고통스런 진실이지만! —
영국 병사들이 수천수만의 적군에 패배하여
처절하게 벌판에 나뒹굴었거나, 용감한 자들조차
치욕스러운 도주를 해야 했을 때, 내 영혼 깊이
승리를 만끽하며 환호했네. 그건 슬픔이었네, — 아니
슬픔이라 부르지 말게, 여하튼 슬픔은 아니었네—
그건 이름 없는 감각들의 싸움이었으며, 290

---

[29] 워즈워스 개인의 혁명revolution은, 영국이 혁명 Revolution에 반대하는 전쟁에 가담한 것에 의해 촉발되었다.

예배에 참석한 모든 회중이 거룩한
성부께 머리 숙여 기도를 바치거나,
우리 나라의 승리들을 찬양하는 동안,
나처럼, 마을 교회의 이런 광경을 사랑하는
사람만이 그것에 대해 판단할 수 있네.
그리고 소박한 신자들 중, 어쩌면 나만이,
아무도 알아주지 않는 초대받지 못한
손님같이, 말없이 앉아서, 덧붙여도 되겠나,
다가올 복수의 날을 내심 꿈꾸고 있었음을?[30]

오! 영국에서, 영국의 가장 뛰어난　　　　　　　　　　300
젊은이들에게서, 단박에 결정적인 틈을 타,
폭력으로써 그들의 소중한 자랑과 기쁨을
앗아갈 수 있었던 자들은 많은 설명을 해야 하네,
하느님이 나타날 때 그의 출현을 앞서

---

30 268~99행은, 1792년 늦가을에 영국으로 돌아온 후 워즈워스가 겪었던 정신적 위기를 묘사한다. 당시 그는 경제문제뿐 아니라 미래에 대한 불확실성 때문에도 심각한 고민에 빠지게 된다. 1797년 초반에 이르러서야 시인으로서의 생애를 결심했기 때문이다.

당시 프랑스혁명을 열렬히 지지했던 그는 대부분의 영국민들과 견해를 달리했다. 1793년에는 '공화주의자'라는 이름으로 '랜더프Llandaff 주교에게 보내는 편지'를 쓰게 되고, 여기서 군주제와 귀족 제도에 대해서 맹렬한 반대를 표명한다. 당시의 정치적 기류를 보건대, 이 글은 엄청난 파문을 불러일으킬 소지를 안고 있었고, 이런 글을 쓴 워즈워스는 반역자로 몰려 국외로 추방당하거나 처형당했을지도 모른다. 그러나 다행히 이 글은 출판되지 않았다.

그의 위기는 아네트 모녀와의 결별로 인해 더욱 고조되었다. 그가 영국으로 돌아간 직후 앤 캐롤라인이 태어났지만, 1793년 영불전쟁이 포고됨으로써 언제 그들을 만날 수 있을지 기약조차 할 수 없었기 때문이다. 1795년에 도러시와 함께 레이스다운 로지Racedown Lodge에 정착할 때까지 워즈워스의 삶은 불안정의 연속이었다.

알리는 **전령사**처럼, 애국적 사랑이
스스로 겸손하게도 물러나버려,
최악의 상실들이 쉽사리 최상의
이름들을 얻을 수도 있었던 때,
옛 신앙[31]의 배교(背敎)가 단지 더 고상한
신조로의 회심인 양 여겨졌던 때,   310
게다가 위험하고도 사나웠던 한 계절,
현명한 **경험**이 제 백발을 혐오하여
새 화관을 만들고자 산울타리에서
꽃을 꺾을 수도 있었던 때에 대하여.

   위풍당당한 함대가 적십자 깃발[32] 펄럭이며
그 무가치한 전쟁에 동원될 준비를
마쳤을 때, 나는 수면에 떠 있는 배들,
위용을 자랑하는 일단(一團)의 배들이
바다에서 쉬고 있는 것을 보았네, 그들의
집결지를 보호해주는 그 아름다운 섬에   320
머물며, 한 달 내내 고요하고도 잔잔한
나날을 보내는 동안 — 거기서
저녁마다 조용한 해변가를 거닐며,
결코 실패한 적 없는 경고의 소리, —

---

31 정부에 대한 충성이라는 '더 고상한 신조'로 교체된 민주주의적 이상들 혹은 혁명에 대한 믿음.
32 흰 바탕에 영국의 수호성인인 성 조지를 상징하는 적십자가 그려진 깃발. 영국군은 전쟁 당시 프랑스의 삼색기와 구분하기 위해서 이 깃발을 영국 함대에 달았다.

일몰의 대포 소리를 들었네. 자연의 고요 속에서
둥근 태양이 넘어갈 때면, 어김없이 그 소리가
들려왔네, 불길한 장송곡이! 그때마다
내 마음은 거의 언제나, 불행한 일들,
인류의 슬픔, 그리고 심장의 고통을 겪게
되리라는 어두운 상상력에 휩싸였네.³³   330

   프랑스에서는 벌써부터 필사적인 목적 위해
자비를 송두리째 뽑아버렸던 사람들이 이 새로운
적을 만나 기뻐했네. 전에 사악한 구실들³⁴로
강했던 독재자들이 지금은 악마처럼 강해졌고,
이리하여, 사방이 적군들에 포위당한 채,
자극받은 그 땅은 미쳐 날뛰었고, 소수의
범죄들이 다수의 광기로 번졌으며, 지옥의
광풍 불어와 하늘의 바람인 양 축성 받았네.
정의로운 자들의 단호함, 하늘의 섭리에
복수 어린 응보의 때가 있음을 의심치 않는   340
자들의 믿음, 인간 이해에 최고의
왕관 씌워주고 그것을 그들의 신으로

---

33 워즈워스는 1793년에 와이트 섬the Isle of Wight에서 머무는 한 달 동안 포츠머스 Portsmouth 항구에서 전쟁 준비를 하던 해군 함대를 목격하게 되는데, 315~30행에서 이 사실을 기술하고 있다.
34 사악한 구실들wicked pleas: 워즈워스는 로베스피에르를 밀턴의 사탄에 비유한다. 『실낙원』 IV, 393~94행에서 사탄은, "폭군이 구실로 삼는/필연성을 내세워 악마적 행위를 변명했던the fiend〔who〕with necessity,/The tyrant's plea, excused his devilish deeds" 것으로 묘사되어 있다.

여기는 자들의 믿음, 무궁한 낙원과
잠시의 고통을 기꺼이 맞바꾸려는
사람들의 희망들, 오만한 성향을 지닌
자들의 맹목적 분노, 참견꾼들의
경박한 허영심, 의심 많은 자들의
꾸준한 목적들, 경솔한 자들의 실책들,
그리고 삶의 우연한 사건들 모두 하나의
공무(公務)로 응축되고, 한 가지 일로 분주했네. 350
상원은 아연실색했고, 신중함도 사라졌고,
지혜도 숨죽였고, 정의 또한 겁에 질렸으며,
광란의 발작만이 지나간 만행들을 적극
찬양했고, 아무도 감히 반대하거나
완화할 수 없는 새 방법 모색했네.

　이제 국내의 학살[35]이 1년 내내
축제를 벌여, 노인들은 굴뚝 언저리서,
아가씨는 애인의 품 속에서,
어머니는 아가의 요람에서,
군인은 전장에서 ── 모두 숨져갔네, 모두 ── 360
모든 정파, 연령, 신분의 친구들, 정적들의
잘려나간 머리 위에 머리, 시체가 아무리 쌓여도

35　1793년 10월에 지롱드 당 지도자들의 처형이 있었고, 로베스피이르의 공포정치는 1794년 6월부터 시작되었다. 그가 7월 28일에 처형을 당하기까지 50일간 파리의 단두대(기요틴)에서 처형당한 사람이 무려 1천4백여 명에 이른다.

명령을 내린 자들에겐 충분치 않았네.³⁶ 그들은
기뻐했고, 그들은 해냈네, 아이처럼 우쭐거리며,
(천진난만한 어린 것들의 가벼운 욕구들과
그러한 끔찍한 욕망들을 비교할 수 있다면),
어느 탁 트인 벌판에 나와서, 회전날개로
풍차처럼 돌아가는 장난감을 멋지게 돌려볼 수
있음을 기뻐하면서. 신선한 바람이 저절로
불어와 눈앞에서 장난감 날개들을 돌렸지만,　　　　　　370
그것으로는 성이 차지 않아서,
날개가 더 빨리 돌아가도록, 장난감 잡은
팔을 쭉 펴고, 온 얼굴로 맞바람 쐬며
힘껏 달리는 아이처럼 말이네.
　　　　　　　저 엄청난
사건들 한가운데서, 심지어 생각하는 이들조차,
때때로, 어떻게 그런 엄청난 일들이 일어났는지 잊었고,
자유와 같은 소리가 지구상에서 단 한번이라도
들려온 적 있었는지 잊었네. 그러나 모든 것이
자유의 순수한 권위 아래서 행해졌으며,
그 복된 이름 없인 일어나지 않았을 터.　　　　　　　　380
저 걸출한 롤랑 부인³⁷도, 끝까지 침착성을

---

36 많은 사람들이 거의 또는 전혀 이유도 모르는 채 기요틴에서 처형당했으며, 어떤 사람들은 언제 닥쳐올지 모르는 처형을 매일 기다리며 오랜 기간 동안 감옥에서 피 말리는 나날을 보내야 했다.
37 잔 마리 롤랑Jeanne Marie Roland: 지롱드 당원의 배후에서 막강한 영향력을 끼친 인물. 1793년 6월에 투옥되어 11월에 처형당했다. 워즈워스는 죽음의 순간까지 침착성을 잃지 않

유지하는 한편 그 고뇌를 겪었으며,
최후의 순간 자유에 대해 일갈했네. 오 벗이여!
일찍이 희망을 품었건 그렇지 않았었건,
그땐 모든 인간에게 비통한 시절이었네.
그 충격 후에도 희망들을 간직했던 이들에겐
슬픈 시간이었으며, 여전히 허황된 이상에 속고
인류를 신뢰했던 소수에겐 가장 비참한 때였기에
그들은 가장 쓰라린 비애를 느껴야 했네.
한편 보무도 당당하게 진군한 침략자들을 맞아,   390
헤라클레스 같은 공화정은 팔을 힘껏 내밀었고,
어린 신의 힘으로 요람 주변의 뱀들을
목 졸라 죽였네.[38] 그건 잘된 일이었고, 또한
마땅히 그랬어야 했네, 하지만 앞으로 인류에게
어떤 비난이 쏟아지게 될 것인가 하는 염려로 인해
영혼이 아팠던 자들에겐 치유가 되지 못했네.
오 벗이여! 당시 나는 낮엔 가장 우울한
생각들로 괴로웠고 — 밤이 오면 비참했네.
여러 달, 여러 해 동안, 저 잔혹한 사건들의 최후의
일격마저 사라진 뒤에도 오랫동안, 밤마다   400

왔던 그녀를 칭찬한다. 그녀는 "오 자유여, 그대의 이름으로 얼마나 끔찍한 범죄들이 자행되었는가!Oh Liberty, how many crimes are committed in thy name!"라는 마지막 말을 남기고 죽어갔다.

38 제우스의 질투심 많은 부인 헤라는 제우스가 알크메네Alcmene와의 사이에 낳은 아들 헤라클레스를 죽이고자 두 마리의 뱀을 보냈으나, 요람 속의 아기였던 헤라클레스는 그 뱀들을 목 졸라 죽였다.

제대로 편히 잠들지 못하고 뒤척였네,
유령같이 떠도는 절망적인 꿈들, 폭정,
그리고 잔인한 죽음의 도구들, 그리고
독방에 하나씩, 혹은 죽기 직전 무더기로
감금된 채, 두려움과 순간적인 희망과
힘없는 기도 속에 꺼져가는 무죄한 희생자들,
먼지와 눈물로 뒤범벅이 된 감방에서 억지로
즐겁고 가볍게 고통을 참아내려는 그들의
모습이 떠올라서. 그러자 갑자기 장면이
바뀌었고, 이어지는 꿈속에서 나는 어느새   410
긴 연설을 하며, 불의한 법정에 서서 자신을
탄원하느라 애썼네, ─ 괴로움에 지친 목소리,
혼란스러운 머리, 그리고 최후의 피난처인
내 영혼이 느꼈던, 죽음과도 같은,
배반당하여 버려졌다는 의식과 함께.[39]

　기쁨에 가득 찼던 어린 시절 자연에
나 자신을 맡겼을 때, 저 강력하고도 신성한
열정이 최초로 나를 사로잡았을 때,
낮도 밤도, 저녁이나 아침도, 그 압박감에서
자유롭지 않았네. 그러나 그대의 돌봄 없었다면   420
이 세상은 호흡을 멈췄을, **오 최상의 능력이시여!**

---

39 워즈워스는 혁명에 연루되어 억울하게 고소당하는 공포의 악몽에 시달린다.

그대 은총의 샘물로 손수 모든 생명체의
구석구석 가지 뻗은 혈관들을 채우고,
인간을 이 모습 이대로, 개인적으로나
사회적으로나 탁월한, 신성한 피조물[40]로
빚으시어, 인간을 인간답게 하는 이성이
제 기능 할 땐, 다른 피조물 위로 무한히
상승하게 하셨으나, ─ 지금은 얼마나 변했는지요!
이 훗날-예배 위한 의식(儀式)은 얼마나 다르고,
이 둘째 사랑[41] 증진에는 어떤 모습이 필요한지요! 430
최초 예배는 그대의 의지 깊숙한 곳에서
보호받으며 깃들인 사물들에게 바쳐졌나이다.
따라서 예배한다는 건 드높은 축복이었고,
소동조차 기쁨이었으며, 두려움은
고상하고, 경건했으며, 잠은 평화로웠고,
백일몽은 가장 행복한 꿈보다 더 풍요로웠지요.

   하지만 비전 가운데 고귀하게 태어났으나,
자연법칙들로 제한을 받아,
그로써 번민하는 인간의 마음을 지녔고,
위로도 화해의 신념도 부족하지 않았던 440
고대 예언자들이, 죄악과 불순종의
깊은 수렁에서 뒹구는 마을과 도시들에

---

[40] 인간은 하느님의 형상으로 창조되었기에, 내면에 '신성'을 갖고 있다는 기독교적 인식.
[41] 인류 사랑.

장차 도래할 처벌을 선포했거나,
혹은 다른 사람들처럼, 극에 달한 분노와
위협이 휩쓸고 간 어느 황폐한 장소의
처참함을 실제로 눈앞에 보았듯이,
그렇게, 경건한 겸손함으로 언급하건대,
그렇게, 그 예언적 영의 한 몫이 내게
떨어졌네, 연민과 슬픔이라는 유리한
입장으로부터, 준엄한 명령에 따라   450
일사불란하게 전개될 무서운 응보의 일면을
그 시절의 극단적 잔학함으로 미루어 어렴풋이
짐작할 수 있는 상태로 향상된 나에게.
그러나, 그렇지 않다 하더라도,
불가해한 징벌의 두려움 한가운데서,
신앙에의 복종뿐 아니라, 담대하게도
힘에의 공감들이, 반역적이거나 속되지
않은 움직임들이 생존했네, 그렇지 않다면
왜 온화한 가슴의 울타리 속에서 그것들의
무서운 진동이 이 시각까지 울려왔을까?   460
이리하여 광풍 같은 음악 소리가 사건들의
소용돌이 한복판을 꿰뚫고 지나갈 수 있었네,
가장 험악한 폭풍우도 들려올 수 있도록.
그러자 이 땅의 가장 무거운 슬픔 아래서,
고난으로부터, 다른 데선 찾을 수 없을
명예, 믿음, 고양된 정신, 고결함이

그 어딘가에 자라나지 않는다면, 새 힘이
주어지지도, 옛 힘이 회복되지도 않는다면,
비난은 우리 몫이요, 자연의 몫이 아니라는
진리가 내 마음속에 깨달아졌네. 470
냉소적인 자들이 자만에 차서,
'민중정부와 평등권으로부터 거둔
결실을 보시지'라고 조롱했을 때,
나는 분명히 보았네, 파국이 초래된 것이
민중정부나 평등권 탓이거나, 그릇된 철학으로써
그 명칭들에 접목된 자유분방한 신념 탓이 아니라,
이 시대에서 저 시대로 지나오는 동안 무수히
저질러지고 축적되어, 더 이상 혐오스러운
짐의 무게를 못 견디고 터져나와, 온 땅에
흘러넘친 끔찍한 죄와 무지 탓이었음을. 480

   그리고 사막에도 녹지(綠地)가 있고, 바다에도
사나운 물결 사이에 흩어진 작은 섬들이 있듯,
저 재앙의 시기에도 인간의 모든 탁월함의
빛나는 물방울들 여기저기 흩뿌려져 있었네,
천국 성도들이 환희에 넘쳐 은빛 지팡이로
가리킴 직한 흔적들이. 하지만 그 못지않게,
어떤 시대도 능가하지 못할 강인함과
에너지와 사랑, 그리고 최악의 시련이
닥쳐와도 자신에 대한 신실함 잃지 않는

인간성의 본보기들을 찾아서 나는 처음   490
프랑스로 젊은 날의 순례를 떠났던 그 시절
그 즐거웠던 때로 되돌아갔고, 특히
화환 장식을 한 빛나는 창문 너머로
행복한 얼굴들이 보이고, 거리에 내걸린
무지갯빛 아치, 자유를 상징하는 장려한
승리의 문을 지나, 사랑하는 친구와 나란히
아라⁴² 마을을 걸었던 그 저녁 무렵을
떠올렸네, 인류와 인권을 지키기 위해
대표로 파견된 전도유망한 인물,
저 로베스피에르를 배출한 마을을.   500
그는 그 후, 그리고 얼마나 삽시간에!
무신론자 집단⁴³의 홀(笏)을 휘둘렀던가.
그 재앙이 멀리 또 널리 확산되고—
그로써, 당시에 다른 어떤 곳보다도
환호해마지않았던 바로 이 도시가
잔인한 제 아들의 복수 밑에서 신음했을 때,
리어왕이 바람을 꾸짖었듯 — 나도 그
죄 없는 광경과 다퉜어야 했는지도 모르네,
그토록 예기치 못한 역전(逆轉)하에서 날 조롱코자
아직도 한 이미지가 내 맘속에서 머뭇거렸기에.   510

---

42 아라Arras: 워즈워스는 혁명 초기인 1790년, 로버트 존스와 함께했던 알프스 도보 여행 중에 프랑스를 통과했었다. 아라는 로베스피에르의 출생지로서, 당시 이곳에서는 바스티유 감옥 파괴 1주년을 기념하는 축하 행사가 열리고 있었다(163쪽 주 38 참고).
43 혁명이 더욱 급진적으로 되어감에 따라서 반(反)종교적인 양상을 띠게 되었다.

오 벗이여! 그토록 끔찍하고, 그토록 혐오스러운
이 집단의 몰락을 알았던 때보다 더 행복했던
순간은 이제껏 별로 없었을 터. 그날에 대해선
별도의 기록이 필요하리라. 그날 난 리벤[44]의
널찍한 어귀에 펼쳐진 부드러운 모래밭을
걷고 있었는데, 따사로운 햇살 아래,
하늘의 빛과 구름 사이로 저 멀리 풍경이
펼쳐졌으며, 분리할 수 없는 한 영광으로
휩싸이고 서로 뒤섞인 산꼭대기들이,
하나의 천상 재질로 창조된 피조물들이   520
회의하듯 만났네. 가장 높은 하늘에 앉은
빛나는 치품천사(熾品天使)[45]들의 왕관이나
보석 박힌 머리띠처럼. 그 천상의 장려함
아래, 목가적 골짜기들이 숨어 있었으니,
바로 그런 골짜기의 행복한 들판에서
난 유년 시절부터 성장했었네. 사라지지도
변하지도 않은 그 눈부신 광경을 보며
난 황홀했네. 그러나 가장 밝은 것들은,
심지어 침울한 영향을 내게서 이끌어낸 듯,
깊은 내면에서 슬픈 대립물을 이끌어내는 법.   530

---

44 리벤Leven: 호수 지역에 있는 강.
45 치품천사: 구품 천사들 중 상급 중의 최상위에 속하는 천사. 하느님 가장 가까이 거하며, 순수한 불의 영역에서 산다.

달리 어떻게 설명할 수 있겠나? 왜냐하면
바로 그날 아침 나는 실제로 발길을 돌려,
숱한 무덤들 중, 어린 시절에 존경했던
스승[46]이 잠들어 계신 곳을 찾아 나섰으니.
묘비에는 그의 소망에 따라 그레이의
교회묘지 비가[47]의 시구가 새겨져 있었네.
이 신실한 스승은, 임종 침상에서 작별인사
한마디 덧붙이지 않고 마지막 충고 남기며,
말씀하셨네, '내 머리가 곧 흙 속에 묻히겠지.'
그를 덮고 있는 잔디를 보았을 때, 540
만 8년의 세월이 흐른 뒤에도, 그 말씀들이
그분의 생생한 음성과 얼굴과 더불어
마음속에 되살아났고, 그래서 나도 모르게
눈물 방울이 뚝 떨어졌네. 하지만 잠시 후,
묘비에 새겨진 시구의 정감어린 기쁨을 맛보며
여전히 그 넓은 평원을 가로지르면서,
스스로에게 속삭이며 생각에 잠겼네.
그분은 **시인들**을 사랑하셨지, 그러니 아직 살아 계시면
날 사랑하셨을 텐데, 장래성이 부족하지도 않을뿐더러
그의 권유로 내가 온 힘을 다해 550

---

[46] 워즈워스가 1779~1783년까지 다녔던 혹스헤드 그래머 스쿨의 교장을 지냈던 윌리엄 테일러 목사. 그는 케임브리지 출신의 탁월한 교장이었으나, 1786년 32세를 일기로 삶을 마쳤다(136쪽 주 37 참고).

[47] 1750년에 발표된 토머스 그레이의 「시골 교회묘지에서 쓴 비가Elegy Written in a Country Churchyard」.

최초의 시들을 쓰기 시작했을 때 내게 가졌었던
친절한 기대에 어긋나지도 않는 학생으로서.[48]

   산책을 하면서 내가 보고 느꼈던
모든 것은 평화롭고 온화했네. 근처의 자그마한
바위투성이 섬에는 (그 자체로 바다 바위 같은)
건물의 잔해가, (조개껍질로 뒤덮이고,
해초로 검게 변한) 허물어져가는 구조물의
나지막한 유적이 서 있었네. 한때 로마 가톨릭
교회였던 그곳에선 성의(聖衣) 입은 사제가
아침 썰물 때 모래 바닥을 건너왔던 사람들의   560
도착 시간에 맞추어 아침기도를 드렸네.
그 고요한 폐허에서 머지않은 전 지역
이곳저곳에서, 내륙을 흐르는 강물의
얕은 물줄기 따라 느슨한 행렬을 이루며
안내자의 지도 아래 물을 건너는 각양각색의
마차들과 도보 여행자들, 말(馬)과 발이
눈에 띄었네. 한편 거대한 바다는 바로 앞에서
솟구치곤 멀리 물러갔네. 잠시 멈춰 서서,
그토록 밝고 유쾌한 장면을 그릴 수 있는 재능을
부러워하던 찰나, 무리의 맨 앞에 있던   570

---

48 548~52행: 혹스헤드 그래머 스쿨의 정규 고전문학 수업은 그리스와 라틴어 교재를 읽고 번역하는 것으로 제한되어 있었으나, 테일러 교장은 학생들에게 그레이, 콜린스Collins, 톰슨 등과 같은 동시대 시인들의 작품을 읽도록 격려했다.

사람이 인사도 건네지 않고 내게 다가와
당시 누구나 익히 알던 말로[49] 외쳤네,
'로베스피에르가 죽었다!'[50]고— 정곡을 찌르는 질문 후,
내 마음속엔, 그와 지지자들 모두 패망했다는
사실에 관해 추호의 의심도 남아 있지 않았네.

　난 너무 기뻐 넋을 잃을 지경이었고, 이 사실로써
분명하게 드러난, 영원히 살아 있는 정의에 깊은
감사를 드렸네. '이제 오라, 그대 황금 시절이여,'
난 저 탁 트인 모래밭을 향해 승리의 찬가를
힘껏 토해냈네. '한밤의 깊숙한 곳으로부터　　　　　　　　　　580
환한 아침이 찾아오듯, 그대여 오라,
우리의 믿음 이렇게 입증되었으니. 보라!
어설픈 절박감에서 피의 강물 흐르게 했고,
그 밖의 어떤 것도 아우게아스 왕의 외양간[51]을
깨끗이 할 수 없다고 설파했던 저들은 자신들이
도움 받던 바로 그 힘[52]에 의해 사라져갔도다.

---

49 단도직입적으로.
50 로베스피에르는 1794년 7월 28일에 처형당했으며, 이 소식이 영국에 처음 알려진 것은 8월 16일이었다. 로베스피에르와 그의 측근 21명은 기요틴에서 처형되었고, 많은 추종자들이 숙청당했다.
51 아우게아스 왕의 외양간the Augean stable: 불결하기 짝이 없는 곳을 일컫는 말. 이 외양간은 3천 마리의 소를 기르면서 30년간 청소하지 않았는데, 헤라클레스가 알페이오스 Alpheus 강물을 끌어다 단 하루에 청소했다고 한다. 헤라클레스가 외양간을 청소했듯, 로베스피에르는 프랑스를 청소하기 위해서 피의 강을 흐르게 한 것으로 비유되었다.
52 단두대.

그들의 광기가 천하에 선포되어 낱낱이 보이니,
이제 안전은 다른 곳에서 추구될 것이며,[53] 이 땅은
정의와 평화를 향해 힘차게 행진하리라.' ―
그다음 좀더 평온히 앞일을 가늠해보았네,   590
언제 어떻게 저 광란의 당쟁들이 조용해지며,
또 어떻게 복잡하고도 지루한 역경들을 헤치고
마침내 영광스러운 개혁이 진행될 것인지.
그리하여 시끌벅적한 환호의 외침들로
방해를 받으며, 나는 어린 시절에
미끄러지듯 달렸던 저 해안을 따라서
걸음을 재촉했네, 바로 그때― 폐허가 된
성모 마리아 사원과 수도원장의 석상 등을
한 바퀴 돌아서 한껏 쾌활하게 까불거리며
까마중 골짜기[54]에서 나온 한 무리의 명랑한   600
학생들이 달빛 부서지는 바닷가를 따라서
먼 집을 향해 발걸음을 재촉하고 있었고―
우린 발굽 소리 요란하게 넓은 모래밭을 누볐다네.

---

53 로베스피에르를 비롯한 공포정치 주도자들은 공안위원회 Committee of Public Safety를 중심으로 잔인한 살육을 자행했다. 여기서는 그들이 말하던 '공공의 안전'은 이제 다른 곳에서 다른 방법으로 추구될 것이라는 의미이다.
54 까마중 골짜기 the Vale of Nightshade: 까마중이 많이 군집한 골짜기인 듯하다. 까마중은 가짓과의 한해살이 풀로서 높이 20~90센티미터 정도, 잎은 어긋나고 5~7월에 긴 꽃대 끝에 흰 꽃이 핀다. 열매는 검게 익으며 달고, 줄기와 잎과 함께 약으로도 쓴다.

제11권¹

프랑스(종결)

그때로부터 프랑스의 정치적 권위는
온건한 양상²을 띠었고, **공포**는 끝났었네.
하지만 이성적 **경험**의 빛으로 선을 추구하고,
이듬해 봄의 새싹들과 희망찬 꽃들을
피워내고자 하는 사람들에게 용기를
줄 수 있는 것은 아무것도 없었네.
그러나, 내 안의 확신은 손상되지 않았네.
의회의 언어, 그리고 정부의 공적(公的)
행위들과 판단기준들이 모두 나약하고
낙담스러운 징조 보였으나, 내 용기를   10

---

1 1832년에 워즈워스는 1805년판 제10권에 수록된 내용을 1850년판 제10권과 제11권의 두 권으로 나누었다.
2 로베스피에르의 처형으로 공포정치는 종결되었으나, 정부의 힘은 매우 약화되었다. 정치적 혼란기를 겪는 동안 화폐가치도 붕괴되었고, 기근이 확산되었다. 약화된 정부는 결국 3년 후 (1797년) 다시 독재를 불러들이게 되었고, 마침내 1799년에는 나폴레옹의 출현을 맞게 된다.

꺾지는 못했고, 나는 **민중**의 저력과
내가 직접 목격했던 덕목들을 믿었네.
외적 상처로는 젊은 공화국으로부터 생명을
빼앗지 못할 것이며, 새 적들은 다만 제 동포의
부끄러운 자취를 따를 것이고 공화국은 마침내
위대하고, 보편적이고, 저항할 수 없는
승리를 얻을 것임을 난 알고 있었네.
이런 직관은 나로 하여금 하나의 승리를
훨씬 더 큰 또 다른 승리와 혼동하게 했네, ―
고국의 야심 없는 평화와 조용한 불굴의   20
정신이라는 승리들 말이네.[3] 여전히
이전처럼 극렬한 저항을 보며 난 생각했네,
정도에 있어서 같은 것은 질적인 면에서도
같다고,[4] ― 당시 반목하던 두 정신[5] 중
더 못한 편이 지치지 않고 남게 되면,
더 나은 편은, 확실히, 처음 그들을
격발시켰던 심장을 보전하리라고.
젊음은 여하한 사회적 조건들 속에서도

---

3 18~21행: 당시 워즈워스는 프랑스혁명의 승리에 힘입어 영국에서도 '위대하고, 보편적이고, 저항할 수 없는' 혁명 정신이 평화롭게 구현되리라 믿었다.
4 워즈워스는 영불전쟁을 반대하는 자신의 마음이, 오랫동안 자유를 수호해온 조국에 대한 애국심과 질적으로 동일하다는 확신을 피력한다.
5 두 정신은 각각 프랑스와 영국을 지칭하며, 프랑스는 '더 나은 편,' 영국과 동맹군들은 '더 못한 편'으로 묘사되었다. 워즈워스는 영불전쟁이 프랑스의 결심을 더욱 강화시킴으로써 혁명에 박차를 가하게 되리라고 생각했던 이전의 신념을 회상한다.

자연과 더불어, ── 그래서, 종종 이성과도──
노년이나 심지어 장년들보다 더 직접적이고   30
친근한 교제를 갖는다네. 이로써 힘은 이미
자연에게 복귀되었었기에, 습관, 관습, 법률은
궐위(闕位) 기간의 열린 공간을 남김으로써
*자연*으로 하여금 제멋대로 돌아다니게 했네.[6]
따라서 최근의 재난으로 멍해진 사람들이
자신들의 안전을 위한 탑을 쌓고자 그날부터
전심전력 사소한 가능성들을 긁어모았는데,
그들의 일이 얼마나 바벨탑 같은 것인지
알 수 있었으며, 내 동료들과 함께 가장 근엄한
우두머리들을 비웃었네. 프랑스에 대한 적대감으로   40
이성 잃은 그들이, 거리를 시끄럽게 하는
신문팔이의 뿔피리에서 터져나오는 모든 외침에서,
적대감의 주요 원인이 될, 극심한 파멸의 기록이나
예언을 찾아냈을 때까지. 그토록 얼빠진 망상에
매달리는 사람들에게 지혜가, 어떤 모양으로든,
가까이 갈 수 있다고 어떻게 믿겠나?
이로써, 우리 견해들 중 적지 않은 것들이
옳았었음이 경험으로 입증되었기에,

---

[6] 28~34행: 로베스피에르의 죽음 후 시대 상황을 잘못 읽었던 워즈워스는 여기서 그 원인에 대하여 언급한다. 즉, (1) 젊은 시절은 자연과 가장 가까운 시절이며, (2) 당시처럼 '습관, 관습, 법률'이 권위를 상실하는 시대엔 자연이 우리의 판단에 막대한 영향을 끼치는 법이며, (3) 당시는 관습의 권위를 실추시키고 무모한 판단을 지지해주는 증거들이 넘쳐났다는 것이다.

우리는 소소한 견해를 공적(功績)처럼 여겼고,
다른 생각들도 당연히 건전하다고 생각했네,   50
참으로, 옳을 수밖에 없었네, 어리석은 자들은
그것들에 반대하는 것을 보았으니까.
         젊은 날의
과오들이 지금 내 주제인 만큼, 이제 좀더
활기찬 문체로써, 그 시절, 영국 전역에서,
모든 판단들을 올바른 길에서 돌리고자
무슨 일이 자행되었는지 말할 수도 있겠지만,
이것은 우리 자신에게 너무 가까운 열정이요,[7]
너무 긴밀하고 또 너무 격렬할뿐더러,
내 마음속에서, 개인적인 조롱과
비난에 가까운 어떤 것과 혼합되어,   60
시의 신성함을 모독할 수도 있는 실체라네.
이것 하나만 말하면, 당시 우리의 목자들은
수호자 법지팡이를 살인도구로 만들고자
애타는 사람들처럼 행동했거나, 적어도 그렇게
하는 듯 여겨졌네. 국가를 통치했던 그들은,
죽음을 심는 자는 죽음, 혹은 더 나쁜 것을 거둘지언정,
더 좋은 것을 거둘 수는 없다는 사실의 그토록
끔찍한 증거를 눈앞에 보면서도, 그것을 피할 만큼
현명하지 못하여 어린이처럼 모방하고 싶어 했네.[8]

---

7 감정이 너무 깊이 개입되었기에 아름답게 묘사하기가 어려운 것.
8 65~69행: 기요틴과 더불어 살고 죽었던 로베스피에르의 선례에도 불구하고, 영국 정부는

또는 (소심하기 짝이 없는 성품에서 드러나듯)   70
그들이 **정의**를 허물고 **자유**를 끝장내기 바랐다면
마땅히 택했음 직한 길보다 더 나을 것 없는
길을 선택하고자 평탄한 곧은길을 버렸네.

   그러나 이 쓰디�쓴 진실들에서 나 자신의
이야기로 돌아가야겠네. 앞서[9] 말했듯
나는 돌연히, 정말로 내 때가 이르기 전,
시민정부에 관한 논의들에
열렬히 끼어들게 된 적 있었네.
다른 젊은이들처럼 나도, 인간 본성의
방패를 황금 면 쪽으로 접근했었고,[10]   80
내가 본 금속의 질(質)을 입증하기 위해
죽음까지도 각오하고 싸웠을 것이네.
내가 종종 생각했던, 개개인 속에 잠재된
최상의 성품, 열정을 다스리는 지혜와
숭고한 능력, 소수 집단들의 박애정신,
그리고 거대 집단들의 위대함에 대해
깊이 느꼈지만, 이성적으로 온전히 이해하진

   억압적인 프랑스의 정책을 모방하고자 했다.
9 제9권 290~541행: 보쥐의 영향을 받은 워즈워스가 프랑스 국민에 대한 연민을 피력했던 부분.
10 한 면은 금으로 다른 면은 은으로 만들어진 '양면 방패'가 교차로에 놓여 있는데, 서로 반대편에서 오는 기사들은 한쪽 면밖에 볼 수 없기에 각기 자신들이 본 것을 방어하기 위해 싸운다는 우화를 암시한다.

못했네, 아니 전혀 몰랐고, 훗날에나
이유를 알 수 있었기에, 그것들은 아직
당시의 오류들에 대항할 증거가 되지 못했고,　　　　　　90
성소(聖所)[11]의 입구에만 살짝 머물렀을 뿐,
깊은 곳까지 안전하게 깃들지는 못했네.
세상이 별 탈 없이 돌아갈 때,
신출내기에게는, 책과 일상적 삶의 경험이
반드시 필요한 충실한 안내자가
되는 것이기에, 이 정도로 준비된 채,
악에 대한, 그리고 선과 악을 가르는 경계에
대한 그 정도의 일반적 식견을 갖추고서
나는 국가들의 통치와 관리에 대해서
열심히 심사숙고하기 시작했네. 그것이　　　　　　100
어떤 것이며, 또 어떠해야 하는지, 그리고
국가들의 권력이나 약점, 부유함이나 궁핍,
행복이나 불행이 국가의 법칙들과 정체에
어느 만큼이나 달렸는지 알고자 애썼네.

　오 희망과 기쁨의 유쾌한 순간들이여!
당시, 삶을 열렬히 사랑한 우리 편에 섰던
도우미들의 힘이 참으로 위대했나니!
그 새벽에 살아 있음이 축복이었지만,

---

11 박해를 피해 도망치는 사람들에게 은신처를 제공했던 교회 건물.

젊다는 건 바로 천국이었네! 오 그 시절이여,
관습, 법률 그리고 법령이 행사하는 110
변변찮고, 낡고, 무서운 방법들이 단 한번
로맨스 속 전원과도 같은 매력을 지녔던!
당시 **이성**이 제 이름으로 추진되고 있던
일을 돕고자, 자신을 으뜸가는 마법사로
만드는 데 가장 주력하여, 제 권리들을
최대로 주장하는 듯했던 그때!
인기 있는 장소들뿐 아니라, 온 땅이
(바로 낙원의 정자각들 사이에서
어느 순간 느끼지 않을 수 없듯) 활짝 핀
장미보다 피어나는 봉우리를 더 아름답게 120
보는— 장래성이란 아름다움 간직했네.
그런 전망 가운데 어떤 기질의 소유자인들
예기치 못한 행복에 눈뜨지 않겠는가? 무기력한
자들은 각성했고, 활기찬 자들은 황홀해졌네!
어린 시절 꿈을 먹고 자랐던 사람들,
공상의 소꿉친구 되어, 민첩하고,
교묘하고, 또 강력한 모든 능력들을
시중꾼으로 삼았고, — 거리낌 없이 당당하게
가장 장엄한 감각의 대상들 사이를 휘저었으며,
거기서 발견한 것이 무엇이든 제멋대로 130
지배할 권리를 남몰래 지닌 듯 행동했었던
사람들, — 또한 온화한 성품을 지니고

모든 조용한 움직임들을 지켜보았고, 이것들에게
자신들의 생각들을 적응시켰었던, 보다 온건하고,
평화로운 자아의 영역에 거하는 고안자들, ─
이제 이들 모두[12] 발견했네, 온순한 쪽과
고양된 쪽 모두 마음에 꼭 맞는 도우미들과
바랐을 법한 손쉽고 유연한 재료들[13]을 찾았고, ─
그들의 기술을 연마하도록 요청되었네,
유토피아나, ─ 은밀한 벌판들, ─ 또는   140
아무도 모르는 어떤 비밀스러운 섬이 아니라!
우리 모두의 세상인, 바로 이 세상에서, ─
마침내, 우리가 바라던 행복을 찾거나,
혹은 전혀 찾지 못할 장소에서!

 당시 이 땅은 내게, 기거할 집을 찾아나선
사람이 최초로 그곳을 방문했을 때,
새로 차지한 유산(遺産)과도 같이 놀랍게
보였다는 사실을 왜 내가 고백하지 않겠나?
기쁨에 넋이 나간 그는 주위를 걷고, 그 지점을
바라보며, 그곳의 형태를 만들고 다시 만들며,   150
잘못된 것들에 대해서는 절반쯤 기뻐하다가,
그것들이 사라진 걸 보면 정말 기뻐하리.

---

12 125~35행에 묘사된 두 가지 기질의 사람들, 즉 이상적이고 상상력이 풍부한 사람들
 (125~32행)과 보다 차분하고 온화한 사람들(132~35행).
13 (미래의 행복을 창조할 수 있도록) 상상력이 작용할 수 있는 손쉽고 유연한 재료.

열렬한 혁명 지지자로서, 나는 이렇게 모든
대상으로부터 내 목적에 맞는 유쾌한 상황을
찾아냈으며, 항상 기분 좋은 느낌들을
간직하고 사람들 사이로 돌아다녔네,
잘못 생각할 땐 더 나은 쪽에서,
더 친절한 자세로 생각하고, 또한
사람은 배운 대로 보며 — 세월이 지나면
잘못에 대해 너그럽다는 걸 모르지 않았기에, 160
관대하고 너그러이, 그리고 이에 못지않게,
억압을 제거하기 위해서는 **자유**만이 아니라
방종의 역할도 있으리라는 것을 깨달으며,
그리고 특히 — 이것은 모든 것 이상이므로 —
그토록 광활한 미래에의 전망이 펼쳐지는
언덕 위로 이따금 살을 에는 듯한
바람이 불어와도 아랑곳하지 않으며,[14]
요컨대, 자연의 아이로서, 최초에 그랬듯,
요람에서부터 나와 더불어 성장해왔던
저 애정들만을 더 널리 퍼뜨리면서, 170
그리고 빛이 빛 속으로 사라지듯이,
더 강한 것 안에 약한 것을 잃어가면서.[15]

---

14 워즈워스는 혁명의 초기에는 어느 정도의 폭력과 고통이 허용되어야 한다고 믿었다.
15 168~72행: 153행부터 시작되는 긴 문장의 끝부분에서, 워즈워스는 자신을 근본적으로 변하지 않는 '자연의 아이a Child of Nature'로 표현한다. 어린 시절의 감정들이 이제는 약해

영국이 공공연한 전쟁[16]으로
프랑스의 자유에 대항하기까지, 대체로
내 입장은 이랬다고 말해도 좋으리.
이 전쟁은 먼저 나를 사랑의 울타리 밖으로
내던졌고, 내 감수성을 뿌리까지 손상시키고
부패시켰네. 지금까지처럼, 저급한 것들이
더 이상 위대함으로 덮이지 않았고,
그것들과 상반된 것들로 바뀌었으며,   180
이리하여 졸렬한 데다 더욱 위태롭기
짝이 없는 종류의 실수들과 그릇된 결론들을
도출하게끔 되었네. 이전의 자랑거리가 지금은
수치가 되었고,[17] 좋아하고 사랑했던 것들이
옛길은 마르게 버려두고 새 물길 따라 흘렀네.
따라서 좀더 성숙한 나이였다면, 판단에
살짝 영향을 미쳤을 타격이 가슴속 깊은
감정들까지 더욱 심하게 강타했네. 한편,
초기[18]같이, 기상천외한 이론들 난무했고,
끊임없이 선동적이던 그 주장들을   190
난 다만 귓등으로 들었네, 모든 일들이

져서 부지불식간에 성인의 세계로 혼합되었다.
16 영불전쟁.
17 워즈워스는 조국이 혁명과 자유를 반대하는 것을 수치로 여겼다.
18 혁명의 초기 단계.

바로잡히고, 그토록 오래 억압당했던
숱한 사람들이 더 이상 억압받지 않을
때가 왔다는 확신에 차서.
       하지만 사건들은
충분한 격려가 되지 못했고, 이 사건들이
더 이상 혁명 원칙들의 직접적인 증거가
될 수 없었던 한편, 사건들 그 자체는
위대함을 상실했고, 신선함을 잃었으며,
마음을 끌지 못했기에, 내 이해력이
자연스레 증진됨에 따라서, 내 감성들은   200
더는 터전을 유지하지 못한 채,
내적 의식에 대한 믿음과, 제 목표를
손에 넣었던 희망으로 지탱되었으며—
탄핵당할 수 없을 듯한, 보편적 적용의
더 안전한 증거는 다른 데서 찾아야 했네.

 그러나 지금, 오히려 압제자가 된
프랑스 국민은, 그들이 얻고자 투쟁했었던
모든 명분들 놓치고서 자국 방어전을
정복전(征服戰)으로 바꿔버렸고,[19] 공공연히
하늘과 땅이 지켜보는 가운데 자유의 저울에   210

---

[19] 프랑스 군은 1792년의 발미 전투 승리 후 국경수비를 강화하고 반(反)혁명 세력을 제압한다는 구실로 외국들을 공격했다. 1794년 말에는 벨기에와 네덜란드를 함락했고, 스페인과 북부 이탈리아를 침공했다.

올라탔네.²⁰ 나는 안타까운 분노와 뼈아픈
실망을 느끼며 그들의 운명을 읽었지만,
의기소침하지도, 그릇된 예언을 창피하게
여기지도 않았네. 노여움이 치밀어 오를수록
그 무엇으로도 치유되지 않을, 빗나간 추측의
굴욕적인 상처들을 감추고자 애쓰며,
더욱 단호하게 옛 신념들에 매달렸고,
그 힘을 증명코자 더욱 견강부회했네.
이렇듯 맹렬한 고투 가운데 견해들은 나날이
구체화되었고, 마침내 내 마음에 달라붙어,   220
그것들이 내 마음의 생명, 아니 그보다 더,
바로 불멸의 영혼 자체인 듯 여겨졌네.

　이 무렵, 모든 것들이 급속히 악화되는
경향을 보이며, 사변적인 체계들이 —
인간의 희망들을 감정으로부터 분리하여
보다 순수한 요소²¹에 영원토록
고정시킬 것을 약속했던 사상이 —
재빨리 환영 받았네.²² 열성(熱誠)이

20　자유의 무게는 다른 어느 나라보다도 프랑스에서 더 무거웠는데, 정복에 의해 중량 초과에
　　이르렀다. 저울의 이미지는 『실낙원』 제4편 1013~14행의 인용이다. 실낙원에서는 하느님
　　이 가브리엘 천사와 비교하여 사탄의 약함을 드러내기 위해 '황금 저울'을 하늘에 걸어두었
　　는데, 사탄은 "고개를 쳐들어/높이 올라간 자기 쪽 저울을 보고 looked up and knew/His
　　mounted scale aloft" 중얼거리며 도망친다.
21　이성(理性).
22　1793년에 출판된 『정치적 정의 Political Justice』에서 고드윈 Godwin은 인간의 미래의 행복

들어가서 새로워지도록 끌어당기는 저 영역,
거기서 열정들이 일할 특권 누렸으나,   230
그럼에도 제 이름 소리조차 듣지 못하네.²³
하지만, 아량을 베풀어 좀더 말하자면, 그 꿈은,
극한을 추구하며, 적나라한 인간 **이성** 자체를
열성의 대상으로 삼는 것 역시 적잖이 기뻐했던
젊은이들을 부풀게 했네. 이 얼마나 기쁘고!
얼마나 영광스러운가! 자신을 알고 다스리면서
세상의 모든 덧없는 것들을 꿰뚫어보며,
자연, 시간 그리고 장소의 결함들을
물리치는 단호하고도 탁월한 능력으로써
개개인의 **자유** 위에 사회적 **자유**를 세우고,   240
일반적 법칙들의 맹목적 제약들보다 우월한
이 개인적 자유가 위엄을 갖추고서,
독립적 지성 위에서 번쩍이는 상황들을
밝혀주는 빛을 안내자로 삼는다는 것이.
이렇게 기대감이 다시 솟구쳤고, 이렇게,
첫 터전에서 쫓겨난 희망이 다시 자긍심 회복했네.
종종 내 생각들이 인류를 향함에 따라
무관심을 경멸했지만, 확고한 지성에의
갈증으로 목이 탔고, 또 다른 그리움이

은 감정이 아니라 교육과 정신활동에 달려 있다는 이성적 철학을 주창했다.
23 230~31행: 1794~1796년에 고드윈의 제자였던 워즈워스는 여기서 고드윈 사상의 취약점을 지적한다. 『정치적 정의』의 주요 골자는 '감정적 이성에 의존하는, 믿음의 행위an act of faith, its dependence on reason emotional'였던 것이다.

간절하여, 더욱 고양된 자연이라 할 만한   250
어떤 것을 추구했네. 그리고 인간은
지상의 벌레 같은 상태에서 출발하여,
방해받지 않는 기쁨 가운데, 자신의 주인인
자유의 날개들을 ─ 고상한 갈망을! 널리 펼쳐야
한다고 생각했네. *하지만* 여전히 (더 현명한
생각에 기대듯, 더 가치 있는 생각들에 기대어)
그 갈망 느끼며, 앞으로도 영원히 그것을 느끼리라.
─ 그러나 우린 제자리로 돌아오네.

  충분하네, 사실 ─ 그와 같은 항변이 저 비정상적
행동들을 용납할 수 있으리 ─ 낡은 제도들을   260
옹호하는 시끄러운 자들이 바로 그들의 이름에
불명예를 끼치고자 말하고 행동했었다면.
관습과 성문법, 또 잡다한 도덕적 감정들이,
그 제도들의 버팀목 혹은 산물들로서
너무도 정당하게 그 불명예의 일부를
간직하지 않았는가. 베일은 벌써 벗겨졌는데,[24]
우리 자신을 속여 뭣 하겠나? 정말로,
그렇게까지 되었고, 보는 눈이 없었거나,
혹시 본 것을 벌써 잊어버린 사람조차
슬퍼할 지경인데! 옛 신념들엔 커다란   270

---

24 프랑스혁명에 의해서.

충격이 가해졌네. 모든 사람들의 마음이
그 힘을 느꼈었고, 내 마음은 양쪽으로 움직여,
느슨해지기도 자극받기도 했네. 애국심에
관해선 이미 언급했던 터라, 여기서
간략히 덧붙이자면, 기질은 다소
엄격하지만, 그럼에도 행복한 사람이고,
그래서 고통스러운 것들을 담대히 바라보고,
세상으로부터 자유롭고, 또 그래서 더 담대한
나는 재능을 최대로 발휘하여, 사회생활의
틀을 분석해보고자 애썼네, 그렇다네,   280
사회의 총체적 형태를 그 핵심부까지
탐색코자 했네. 벗이여! 내 소원을 함께하세,
우리가 구상하는 작품에 걸맞지 않은
신중하지 못한 언어들을 내던지고, 보다
생생한 표현을 담은 극적인 이야기[25]로써,
당시 내가 진실에 대해 배웠거나, 또는 배웠다고
생각하는 것, 그리고 우연하게도 자연의 길에서
빗나갔었던 마음에서 비롯된 것만큼이나,
현실의 대상들에게 속고, 또 아예 처음부터
그릇된 추론들에 속아서 범하게 된 오류들,   290
그리고 그로 인해 더욱더 혼란스러웠고,
오도되었으며, 오도했던 것을 전할 수

---

[25] 워즈워스가 장차 쓰게 될 작품인 『소요 *The Excursion*』를 암시한다. 이것은 극작품은 아니지만 대화라는 '극적' 장치를 사용하였고, 외로운 사람의 '극적인 이야기'를 담고 있다.

있었으면 하는 소원을. 그래서 난 계속했네,
모든 교훈들, 판단들, 금언들, 신조들을
법정 피고인들처럼 끌어들이며, 미심쩍은 채
마음을 소환하여 평범한 날에 신분과
명예들을 확립하게 하며, 때로는 믿지만
때로는 믿지 못하며, 충동, 동기, 옳고 그름,
책무의 범위, 올바른 규칙과 적절한 승인의
때와 같은 문제들로 끝없이 당황하면서, 300
그리고 마침내 형식적인 증거를 요구하고,
모든 것에서 그 증거를 찾고자 하면서,
모든 확실한 느낌을 상실했네, 그리고, 종국엔
모든 모순적인 것들로 지쳐서 병이 났고,
절망에 빠져 도덕적 문제들을 포기해버렸네.

   이것은 저 혹독한 질병이 초래한 위기였고,
영혼의 최후, 최악의 쇠퇴였네. 우리의 복된 이성이
가장 필요할 때 별로 소용없다는 생각에
나는 축 처져서, 비통하게 외쳤네,
'의지와 선택의 왕 같은 속성들이란, 310
자신은 관심도 없는 일에서 선과 악을
시험하는 거대한 존재의 웃음거리.
무엇을 두려워하거나 바라야 하는지,
무엇을 탐하거나 피해야 하는지도 모르네.
또 설사 그것들을 분별한다 해도,

별 이득도 얻지 못한 채, 바라보고,
수행할 의무가 어디 있는지? 물을 뿐.
또한 공인된 법에 대해 반항적이고, 여전히,
이기적 열정의 충동 따라 그릇 행동하는,
멍청한 바보나 범죄의 노예 아니면 무얼까.' 320

   이렇게 낙담하고 당혹스러웠던 나는,
무분별한 웃음으로 가볍고 통쾌한 복수를
구했던 조롱꾼들과 함께하지도, 체념에 빠져
지적 능력을 철저히 낭비하며 앉아 있지도
않았네. 그런 태만을 견딜 수 없었기에,
(그 인생의 봄에, 공들인 생각들과, 그것들의
소중한 보상인, 진리를 너무도 사랑했네)
그 대신 추상적 학문[26]에 관심을 갖고서—
물질의 다양한 속성들에 내재된 것이든,
인간의 의지와 능력에서 파생된 것이든— 330
시간과 공간의 소요(騷擾)가 용납되지
않는 곳에서 우러름을 받는 추리력에
걸맞은 일을 추구했네. 바로 그때였네—
모든 좋은 것을 넘치게 주시는 분 덕분에! —
그날들은 지나갔다고 본 사랑스러운 누이가,
이제 갑작스러운 경고조로 말하면서—

---

26 수학과 기하학.

호젓한 외길 하나 *건넜을* 뿐인데, 이젠
보이고, 들리고, 느껴지고, 모퉁이 돌 때마다
시야에 들어오는 시냇물처럼, 긴 여정 동안
결코 내 곁을 떠나지 않은 동반자가 — 340
날 구원으로 이끄는, 내 진정한 자아와의 교감을
유지시켜준 것은. 희미해지고 많이 변한 듯했어도,
구름에 가려지고 이지러지는 달이 변하지 않는
것처럼 나는 더 이상 변하지 않았기에,
밝은 빛이 회복되리라고 누이는 조용히 속삭였고,
이 모든 것 한가운데서, 내가 여전히 시인임을
확신시켰으며, 그 이름 아래서, 오직 그것으로만
지상(地上) 소명을 찾도록 해주었기 때문이네.
그리고 마지막으로, 원하는 독자들은
놓치지 않으면 보게 되겠지만, 자연 자체가, 350
온갖 다양한 인간 사랑의 도움을 받아,
날이 밝아옴에 따라서 머리와 가슴 사이의
저 달콤한 대화들로 나를 다시 이끌었으며,
그로부터 평화 넘치는 진정한 지식이 자라나,
훗날 혁명의 명분이 퇴색되어가던 중에도
여전히 날 지탱했고, 지금 파국 (그들이 그렇게
꿈꾸고, 그 이하는 원치 않기에) 속에서도
날 지탱하고 있네, 마침내 프랑스의
이득을 매듭 짓고 확실히 못 박기 위해,
황제에게 왕관 씌우고자 교황이 소환되는 —[27] 360

이 마지막 불명예가 자행되는 동안에, 한때,

만나[28]라도 찾듯, 믿음으로 하늘 쳐다보던 백성이,

토한 것을 다시 먹는 개에게서 배우는 것[29]을

우리가 보는 동안에, 그리고 광채 뿜으며

찬란히 솟아올라 생기에 넘치고 황홀감에 젖어

구름들의 — 제 영광에 걸맞은 수행원의 —

생동하는 위용과 더불어 움직이던 태양이

신들에게서 하사받은 모든 기능들 내버리고

번쩍이는 장난감, 한낱 기계로 변하여

오페라의 유령처럼 저무는 동안에. 370

　　　　　이렇게 오 벗이여!

영예로운 시절과 수치스러운 시절을 거쳐

내려가면서, 위대한 사건들로 점철된

긴긴 폭풍우를 겪은 젊디젊은 마음의

혼란들을 충실히 되짚어 기록했네 ―

언덕과 골짜기 위로 솟은 에트나 산[30]이,

저 티몰레온[31]의 도시! 시라큐스 쪽으로

---

27 나폴레옹은 1804년 5월에 자신을 황제로 선포했으며, 대관식을 위해 교황 비오 Pius 7세를 파리로 불러왔고, 12월 2일에 그의 손에서 왕관을 취하여 자기 머리에 씌웠다. 워즈워스의 진술에는 반(反)가톨릭적 영국민의 정서가 드러나 있다.

28 만나 manna: 모세를 따라 출애굽하여 가나안으로 가는 광야의 이스라엘 백성에게 하느님 께서 내려주신 양식.

29 이 신랄한 이미지는 「잠언」 26:11에서 인용한 것이다: "개가 그 토한 것을 도로 먹는 것같 이 미련한 자는 그 미련한 것을 거듭 행하느니라." 1792년에 공화국을 선언했던 프랑스는 다시 군주제로 돌아갔다.

30 에트나 Etna 산: 이탈리아 시실리 섬 동부의 활화산.

31 티몰레온 Timoleon: 기원전 343년에 폭군 디오니시우스를 몰아낸 후 시라큐스에 민주 정

그림자 뻗고 있는 곳, 그 사라진 나라들
사이에 지금 머물고 있는 그대[32] 귓가에
들려줄 이야기를. 정의로운 하늘이시여!
오호라 용사들이 엎드려졌도다![33] 옛 영웅들의   380
무덤들 밖에서 저 거대한 음성[34] 들려왔을 때,
그들이 맨 처음, 호흡하는 모든 자들 중 제일 먼저
깨어났었을 터. 국가의 가장 자랑스러운 날,
많은 사람들에게 우롱거리로만 여겨졌던,
잘못 보상받은 프랑스 위해 내가 슬퍼했고,
그들의 한때의 약속이 지금 어떻게 되었는지
생각하며 낙담하고 있다면, 그대의 눈으론,
더 고상했던 시절의 잔해로 뒤덮였으나,
소생시키는 기억의 영향력을 박탈당하고,
덕목과 희망마저 상실당한, 한 영토 내의   390
슬픔의 훨씬 더 온당한 이유를 보게 되리.

부를 세운 인물.
[32] 콜리지는 1804년 가을에 몰타에서 영국으로 귀국하던 중 시실리 섬에 머물렀다. 워즈워스는 지난날 시실리 섬의 찬란했던 영광과 대비하면서 지금은 이곳을 미신과 무지가 만연된 지역으로 여긴다.
    워즈워스는 완성된 『서곡』의 가장 초기 작품을 1806년 크리스마스에 콜리지에게 읽어주었다. 콜리지는 1807년에 「윌리엄 워즈워스에게To William Wordsworth」라는 시로써 이에 응답했다. 이 시는 1817년에 출판되었다.
[33] 다윗 왕King David이, 사울Saul과 그 아들 요나단Jonathan의 죽음을 애도하는 구약성서의 한 구절 "How are the mighty fallen"(「사무엘하」 1:19)에서 'fallen'을 'prostrated'로 바꾸어 인용한 것임.
[34] 아마도 자유를 외치는 함성이 아니었을까?

그러나 희망 없는 곳에선 분노가 작용하네,
그리고 오 벗이여! 그댄 원기를 회복하리.
이 땅엔 한 위대한 사회가 홀로 있으니, 바로
고귀하게 사는 자와 고귀하게 죽는 자라네.

그대의 담화는 그토록 힘차고 온전하여,
그대의 정신이 다시금 건강과 기쁨과
순수한 만족으로 오르는 사다리가 되리.
이제 자유가 오롯이 남아 있는 유일한 성역,
지상의 이 마지막 장소35로부터   400
그대는 떠났으니, 슬픔은 나만의 것.
모든 인류가 비탄에 잠겨 좌절하는
바로 이 시기에, 한 외로운 방랑자는
고통과 질병 때문에 떠나가버렸으니.
그대 그리운 정(情)을 토로할 수밖에 없어,
이전에 어느 정도 내버렸던 연민의 정이
새롭게 고이고, 다시 분출구를 찾으리니,
나만의 기쁨들이 나만의 기쁨들로만
여겨지지 않네. 웅장한 알프스 산들,
저 장밋빛 봉우리들, 그 사이로 동트는 아침이   410
숱한 나라들을 굽어보는 이 산봉우리들이,
한때 그러했듯, 순수한 기쁨 주는 이미지가

---

35 아미엥Amiens의 평화가 깨진 이래, 영국은 프랑스의 침략에 무력으로 대항한 유일한 나라였다.

더 이상 아니라네. 유사한 장면들을 통해서
한때는 얼마나 다른 목적에 부합했던가!³⁶
그대는, 이제는 사색으로 성숙해지고, 능력은
원숙기에 접어든, 자연이 **시인들**에게 부여한
가슴과 영혼을 지닌 채, 그대의 길을 택했네.
오! 에트나 기슭의 거대한 숲들이여, 그대들의
그늘로 그를 감싸주오, 그리고 그대, 오 꽃다운
에나³⁷이여! 저 멀리서 근심 어린 사랑이   420
찾아올 때의 치유의 기쁨 위해, 어린 세상이
최초로 뛰놀던 때로부터 신성하게 지켜온
그대의 아늑한 보금자리 어디 없는가?

   목동들 틈에서 자란 산골아이로서
아직 고전문학에 익숙해지기 전, 나는
시실리에 대해 꿈꾸는 것 배웠네. 자 보게나,
바로 조금 전, 그대의 명령 따라 깊어졌으나,
시실리의 명령 따라 물러나는 어둠을.
그 해변들에서 떠돌던 즐거운 약속이
내 마음을 덮쳐, 아직도 미소 짓는 바다들,   430
한때 행복했던 골짜기들을 상상해본다네.
또한 그 영예로운 섬이 간직한 유명한 이름,

---

36 워즈워스는 1804년의 유럽의 정치 상황을 1790년의 그것과 대조한다. 그때는 "너그러움과
   축복이 도처에 향기처럼/퍼져" 있었다(제6권 358~59행 참조).
37 에나Enna: 페르세포네Persephone가 꽃을 꺾던 중 플루토Pluto에게 납치되었던 곳.

철학자 혹은 음송시인인, 엠페도클레스,[38]
혹은 아르키메데스,[39] 무아지경의
순수한 영혼! 그 이름을 입 밖에 내어
말할 때마다 내 슬픔에 위안이 된다네.
그리고 오 테오크리토스[40]여, 지금까지
어떤 이들은 타고난 선이나 위대함으로
하늘과 땅의 능력들 가운데 뛰어나기에,
그대가 전해주듯, 옛적에 그들 위해 마련된   440
기적들을 누렸네. 그렇다네, 내 사랑하는 벗을
생각할 때면 나는, 불경스러운 주인에 의해
상자 속에 갇힌 신성한 코메이츠에게
벌들이 어떻게 꿀을 먹였는지 얘기하는
그대 음성 듣는다네, 감격해마지않으며.
그 축복받은 자! 염소치기가 뮤즈의 감로주로
적셔진 입술 덕택에, 벌들이 어떻게 꽃 만발한
들판이나 우거진 숲에서 꿀을 잔뜩 날라와,
달이면 달마다 그를 먹여 살렸는지.[41]
                            이렇게 나는
이 고요한 벽난롯가에서[42] 우울한 순간들을 달래고,   450

---

38 엠페도클레스Empedocles: B. C. 5세기 그리스의 시인, 철학자, 정치가로서, B. C. 433년 경 에트나 산 분화구에 몸을 던져 자살한 것으로 알려진다.
39 아르키메데스Archimedes: '아르키메데스의 원리'로 잘 알려진, B. C. 3세기 그리스의 수학자, 물리학자, 발명가로서 비중과 지레의 원리를 발견했다.
40 테오크리토스Theocritus: B. C. 3세기의 가장 위대한 그리스의 목가시인.
41 443~49행: 테오크리토스의 「목가시」 제7편 78~83행으로, 코메이츠Comates 이야기 부분.
42 1804년 11월 말경 그래스미어의 도브 코티지에서.

사랑하는 이들에 대한 생각들과 내 생각을
북돋기 위해 수천의 풍성한 이미지들 떠올리네.
우리 기도가 이루어져, 그대는 땅과 바다 위로
솟아, 에트나의 정상에 당당하게 서게 되리,
영웅들의 교훈을 얻고자 숲이나 메아리치는
동굴에서, 혹은 현명한 사제들과 장미화관
두른 처녀 합창대의 시중을 받는 신들에게
경의를 표하고자, 성전 한가운데서,
하프 가락을 맞췄던 시인들이 받아 마땅한,
무한한 생각들, 웅장한 계획들을, 침범당한   460
하늘⁴³로부터 쟁취하면서. 영감을 주고자
폐허 가운데 아직 남아 있는 저 성전들은
그대의 외로운 걸음들을 헛되이 유혹하지
않을 터이니, 그대는 목가적인 아레투스⁴⁴
샘가에서 지친 몸을 기대어 쉬리라.
혹은 그 샘이 실제로 존재하지 않으면,
어느 다른 샘터 찾아, 기꺼이 속으며,
그 이름으로 기쁘게 맞이할 테고, 거기서
고향 그리워 애태우는 포로가 아니라
기쁜 예배자로 머무는 그대를 상상한다네.   470

---

43 침범당한 하늘the invaded heavens: 높은 산들이 하늘로 치솟은 것을 이렇게 표현했다.
44 아레투스Arethuse: 그리스 신화에 나오는 님프, 아레투사Arethusa가 변하여 되었다는 시라큐스의 샘물로서, 목가시에 종종 등장한다.

제12권
상상력과 심미안,
얼마나 손상되고 또 회복되었는가

오랫동안 인간의 무지와 죄가 우리를
지체시켰고, 참으로 끔찍한 비통스러운
광경들을 지켜보게 했으며, 내적으론
슬픔, 실망, 짜증스러운 생각들,
판단의 혼란, 부패한 열정 그리고
마침내 희망 자체와 희망의 대상들의
완전한 상실로 옥죄어왔네! 우리 노래는 이것들로
시작되지도 않았거니와, 이것들로 끝나서도 안 되네—
푸른 산기슭 주변을 떠도는 그대 기쁨에 찬
몸짓들이여, 그대 미풍들과 부드러운 대기여, 10
숨 쉬는 꽃들과 그대들의 미묘한 만남을
사랑으로 바라본다면, 인간이란 거만한 종족도
상처 없이 얻고, 무례하지 않게 주는 법을
그대들에게서 배우련만. 부드럽게 사용된 힘의

놀라운 영향력 보여주려는 듯, 그대들은
우람한 소나무의 연약한 꼭대기를 구부리고,
단 한번의 손길로, 거대한 구름 떼를
온 하늘 가득 흩어버리도다. 낮엔 부산스레,
적막한 밤이 오면 가만가만 속삭이며
돌 틈을 흐르는 그대 개울들이여, 20
어느 고요한 시간에 깊고 푸른 바다를 몰래
빠져나와 자갈 덮인 해안에 살짝 입 맞추고,
폭풍우 겁내지 않고 돌아가는 그대 파도들이여,
그리고 달콤한 잠과도 같은 그늘로
인간의 마음과 외적 문제들 사이,
그리고 드물지 않게, 인간 자신과
불안한 가슴 사이의 틈을 덮어주는
사명을 띤 그대, 그대 숲들이여,
오! 내게 그대와 조화할 수 있는 음악과
목소리 있다면, 그대가 내게 베풀어준 것들에 30
대해 말할 수 있으련만. 인간의 사악함에
개의치 않고, 아침은 빛나며 봄은 돌아오네,—
봄이 다시 돌아오자, 난 기뻐할 수 있었네,
나뭇가지에서 노래하거나, 싱그러운 들에서 뛰놀거나,
파란 하늘을 힘차게 가르는 날개를 타고서
대담하게도 더욱 하늘 가까운 즐거움 찾는,
봄의 총아, 자연의 생명들과 하나가 되어.
따라서 이 중심 잃은 시대를 견디는 데

필요한 만족도, 평화도, 부드러운 동경들도
부족하지 않았으며, 언제나 찬란히   40
빛나는 자연 속에서 평정을 찾았기에,
악한 기운이 최고조에 달했을 때도
남모르는 행복을 유지할 수 있었네.

   이 이야기는, 내 **벗이여**! 이제까지
지적¹ 능력, 사랑의 양육, 진리의 나눔,
그리고 인간과 사물들에 대해 주로 다뤘고,
거기서 이성은 어쩌면 아직 머뭇거리며,
진정한 믿음의 예언적 공감들을 확산시켰으니,
난 그토록 총애 받고— 내 몫의 삶 그토록 행복했네—
저 타고난 고상하고 우아한 마음이   50
과도한 시대적 압박과 불운한 문제들에
굴복할 때까지. 바다를 항해하던 여행자가
마법²에 묶여 육지에 닿을 수 없었을 때,
쾌적한 해안이 가까움을 알리는 달콤한 향기가
축복 넘치는 감사와 용감한 사랑 깃든 숱한
숲 그늘로부터 이따금 실려왔던들 무슨 소용 있었겠나?
감히 공언하건대 이제부터는 지난날의 모습과는
하늘과 땅만큼이나 전혀 다른 인간을 보고픈
바람과 또 확실히 그렇게 *되리라*는 희망을

---

1 지적intellectual: 정신적spiritual이라는 의미.
2 고드윈 식 합리주의의 매혹.

갖고 있네. 그리고 심연에 파묻힌 먼 옛날을   60
비춰주기 위해 여전히 존속하는 위대한 가족인
현자, 무사(武士), 애국자, 영웅과
나를 하나 되게 했었던 고결함을 더 이상
신뢰할 수 없을 듯하네, 그들의 최선의
미덕들조차 거짓되고 나약한 것들의 오염에서
자유롭지 못하여, 이성의 열린 눈을 견딜 수
없는 듯 여겨졌기 때문이네. 그래서 말했네,
'시인들에게 가라, 그들은 보다 순수한 존재들[3]에
대해 더욱 완전하게 말하리니. — 하지만
이성이 인간 안에 내재된 고결함이라면,   70
시인들이 즐겨 묘사하는 바, 편견으로
눈멀어, 비천한 욕망이나 병든 사랑의
비참한 노예가 된 사람보다 더 천박한
그 무엇이 세상에 있겠는가?'

　　다시 한 번 지난날을 돌아보자면, 그와 같은
기이한 열정에 사로잡혀, 나는 — 새 우상의
완고한 숭배자인 — 나 자신과 싸웠나니,
맹세코 세상과 절연한 두건 쓴 승려처럼,
이전의 감정적 힘의 모든 원천으로부터
감정을 단절시키고자 고군분투했던 것이네.   80

---

3 상상력에 의해 이상화(理想化)된 인간들.

그리고 마법사가 단순히 지팡이를
살짝 내리쳐서 순식간에 궁전이나
숲을 없애버리듯, 그렇게 나는,
모든 인간 종족을 한형제로 만들어왔고
또 영원히 그렇게 만들어가게 될
저 존재의 신비들을 그럴싸한 논리적
언어로써 쉽사리 해체시킬 수 있었네.

   보이는 세계마저 덜 영적인 취향의 지배 받아,
내가 도덕적 세계를 탐색했었듯이,
미시적 관점으로 면밀히 조사되었다면,   90
그렇다면, 그토록 철저히 왜곡된 마음에
무슨 경이로움이 느껴지겠나?

   오 탁월하고 아름다운! 자연의 혼이여!
나와 더불어 기뻐했고, 나 역시 젊은 날,
바람들과 우렁찬 강물들 앞에서, 그리고
언덕들 주위로 앞서거니 뒤서거니 하며
찬란한 무늬를 수놓던 빛과 그림자 사이에서
더불어 기뻐했던 그대여, 내가 날마다,
때로는 눈으로만 때로는 귀로만
섬겼으되, 심장과 열린 지성 없이는   100
결코 오래 사용할 수 없는 **능력들**인,
오 자연의 혼이여! 신성한 법칙들로

유지되고 지배되는 그대는 열정적 삶으로
여전히 흘러넘치는데, 어느 나약한 존재들이
이 땅을 걷고 있는지! 그대가 힘으로 넘쳤을 때
난 얼마나 나약했던가! 내가 이렇게 된 건
마음의 태만과 부적절함을 정당화하는 듯한
인간 고통의 타격을 통해서가 아니라,
뻔뻔함 때문이었으며, 난 즐거움을 누릴 때조차
모든 예술보다는 오히려 사물들에 모방예술의   110
원칙을 적용하여, 여기는 혐오하고, 저기는 좋아하며,
가당찮게 기뻐했네. 더구나, ─ 이로 인해,
비록 시대의 영향을 강하게 받는 것이
내 습성은 결코 아니었지만 ─ 피상적인
것들에 과도하게 관심을 기울인 채,
색깔과 비율을 달리하는 보잘것없는
새로운 경향으로써 스스로 포식하며
장면과 장면을 비교하게 되었고,
시간과 계절의 분위기라든가, 도덕적 힘,
애정들, 그리고 장소를 지배하는 정신에   120
무심했다네. 하지만 이렇게 판단의 자리에
앉기 좋아했던 것만이 더욱 심오한 느낌들을
훼방한 건 아니었고, 또 다른 원인이 있었네,
몸과 마음이라는 이중구조를 가진
피조물 안에 내재된 듯 여겨지는
더욱 미묘하고 설명이 쉽지 않은 원인이.

난 지금 지난 시절을 회상하면서,
삶의 단계마다 우리의 감각기관들 중
가장 독단적인 육안(肉眼)이 나를 너무도
강력히 지배했기에 종종 마음마저 완전히 130
압도했던⁴ 때를 말하고 있네. 여기서 기꺼이,
더 심원한 얘기로 들어가면서, 시각이라는
이 독재자를 훼방하고자 자연이 면밀히
사용하는 수단을 밝히고자 애써도 될는지,
모든 감각들을 불러와 각각의 감각이 서로 다른
감각은 물론 그 자체에 반작용을 일으키게 하고,
그 감각들을 모두, 그리고 그것들이 작용하는
대상들을, **자유**와 **상상력**이라는 위대한
목표들에 차례차례 귀속시키는 방법을.
그러나 이 정도로 하겠네, 내 기쁨들을 140
(있는 그대로) 변함없이 추구한 것으로 족하니.
환희는 생생했네, 깊진 않았어도 정말 생생했고,
난 여전히 새로운 형태들의 결합, 새 즐거움,
눈앞에 펼쳐질 더욱 광활한 제국을 갈망하면서,
시각 고유의 천부적 자질에 우쭐대며,
언덕에서 언덕으로, 바위에서 바위로 돌아다녔고,
내적 능력들을 잠들게 하면서 기뻐했네.
복잡다단한 우리네 삶의 숱한 방향 전환과

---

4 눈(시각적 능력)이 워즈워스의 상상력을 훼손시켰는지는 알 수 없지만, 눈이 '우리의 감각 기관들 중 가장 강한 힘을 가졌다'고 그가 생각한 것만은 분명하다.

반전들, 투쟁 그리고 각양 시험 상황들 속에서
자라는 동안 그와 같은 시각의 종살이를 피하기긴   150
어려운 듯하네. 하지만 난 한 아가씨[5]를,
이런 속박을 벗어난 열정적인 처녀를 알았네.
그녀의 눈은 가슴의 주인이 아니었고,
소극적 취향 따라 정해진 규칙들이나,
쓸데없이 끼어드는 미세한 것들은 더구나
그녀 마음 흔들지 못했네. 그 대신 쾌적한
환경에서 비롯된 여성 특유의 지혜로써,
주어진 것을 받았을 뿐, 더는 탐하지 않았네.
그 어떤 장면이 눈앞에 펼쳐진다 해도,
그 자체로 최선이었고, 그녀는 자신만의   160
너그러운 소박한 삶을 통해서, 그리고 완전한
영혼의 행복을 통해서 장면에 자신을 맞추었네,
그 속에서 영혼의 다양한 느낌들은 자매들인 양
각기 저마다의 새로운 기쁨을 자아냈다네.
새들은 숲 속에서, 어린 양들은 푸른 초장에서,
그녀를 만났을 테고 사랑했을 것이며, 내 생각에
그녀의 존재 자체가 너무도 달콤한 향기 풍겼기에
꽃들, 나무들은 물론 고요한 언덕들마저,
그리고 그녀의 시선이 닿는 모든 것들이,
그녀가 어떻게 그들과 모든 피조물들에게   170

---

5 워즈워스와 동갑이며, 훗날 그와 결혼한 메리 허친슨(156쪽 주 24 참고).

다가갔는지 낌새를 차렸을 것이네. 하느님은 그런
존재들을 기뻐하시네, 그녀의 평범한 생각들
자체가 경건이고, 삶은 곧 감사이기에.

   나 역시 이 아가씨처럼, 고향 산천의
한가로운 삶을 떠나오기 전[6]에는,
경박한 사랑 아닌 가장 열렬한 사랑으로
보는 것마다 사랑했으며, 내 행복한 발길이
닿지 못했던, 간혹 눈에 띄는 후미진 곳들보다
더 장엄하고, 더 아름답고, 더 절묘하게 형성된
어떤 것도 상상할 수 없었네. 당시 나는   180
세상을 알기엔 아직 어렸었고, 익숙지 못한
눈에 흔히 그렇게 보이듯, 이 세상의 최초의
보다 더 신성한 영향을 전혀 벗어나지 못했었네.
당시 자연의 경건함에 순명하여
사물들의 핵심 속에서 숭배하였던 내가
겸손함과 사랑을 배제해야 하는 어떤 것,
혹은 계산된 찬양에 복종할 수 있었겠나?
난 느꼈고, 관찰했고, 숙고했을 뿐, 판단하진 않았네,
정말로, 판단에 관해 생각해본 적도 없고,
이 모든 영광의 선물로 충만했고 만족했다네.   190
그리고 그 후, 장려한 알프스 산속을

---

[6] 워즈워스가 17세 때 케임브리지 대학에 입학하기 위해서 호수 지역을 떠나기 전.

헤맸을 때⁷도 내 마음은 이와 같았음에,

사실, 손상⁸은 — 종종 하찮은 것이

위대한 것보다 더 무게가 나가도록 조작된

불공정한 저울을 만들어내는 관습이나,

유명해진 어떤 다른 명분에 제아무리

마음이 쏠리고, 효과가 어느 정도였든지,

혹은 마지막으로, 각 시대와 그 시대의 자극적

소리들⁹로 괴롭힘당하여, 시골 풍경을 묘사한

부드러운 노래들이 잘 들리지 않게 되었다   200

할지라도 — 잠시뿐이었네. 이 상태가

오래 지속되기엔, 너무도 강렬하게,

내 삶에서 너무도 일찍 상상력의 도래(到來)를

체험했었던 것이네. 난 철저히 그리고 영원히

그 습성 떨쳐버렸네, 그리고 다시금

대자연 앞에 섰네, 한 민감한 존재,

*창조적 영혼*으로 지금 서 있듯이.

　우리의 삶 속엔 시점(時點)들¹⁰이 있네,

---

7 워즈워스가 20세 되던 1790년 여름(제6권 참조).
8 상상력의 손상.
9 정치적 압력들.
10 시점들 spots of time: 시인의 뇌리에 깊이 새겨진 어린 시절의 특정한 경험의 순간들로서, 성인의 마음이 어린 시절의 경험으로부터 힘과 영감을 얻을 수 있다는 워즈워스의 신념의 토대를 제공한다. 흥미로운 것은, 실제의 경험은 외로움과 두려움을 자아내는 고통스러운 것임에도 훗날 성인이 된 시인이 그 경험의 장소에 되돌아갔을 때 유년의 기억이 고양된 기

뛰어난 탁월함과 더불어 우리를 소생시키는
미덕을 보유한 그 시점들 덕택에,　　　　　　　　　210
사소한 일들과 반복되는 일상적 관계 속에서,
거짓 견해와 논쟁적인 생각, 혹은
더 무겁거나 더 끔찍한 중압감으로 짓누르는
어떤 것에 의해 낙담될 때, 우리 마음이
자양분 얻고 보이지 않게 치유 받는다네.
그리고 기쁨을 고양시키는 미덕이 있어
우리 마음 꿰뚫고, 우리를 높이, 더 높이
오르게 하며, 넘어졌을 때 일으켜준다네.
이 효과적인 영은, 어느 단계까지, 또 어떻게
마음이 주님이요 주인"이 되고 — 외적 감각이　　　220
그 의지에 순종하는 하인이 될 수 있는지에 대해
가장 심원한 지식을 제공하는 삶의 여정들
사이에 주로 숨어 있네. 그러한 순간들은
우리의 최초 유년기부터 시작되며, 모든
곳에 흩어져 있네. 난 생생하게 기억하네,
한번은, 아직 익숙지 못한 손으로 고삐 잡는

　　뿜과 행복감을 불러일으킨다는 것이다.
　　이 개념은 인간의 상상력, 즉 외적인 환경을 변형시켜 스스로를 치유하는 정신의 능력을 잘 보여주는 예로서, 제임스 조이스James Joyce의 '현현Epiphany'과 비교된다. 현현은 전광석화처럼 어느 한순간에 갑자기 일상적인 평범한 대상 저 너머의 실재를 직관적으로 포착하는 현상으로서, 이때 평범한 대상은 새로운 의미를 지니게 되며 그 영혼과 본질이 드러나게 된다.
11 마음이 주님이요 주인The mind is lord and master: 이것이 '시점들'을 이해하는 열쇠가 된다.

것조차 버거웠지만, 희망으로 우쭐대며
말에 올라타고서 언덕을 향해 떠났고,¹²
우리 아버지 집을 돌보던 늙은 하인이
곁에서 날 격려하고 길을 인도했네.   230
그런데 얼마 가지 않아서 어찌된 일인지
길동무를 놓쳤네. 그래서 겁에 질린 나는
말에서 내려, 거친 돌투성이 황야로
말을 끌고 내려갔고, 비틀거리면서 마침내
골짜기에 당도했는데, 그곳은 옛적에 어떤
살인자가 쇠사슬로 교수형을 당한 곳이었네.¹³
교수대 기둥은 다 무너졌고, 골격과 형틀도
사라져버렸네. 그러나 그 끔찍한 일이
벌어진 직후 근처 풀밭에, 누군가가
살인자의 이름을 새겨놓았었네.¹⁴   240
그 잊지 못할 글자들은 아주 오래전
새겨진 것이건만, 여전히, 해마다,
이웃 사람들 사이에 떠도는 미신 탓에,
주변의 풀은 말끔히 깎이고, 그때까지
글자들이 산뜻했고 또 잘 보였네.

---

12 여기서부터 287행까지의 긴 시구는 워즈워스가 5세 때 펜리스에 있는 할아버지 댁에서 지내면서 겪었던 경험을 전해준다.
13 1767년에 펜리스 동쪽의 카우드레이크Cowdrake 채석장에서 토머스 니콜슨Thomas Nicholson이 교수형을 당했다. 그러나 다섯 살 난 어린 워즈워스가 그 먼 골짜기 아래까지 내려갔는지는 확실치 않다.
14 풀밭에 새겨진 글자들이 1799년까지 남아 있지는 않았다. 워즈워스는 아마도 남들에게서 그것에 대해 들었을 것이다.

그것들을 우연히 힐끗 보게 된 나는 겁에 질려
비틀거리며 길도 모르는 채 무턱대고 도망쳤네.
그런 다음, 풀 한 포기 없는 공터로 다시 올라가,
산 밑에 바닥이 드러난 웅덩이 하나,
정상에 세워진 봉화대,[15] 그리고 더 가까이,　　　　　250
한 소녀를 보았네. 그녀는 주전자를 머리에 이고,
때마침 불어오는 바람을 거슬러 길을 가느라
힘겹게 걸음을 옮기는 듯했네.[16] 그건 사실
흔한 광경이었네. 그러나 잃어버린 안내자를
찾느라 두리번거리는 동안, 황폐한 황무지,
바닥 드러낸 웅덩이, 외로운 고지를 장식한
봉화대, 강한 바람에 이리저리 휩쓸리며
애태우는 소녀와 그녀의 옷을 에워싼
꿈결 같은 황량함을 묘사하기 위해서는
인간이 알 수 없는 색깔들과 언어들을　　　　　260
필요로 했을 것이네. 내가 사랑에 눈뜨던
축복 받은 시절,[17] 바닥 드러낸 웅덩이와
황량한 바위들, 그리고 처량한 봉화대,
이 광경을 매일 보면서, 사랑하는 이[18]와
나란히 거닐었을 때는 기쁨의 영과

---

15 이 봉화대는 1719년에 펜리스를 굽어보는 언덕에 세워졌다.
16 골짜기의 샘에서 물을 길어 머리에 이고 가는 시골 여인의 모습은 워즈워스 자신의 표현처럼 당시엔 '흔한 광경'이었다.
17 1787년 여름, 워즈워스가 케임브리지로 떠나기 직전.
18 워즈워스 남매와 함께 산책하곤 했던 메리 허친슨(앞의 151행 및 156쪽 주 24 참고).

젊음의 황금빛 꿈이 찾아왔다네.
이런 기억들과, 그것들이 뒤에 남겨놓았었던
힘으로 인해, 그대들은 더욱 장엄한 빛에
휩싸여 생각지 않는가? 우리가 단 한번
강한 적 있다면, 그렇게 느낌은 느낌을   270
돕기 위해 오고, 다양한 힘이 우리를 섬긴다네.
오! 인간의 신비여, 어떠한 심연에서
그대의 영예들이 나오는가. 난 모르지만,
단순한 유년기에서 위대함의 토대가 될 만한
어떤 것을 보며, 그 위대함은 그대 자신으로부터
오기에, 그대가 베풀어야 하고, 그렇지 않으면
받을 수 없다는 것은 느낀다네. 지나간 날들이
거의 삶의 첫새벽으로부터 되돌아와,
인간의 힘이 숨어 있는 장소들 열리지만,
내가 접근하려는 찰나, 닫혀버리네.   280
지금은 어렴풋이 보이나, 세월이 가면
아마 전혀 볼 수 없겠지. 그래서 아직
할 수 있을 때, 언어로 표현할 수 있는 한,
내가 느낀 것에 실체와 생명을 주고 싶네,
훗날의 복원 위해 **과거의** 정신을 간직하면서.
이것이 내 희망이라. ─그런데 또 다른 기억이
한 토막 떠오르네─

      어느 크리스마스 때,[19]
신나는 성탄절방학이 시작되기 하루 전날,

나는 열에 들뜨고, 지쳐서, 안절부절못하며
들판으로 나갔고, 우리 형제들과 나를   290
집으로 데려다 줄 말들이 나타나기를
초조하게 기다렸네. 거기엔 바위가 하나 있었는데,
그 바위는 두 도로가 만나는 곳에서 솟아올라
멀리 뻗은 두 길을 모두 굽어보고 있었네.
난 기대에 찬 시선을 어느 길에 두어야 할지
모르는 채, 스카우트처럼 거기로, 그 바위로
가서 꼭대기까지 올라갔네. 그날은
비바람이 거세고, 어둡고, 거칠었기에, 나는
맨 바위벽에 절반쯤 의지한 채 풀밭에 앉았네.
오른쪽엔 웅크린 양 한 마리,   300
왼쪽엔 말라죽은 산사나무 한 그루,
그 두 벗들 곁에서, 눈을 힘껏 부릅뜨고
앉아 있었네, 사방에 자욱한 안개 때문에
저 아래 덤불숲과 벌판이 보였다 말았다
했기 때문이네. 그 황량한 계절, 우리가
다시 학교로 돌아가기 전, 아버지 집[20]에
열흘도 채 머물기 전에, 아버지는 돌아가셨고,
이제 고아가 된 나와 우리 삼형제[21]는

---

19 287~335행: 1783년 12월에 일어난 사건들에 관한 언급으로서, 성탄절방학이 시작되기 하루 전날은 아마도 12월 19일인 것 같다. 당시 워즈워스는 형 리처드와 동생 존과 함께 혹스헤드 그래머 스쿨에 다니고 있었는데, 12월 30일에 아버지 존 워즈워스가 사망했다.
20 워즈워스가 태어나 어린 시절을 보낸 곳. '아버지 집'이라는 표현은 성서적인 뉘앙스를 풍기는 동시에, 감정과 따스함이 묻어나는 가정과는 거리가 먼 것 같은 인상을 준다.

무덤까지 아버지의 시신을 따라갔네. 그 사건은,
그것이 촉발시킨 모든 슬픔과 더불어,   310
징계처럼 여겨졌기에,²² 바위가 있는 곳에서
말이 언제나 올까 초조하게 내려다보았던
불과 며칠 전 그날이 맘속에 떠오를 때면,
나는 케케묵은 도덕적 경구²³들을 떠올리며
가장 간절히 하느님 앞에 머리를 숙였고,
그분은 내 욕망들을 고쳐주셨네.
그 후, 바람과 진눈깨비, 그리고
온갖 변화무쌍한 대기의 작용들,
그 양 한 마리, 말라죽은 나무 한 그루,
오래된 돌담에 부딪치는 황량한 바람 소리,   320
요란한 숲 소리와 물소리, 그리고
두 길의 가장자리를 따라서 다채로운
모양으로 뭉게뭉게 피어올랐던 안개.
이 모두는 유사한 광경이요 소리들이었으니,
나는 자주 그곳에 갔고,²⁴ 거기서 샘물인 양
자연의 정기를 흠뻑 마시곤 했네. 그리고
바로 지금 이 시간까지, 폭풍우가 지붕을 강타하는
겨울밤이면, 혹은 우연하게도, 어느 정오에,

---

21 어머니는 1778년 3월, 워즈워스의 여덟번째 생일 직전에 사망했다(126쪽 주 26 참고).
22 어린 워즈워스는 자기가 성탄절방학을 너무 학수고대했기에 그런 벌을 받는 것이라 느꼈다.
23 '이 세상 것들에 마음을 두지 말라' 같은 도덕적 경구들.
24 자주 그 기억을 떠올렸다는 의미.

한여름의 푸르른 잎 무성한, 높이 치솟은
나무들이 거센 바람에 흔들리는   330
숲 속을 거니노라면, 어떤 영의 작용이,
어떤 내면의 소요(騷擾)들이 촉발된다네,
제 길 위의 너무 분주한 상념들을 속이는 것이든,
혹은 텅 빈 휴식의 순간을 활기차게 하는 것이든,
그것들의 맡은 바 임무가 무엇이든지.

제13권
같은 주제(속편)

감정은 자연에서 나오고, 고요한
기분 역시 동일하게 자연의 선물이니,
이는 자연의 영광이요, 이 두 속성은
자연의 힘을 구성하는 자매 뿌리들.
따라서 평화와 흥분의 내적 교류에 의해
성장하도록 태어난 **천재**는 자연에서
최상의 순수한 벗을 얻고, 자연에서
진리 추구의 에너지 받으며,
자연으로부터 행복한 마음의 고요를
구하지 않아도 저절로 얻도다. 10

 그러한 혜택은 가장 겸허한 지성들이
각자 제 몫 따라 받는 것이고, 내 몫은
나 자신이 이제껏 알고 느낀 것을 말하는 것.

순조로운 일이로다! 진리에 대한 확신과
감사로써 고무되어 말이 술술 풀리니.
난 오랫동안 지성과 감성이 무지몽매한 채
지식 찾아 인간 삶의 현장을 떠돌았네.
그러나 이제 다시금 새벽이 밝아오고
있음에, 지난날 내가 바른 이성[1]의
가시적인 특질이요, 형태요, 이미지인   20
어떤 힘[2]을 경외하도록 배운 것이 허사가
아니었음이 증명되었네. 그 힘은 한결같은
법칙들로써 자체 과정들을 성숙시키며,
성급하거나 그릇된 희망들, 불타는 격정이나
과도한 열정, 헛된 공상들을 일으키지 않으며,
자화자찬의 지성을 급속한 변화들로
몰아가지 않는다네. 그 대신 온유함을
가르치고, 겸허한 신앙을 기뻐하며,
현재의 대상들에 도취하는 마음과
소멸되어가는 것들의 어지러운 춤 앞에   30
영속하는 대상들의 온건한 모습을
나타내 보이지. 그리고 이 과정 통해,
거치적거리는 것들을 내던지는 일에
너무 경솔하게 치중하는 경우,[3]

---

[1] 바른 이성right reason: 제14권 191행에서는 '가장 고양된 기분에 잠긴 이성Reason in her most exalted mood'이라고 묘사되었으며, '넉넉한 마음'과 '상상력'과 동일시된다.
[2] 자연.

인간과 사회생활의 테두리 안에서,
형태와 기능이 변치 않거나, 삶과 죽음의
엄혹한 영고성쇠(榮枯盛衰)를 통해 순환하는
영원토록 바람직하고 좋은 것은 무엇이나
추구할 마음을 갖게 하네. 이 모든 것 위에,
역사가의 펜이 그토록 꾸미고 싶어 하는 40
것— 도덕적 목적과 동떨어진
권력과 에너지— 안에서 가치나
장엄함을 거의 찾아볼 수 없었기에,
이 아름다운 세상에서 고요한 위치를
점하는 겸손한 것들을 일찍이 우애의
감정으로 볼 수 있도록 가르쳐주었던
저 주의 깊은 생각들이 다시금 확립되었네.

 이렇게 온건하고 침착하게 되어, 나는
다시금 인간 속에서 기쁨과 순수한
상상력과 사랑의 대상을 발견했고, 50
마음의 지평이 확장됨에 따라서,
다시금 영적인 눈을 스승 삼아,
소소한 것들을 만지고 다루기보다는
위대한 진리들을 보고자 애썼네.[4]

---

3 33~34행: 워즈워스는, 고드윈의 견해에 동조했던 이전의 자아를 조롱한다. 그 자아는 "탁월한 능력"으로 "자연, 시간 그리고 장소의 결함들을/물리치는" 것으로 묘사되었다(제11권 238~39행 참조).

그 결과 지식을 얻었고, 그와 같은 시련의
시험을 견뎌냈었던 감정들에 대한 신뢰는
더 확고하게 되었으며, 옳고 그름 분별하는
탁월한 감각은 한층 더 분명하게 되었네.
현재의 약속[5]은 원래 크기와 무게로
물러났고, 희망에 넘쳤던 계획들, 야심 찬   60
기획들도 전처럼 기쁘지 않았으며, 일상의
친숙한 얼굴에서 현재의 선(善)을 찾았고,
그 위에 앞날의 선에 대한 희망을 세웠네.

   이제 난 무엇이 지속되며, 무엇이 사라질
것인지에 대한 확고한 판단 기준과 더불어,
세상의 지도자로 자처하며 조용한 세상으로
뛰어든 사람들 속에서 후안무치(厚顔無恥),
어리석음, 광기를 알아채고, 또 이들 중
공공복지가 그들의 목표인 경우에조차,
모호하고 불건전한 이론들에 근거했거나,   70
경솔한 계획들을 간파하는 안목을 갖추면서,
당대 정치가들의 책들을 그들 행위의 잣대로 삼아,
삶, 남녀의 성과 나이에 관한 모든 신성한 권리들을

---

[4] 콜리지는 1797년 10월 16일 풀Poole에게 보낸 편지에서 '영적인 눈'은 "위대한 것과 총체적인 것the great and the whole"을 인지하나 "감각들의 증거the testimony of their senses"에 의존하는 눈들은 '*부분들parts*' 밖에 볼 수 없으며 "모든 부분들은 사소할 수밖에 없다all *parts are necessarily little*"라고 썼다.
[5] 인류의 미래를 위한 정치적 희망들.

포함한 인간의 삶, 그 유한성, 혹은 죽음의 영역을
초월하는 것들에 대한 그들의 입장을 시험하면서,
그 결과, 자랑스레 명명된 '국가의 부(國富)'[6]라는
우상 밑에서, 오직 부만이 머무는 *거기서*,
사물이 얼마나 끔찍하게 숭배되며, 또 얼마나
증대되는지 분별하게 되면서, 그리고
머릿속으로 고안해낸 인간이 아니라   80
실제로 삶에서 부딪치는 인간,
우리 눈으로 직접 보는 인간 개개인의
가치와 존엄성에 대한 더 현명한 지식을
얻게 되면서— 묻지 않을 수 없었네—
태도는 다소 누그러졌다 해도, 이제까지보다
결코 적지 않은 더 지대한 관심을 갖고서—
왜 이 영광스러운 존재가 수천수만 명 중
겨우 한 명 꼴로 발견되는지? 하나가 무언가,
왜 수백만은 될 수 없을까? 자연은 이와 같은
희망의 길에 어떤 장벽들을 설치한 걸까?   90
우리의 동물적 욕구들과 일상적 바람들,
이것들이 극복할 수 없는 장애물들인가?
그렇지 않다면, 다른 것들은 허공으로 사라지는 법.
'축적된 사회자산의 토대를 조사하라'고
난 말했네, '육체노동으로 살아가는 이들,

---

6 스미스A. Smith의 『국부론』 암시. 원제는 『국가의 부의 속성과 원인들에 대한 탐색*Enquiry into the Nature and Causes of the Wealth of Nations*』.

우리가 자신들에게 부과하는 부당한
중압감에 짓눌려 자신들의 정당한 몫을
훨씬 초과하여 일하는 자들이 얼마만 한
정신적 힘과 진정한 미덕을 소유하는지
탐문하라'고. 이런 평가의 틀을 마련하고자　　　　　100
나는 주로 시골 사람들의 거처들, 그들의
일터인 들판들을 (그 이상 살펴볼 필요가
있겠나?) 살폈고, 유년 시절에 관찰했던
것들을 회상했으며, 청년기에 관찰했을
뿐 아니라 그날까지 지속되던 풍경들과
이것들을 비교했네. ─ 왜냐하면, 그때는
강대국들의 악전고투와 세상의 소동 탓에,
제아무리 황홀경에 빠지고 몰입했다 해도
충분한 만족을 누릴 수 있던 때가 결코
아니었기 때문이네. 그러나 여전히 나는　　　　　110
삶의 체험들과 우리 자신들에 더 근접한
낱낱의 공감적 진리들이 혼합되기를 갈망했네.
저 거대한 도시에서 그러한 것들을 종종
수확했었을 것이네, 그렇지 않다면 그 도시는
분명 내 심장을 짓누르는 황야로 판명되었겠지.
그러나 부족한 것이 참 많았고, 그래서 그대
오솔길과 호젓한 길들이여, 그대들에게 향했으며,
내가 소중히 여기는 모든 것들로, 인간의 친절과
단순한 기쁨들로 그대가 풍부해지기를 구했다오.

슬프게도! 이 냉혹한 세상에서 소수에게만　　　　　　120
주어진, 오! 소중한 축복의 한순간,
아직 우리의 젊은 심장이 고동치는 동안,
어느 외딴 은신처, 깊은 골짜기, 혹은 어디든지,
살짝 움직이는 것조차 불행처럼 여겨질
둘만의 보금자리에서 아직 행복만을 호흡하는 동안,
사랑하는 여인과 함께 들판이나 숲을 거닐며
삶의 절정기에 맛보는 매일 산책의 축복 못지않게,
오! 젊은 날의 그와 같은 즐거움 못지않게,
추측건대, 그런 소중한 기쁨 못지않게,
날마다 평화롭게 명상할 수 있는 곳 찾아　　　　　　130
이곳저곳 돌아다니면서, 지혜로 나를
한 걸음씩 인도하게 될 지식 모은다거나,
혹은 머나먼 지역들로부터 바람에 실려온
새처럼 가벼이, 낯선 들판들이나 숲들에
노래 인사 보내고, 답례로써 환영의
메아리 듣는 것도 그렇거니와,
그 유쾌한 수고마저 시들해지면,
아득히 뻗은 길들 바라보이는 황야에서,
오두막 벤치 곁에서, 혹은 지친 여행자들
쉬어가는 샘터에서 만나는 낯선 이마다　　　　　　140
벗 삼아 담소하는 일도 큰 기쁨이리.

누구라서 굽이굽이 돌아가는 산길을
눈으로 좇는 걸 좋아하지 않겠나? 그 광경은,
그 자체로 친숙한 대상이긴 하나, 아주
어린 시절부터 내 상상력을 자극해왔다네,
그 시절, 저 멀리 민둥산 꼭대기를 가로질러
내 발길 전혀 닿지 못한 먼 곳으로 사라지던,
매일 눈앞에 보이던, 그 외줄기 산길이
마치 끝없는 공간으로의 초대장,
혹은 영원에의 안내자처럼 여겨졌네.　　　　　　　　　150
그렇다네, 폭풍우와 어둠 속을 뚫고
포효하는 바다를 항해하는 수부에게서
볼 수 있는 어떤 장엄함 같은 것이
육지의 방랑자들에게서도 일찍이 느껴졌네,
그 같은 장엄함과 훨씬 더 큰 사랑스러움이.
난 떠돌이 광인들[7]을 보면 공포에 떨었고,
많은 다른 거친 부랑아들을 만났을 땐
(겁에 질려 지나가며) 걸음을 재촉했네. 그런데
왜 이 얘기를 하냐고? 내가 만났던 사람들을　　　　　　160
지켜보고, 서슴없이 그들에게 말을 걸고
이것저것 묻는 동안, 외로운 길들은
열린 학교 되었고, 거기서 날마다 가장 큰

---

[7] 광인들Bedlamites: 영국 런던 동남부에 있는 정신병원인 베들레헴의 성 메리St. Mary of Bethlehem 병원에서 나왔을 법한 광인들. 이들을 '베들럼 사람들Bedlamites'라고 부르게 된 것은 베들레헴을 '베들럼Bedlam'이라고 발음한 데서 연유한다(192쪽 주 20 참고).

기쁨 만끽하며, 언어들, 표정들, 한숨들,
눈물들에 드러난 인류의 정념들을 읽었으며,
거기서, 부주의한 눈에는 그 깊이가 전혀
드러나지 않는 영혼들, 인간 영혼들의 깊이를
보았다네. 그리고 — 이제 마음에 확신 얻었네,
우리가 지나칠 정도로 신뢰만을 나타내며
교육이란 이름을 붙이는 저 형식적 행위들이 170
진짜 느낌과 올바른 의미로부터 얼마나
동떨어져 있는지, 수다스러운 세상과의 소통이란
것이 대체로 얼마나 헛된 것으로 판명되었는지.
그리고 제대로 알아내도록 부름 받았네,
인간의 처지가, 자연의 선고 따라 노동의
멍에를 썼기에, 무지의 멍에마저 쓴 것인지,
미덕이 정말 그토록 함양되기 어려운 것이며
지적인 힘이 또 그렇게 희귀한 선물인지를 —
난 이러한 산책들을 여전히 더욱 예찬했네,
거기서 내 희망에 대한 희망과, 기쁨 안의 180
평화와 한결같음, 그리고 모든 성난 격정의
치유와 안식을 찾았기 때문이네. 거기서 나는
이름 없는 소박한 사람들의 입을 통해서,
영예로 가득 찬 진리들을, 그리고 선과 미의
지고한 약속들과 일치된 소리들을 들었네.

  강렬한 애정이, 무슨 이름으로 통하건 간에

사랑이, 저들이 사용함 직한 용어를 빌리자면,
속된 자연의 선물인 양 잘못 여겨지고 있다고
생각하는 사람들이 있네. 또 그들은 사랑의
성장에는 은둔, 여가 그리고 신중하고도   190
정교한 방식으로 정화된 언어가 필요하며,
그런 열정을 강렬히 느끼는 자는 누구나
예술적으로 세련된 예의 바른 말투를 쓰는
기품 있는 환경에서 살아야 한다고 생각하네.
그건 사실이네, 탄생의 순간부터 죽음보다
더 나쁜 억압이 새 생명을 기다리는 곳,
문화 혜택이 단 한 번도 주어지지 않고,
지나친 가난과 과도한 노동이
날이면 날마다 애정이 깃들일 토양을
앞질러 점유하며, 자연 자체에 대해   200
더 깊은 자연[8]으로 대항하는 곳엔, 정말로,
사랑이 깃들 수 없으며, 인간의 마음이 병들고,
눈빛이 사랑을 키우지도, 키울 수도 없는,
닫히고 과밀한 도시의 거처들에서도
사랑은 순조롭게 성장하지 못하네.

　　── 그렇다네, 숲과 들을 거닐며 깊이 느꼈네,
우리가 서로를 얼마나 잘못 인도했고, 특히

---

[8] 더 깊은 자연 a deeper nature: 고통으로 깊어진 인간의 본성.

책들이, 인위적인 잣대로 평가하는 몇몇
부자들의 판단으로부터 보상을 추구하며
얼마나 우리를 오도했는지. 그리고 소수의   210
즐거움 위해 다수를 얼마나 폄하하고,
유약하게도 진리를, 즉시 이해시키고자,
혹은 그것들을 구성한 두뇌 속에
더 나은 지식이 부족했던 탓에, 특정한
일반적 견해의 수준으로 떨어뜨렸는지.
사회적으로 사람과 사람을 차별해온
기준인 외적 표시들, 외부적 차이들을
가장 야심만만하게 갈라놓는 한편,
보편적 마음을 소홀히 하는 언어들로
우리 자부심에 아첨을 떨면서 말이네.   220

  여기서, 당시 젊디젊은 여행자였던 내가
보았던 것, 그리고 지금 날마다 고향의 친숙한
산책 길에 보는 광경을 마음속에 불러일으키며,
여기서 잠시 멈추고, 자연에, 그리고 인간의
마음이 지닌 힘에, 자신들의 내면의 모습
그대로의 인간들에게 경의를 표해도 되겠지.
모든 인간이 겉으론 아무리 거칠어 보여도
얼마나 자주 고상한 일이 내면에서 행해지는가,―
허세와 금빛으로 번쩍이는 성전이 아니라,
단순한 신자들을 햇볕과 비바람으로부터   230

막아주는 소박한 산속 교회당처럼.
난 말했네, 이것들에 관해 노래하리라고.
훗날 그 과업[9]을 감당할 만큼 성숙하면,
구체적인 사물들을 담대히 다루면서,
찬양의 시를 지으리. 정의가 실현되고,
존경받아 마땅한 곳에 경의를 표하도록,
진실하게 그리고 고결한 열정으로 이것들에
관해 말하리. 이로써 어쩌다 가르치고,
고무시키고, 순결한 귀에 환희와 온유함과
희망을 쏟아붓게 되리, ─ 내 주제는,   240
종교적 신앙으로 고양되기도 하고,
자연의 존재 앞에서, 몇 안 되지만,
좋은 책들, 책들에서 정보를 얻기도 하는,
살아 있는 최고의 사람들에게서 발견되는
다름 아닌 바로 인간의 마음이니, 그로 인해
슬픔, 그러나 슬픔이 아닌 기쁨, 그리고
현재의 우리 모습과 인류에게 미치게 될
영광을 위해서, 듣기에 고통스럽지 않은
비운의 사랑을 택할 수도 있으리.
나는 지식이 이끄는 대로 당당한   250
걸음으로 따라갈 것이기에, 꿈이 아니라,
성스러운 것들을 말하면서 감히 이 거룩한

---

9 『은둔자』를 쓰고자 하는 계획.

땅을 밟았다는 것이 내 자랑이 되리,
외모가 풍기는 낌새만으로, 보이지 않는
영혼을 판단하는 사람들, 말솜씨가
뛰어나고, 세상과의 소통에 능한 사람들,
따라서 가장 웅변적일 때 그들의 능력이
가장 활기차며, 가장 칭송 받을 때
가장 고양되는 사람들의 귀에 결코 가볍게
들리지 않을 문제에 관해 말하면서.   260
이들과 다른 유형의 사람들도 발견될 터,
스스로 자신들을 지탱하며, 자신들에게
격려와 에너지와 의지가 되며, 타고난 열정이
이끄는 대로 활기찬 언어로써 가장 활기찬
생각들을 표현하는 사람들이. 또한 소박한
삶의 길을 걷는 사람들 속에 여전히
더 고상한 이들, 수줍으며, 언쟁에 능하지
못하고 명상을 선호하는 사람들, 온유하며,
언쟁할 상황이 벌어지면 아예 영혼 자체가
내면으로 가라앉을 듯한 이들도 있는 법.   270
그들의 언어야말로 천상의 언어로서, 힘과
생각과 이미지, 그리고 고요한 기쁨이니,
언어는 영혼의 하수인에 불과하고,
혼신의 힘을 다해 파악하고자 할 때, 그들은
한마디 말도 입 밖에 내지 않음에,[10] 이로써
하느님께 감사드리네, 그분께 봉사하도록 우리의

가슴을 채우시며, 세상이 우리를 거들떠보지
않을 때도 우리를 알고 사랑하시는 그분께.

   또한 이 무렵 나는 이때까지보다
훨씬 더 강한 확신들을 얻었네,   280
인간의 내적인 틀[11]이 선하고 또 우아하게
형성되었다는 것뿐 아니라, 이에 못지않게,
우리에게 보는 눈만 있다면, 자연은 여하한
경우에도, 제 피조물의 외양을 축성하고,
인간 삶의 가장 소박한 얼굴에도
장엄함을 불어넣는 능력이 부족하지
않다는 확신을. 나는 느꼈다네, 행위와 상황,
그리고 눈에 보이는 형태의 나열이란
주로 마음의 즐거움 위해 만들어진
열정의 산물들인 한편, 자연의 형태들은   290
자체의 열정을 갖고 있어서, 자연이
명하는 인간의 일들이 제아무리
초라하고 그 자체로 아무 고상한 점이 없다
할지라도, 그것들과 서로 혼합된다는 것.
따라서 **천부적인 시인**은 인류 사이에서
자연이 이끄는 곳이면 어디든지 담대하게
제 길을 갈 수 있다는 것. 그는 옛 사람들

---

10 266~75행: 워즈워스는 여기서 동생 존을 염두에 두고 있다.
11 영혼.

틈에서 자연 곁에 서 있었듯, 앞으로도 영원히
그렇게 서게 되리라는 것 등을. 친애하는 벗이여!
그대가 만약, 시인들은, 심지어 예언자들[12]로서,   300
거대한 진리체계 안에 서로 연결되고,
각기 하늘의 선물인 자신만의 고유한 능력,
즉 이전에 보지 못한 대상들을
볼 수 있도록 하는 감각을 지녔다는
역동적 믿음을 공유한다면, 이 무리에서 가장
보잘것없는 존재인 날 비난하지 않으리,
내가 얼마간 지니고 있는 통찰력과
특권이 내게도 주어졌기를, 그로 인해,
창조적이며 지속적인, 배우지 않은 것들의
근원으로부터 나오는 내 작품이   310
자연의 일부와 같은 힘이 되도록 감히
바란다고 해서. 한때 세럼 평원[13]의
황야에서 이보다 덜하지 않은 야심 찬
희망으로 내 젊은 혈기가 부풀었다네.
거기서 길도 없는 완만한 시골 언덕을 멋대로

---

12 이 시의 끝부분(제14권 444~마지막 행)에서 워즈워스와 콜리지는 '자연의 예언자들 Prophets of Nature'로서 '영원히 지속될 영감 A lasting inspiration'을 전하게 될 것이다.
13 세럼 평원 Sarum's Plain: 영국 잉글랜드 윌트셔 Wiltshire 주에 있는 솔즈베리 평원의 다른 이름. 315~49행에서 워즈워스는 1793년에 솔즈베리 평원을 홀로 여행했던 때를 회상한다. 이때의 경험을 되살려 「솔즈베리 평원」 또는 「솔즈베리 평원의 하룻밤 A Night on Salisbury Plain」이란 시를 썼으며, 이 시는 1842년에 '죄와 슬픔 Guilt and Sorrow'이라는 제목으로 출판되었다.

쏘다니거나, 고독하게 하염없이 길게 뻗은
바닥이 하얗게 드러난 황량한 길들을 걸을 때면,
시간은 나이 든 수행원과 함께 거꾸로 달아났고,
내가 조상들의 희미한 **과거**를 생생하게
떠올릴 때까지 질주를 멈추지 않았네.   320
난 숱한 사람들, 그리고, 여기저기서, 늑대가죽
조끼를 걸치고, 방패와 돌도끼를 든 채, 평원을
가로지르는 한 무리의 브리튼인¹⁴을 보았네.
창과 창이 부딪는 소리 들려왔고, 쩽그랑대는 창들은
튼튼한 골격을 자랑하는 팔에서, 오래 묻어둔
야만적 위엄을 드러내며, 힘차게 흔들렸네.
나는 **어둠**을 불러들였네— 그러나 말이 채
떨어지기도 전에, 자정의 어둠이 모든 물체들을
시야에서 가져가버리는 듯했네, 그리고 놀랍게도!
또다시 희미한 불꽃 사이로 황야가 보였네.   330
그건 살아 있는 사람들을 제물로 바치는
희생제단이었네— 저 신음들 얼마나 깊은가!
거대한 바구니¹⁵로 모여드는 군중의 소리는
거대한 둔덕을 뒤흔들고, 그 장관(壯觀)은
산 자와 죽은 자 모두를 위한 것이네.¹⁶

---

14 브리튼인: 앵글로 색슨Anglo-Saxon의 브리튼 섬 침입 이전, 이 섬의 남부에 살고 있던 켈트Celt족의 한 파(派).
15 아일렛 샘즈Aylett Sammes에 의하면, 드루이드들은 인신을 제물로 바쳤는데 이때 희생자들은 거대한 사람 모양의 바구니 안에 담긴 채 화형을 당했다.
16 이 광경은 '바구니' 속 희생자들을 화형시키는 '산 자' 그리고 이미 죽어서 '무덤 둔덕' 안

다른 때는 (나는 여름날 그 넓은 황야를
사흘간이나 헤매고 다녔으므로),
그 평원에 아직 남아 있는 원들과 선들[17]
또는 둔덕들, 누군가 추측하듯, 드루이드들이
천상에 관한 지식을 나타내고, 별자리들을   340
형상화하기 위해 만들어놓은 작품이
보이는 곳이면 어디서든지, 나는 살며시
백일몽에 빠지곤 했으니, 몽상에 잠겨
믿음의 눈으로, 어디를 둘러보든지,
긴 수염 성성한 훈장들이 하얀 지팡이들 번쩍
치켜들어 별이 총총한 하늘과 그 아래 평원을
번갈아 가리키는 것 보았네, 은은한 음악이
그들의 몸을 휘감고, 황야마저 그 달콤한 소리에
취하여 그들과 나와 더불어 기뻐하는 동안에.

   이것은 기념비적 거석들의 암시를 통해   350
까마득한 옛날을 떠올리며 보거나 상상할 수
있는 것들과 과거를 위한 것이니, 오 벗이여!
지난날 그 평원을 거닐며 무료함 달래고자
읊었던 내 즉흥시를 즐겨듣던 그대는
말했지, 내 마음이, 바로 그때 거기서,

   에서 눈을 뜨는 '죽은 자' 모두에 의해 공유된다.
17 솔즈베리 평원에 있는 스톤헨지. 스톤헨지는 기원전 1800년경의 제사 유적으로서 거대한
   환상열석(環狀列石)으로 되어 있다(253쪽 주 36 참고).

현실에 존재하는 흔하디흔한 사물들에,
친숙한 일상의 세계에 고귀한 능력을
부여했었노라고, 그리고 그때까지 어떤 책도
재현하지 못했던 그것들의 어조, 이미지 및
특징을 파악했었노라고. 우린 이런 걸   360
편파적 판단이라 하지 — 하지만 왜? 그 당시
우린 낯선 이들이나 다름없었고,[18] 나의 시가
아무리 서툴다 해도, 대도시에서 교육받은 그대의
신선한 상상력을 만나 저 먼 곳의 빛처럼 부서졌던
그 시를 잘못 평가해선 안 될 것이기 때문이네.
더구나, 각 사람의 **마음**은 스스로의 증인이요
판관이네. 그리고 이 무렵 내가 일상적 삶의
외양 가운데서 한 새로운 세계 —[19]
또한 다른 곳으로 옮겨지기에 알맞고,
다른 눈들에 보이도록 만들어진 한 세계에   370
대한 분명한 시각을 얻었던 것 같았음을
지금도 잘 기억하네. 영적인 위엄의
근원이 되고, 그 세계를 존재하게 할뿐더러,
균형, 즉 외적 행위와 내적 행위의 품격을

---

18 워즈워스는 1795년 9월에 브리스톨Bristol에서 콜리지를 잠시 만났고 이듬해 초에 콜리지에게 「솔즈베리 평원 기행Adventures on Salisbury Plain」을 한 편 보냈지만, 1797년에 가서야 가까운 친구가 되었다. 워즈워스는 여기서 콜리지가 우정 때문에 자신의 시를 과도하게 칭찬한 것이 아님을 분명히 하고 있다.
19 새로운 세계a new world: 「틴턴 사원」에서 묘사된, 상상력에 의해서 체험 가능한 범신론적 세계.

높여주는 상호교류마저 유지시켜주는,
저 불변하는 법칙들의 지배를 받기 때문에,
탁월함, 순수기능, 그리고 보이는 대상과 보는 눈
모두에 있어 최고의 힘을 갖춘 그 세계 말이네.

제14권
결론

한 젊은 친구와 캄브리아[1] 북부 산길들을
따라 걸었던 도보여행들 (그것들의 기억이
결코 흐려지지 않기를!) 중 한번[2]은
잠잘 시간에 베스젤러트[3] 오두막들 떠나,
스노든 정상에서 떠오르는 태양을
보려고 서쪽으로 걸어갔네. 산 밑에
조잡하게 지은 어느 오두막 문에 이르자,
모험을 즐기는 이방인의 여정을 거드는
충실한 안내자, 목동을 깨웠네. 그리고
잠시 휴식을 취한 후, 걸음을 재촉했네.　　　　　10

---

1 캄브리아Cambria: 웨일스의 중세 호칭.
2 1791년 여름에 워즈워스는 바로 전해에 알프스를 함께 등반했던 로버트 존스와 함께 웨일스를 도보여행 하던 중 스노든Snowdon 산에 오르게 된다. 1~129행에서 상술되는 스노든 등반 이야기는 이 시 전체에서 상상력의 클라이맥스를 보여주는 중요한 부분이다.
3 베스젤러트Bethgelert: 스노든의 남쪽 기슭에 있는 마을.

때는 바람 한 점 없이 무덥고 갑갑한 여름밤,
어두컴컴한 밤은 으스레한 빛 속에 잠기고, 산허리를
나지막이 휘감은 안개가 온 하늘을 뒤덮고 있었네.
그러나 우린 낙심하지 않고 산을 오르기
시작했네. 안개는 곧 주변을 에워쌌고,
우린 안내자와 함께 여행자들의 의례적인
이야기를 나눈 뒤, 잠시 후엔 각기
저마다의 상념에 잠긴 채 말없이 걸었네.
이렇게 정상을 향해 길을 헤쳐나갔고, 그동안
내 명상을 멈추거나 방해하는 그 어떤 것도　　　　　　　20
보지도 듣지도 못했네, 단 한번, 놀랍게도
바위틈에서 고슴도치 한 마리를 찾아냈던,
목동의 개가 몸을 잔뜩 웅크린 제 먹잇감을
놀리느라 시끄럽게 짖어댄 것 외엔.
죽음과도 같은 밤, 황막한 그곳에선 그렇듯
사소한 일조차 모험인 양 여겨졌지만, 그 모험마저
지나쳐버리고 잊은 채, 다시 이전 같은
침묵 속에서 굽은 산길을 따라갔네.
마치 눈앞의 적과 대치하기라도 하듯,
머리는 땅으로 숙인 채, 숨을 헐떡이며　　　　　　　　30
열심히 걸으면서 또 열심히 생각했네.
이렇게 우린 서로 띄엄띄엄 떨어져 걸으며,
그리고 내가 우연히도 무리의 맨 앞에서

산을 오르며, 어느새 자정을 넘겼지 싶네.
발밑의 땅이 서서히 밝아오기 시작하고,
한두 걸음으로 더욱더 밝아지는 듯했을 때,
미처 그 이유를 묻거나 알려고 할 틈도 없었네.
잔디 위로 비추던 빛이 그 순간 섬광처럼
내리꽂혔기 때문이네. 그리고 아! 위를 쳐다보니
구름 한 점 없는 파란 하늘에 속살을   40
드러낸 채 걸려 있는 달, 그리고 발밑엔
하얀 안개⁴의 바다가 고요히 펼쳐졌다네.
고요한 대양 주위로 겹겹이 포개진 산들이
어두컴컴한 뒷모습 밀어올리고, 그 너머,
저 머나먼 곳까지 짙은 안개가 펼쳐져,
갑(岬)들, 좁은 후미들, 곶 모양의 땅들을
지나 대서양으로 흘러들어, 대서양마저
축소되는 듯, 시야가 미치는 저 멀리까지
침식당한 채 그 장엄함 잃어버렸네.
하지만 창공은 그렇지 않았네. 거기엔   50
침식도 상실도 없었고, 흐릿한 별들만이
사라져버렸거나, 휘영청 밝은 만월에 가려
더욱 희미한 빛을 발했을 뿐이고,
드높이 솟아오른 달은, 다소곳이
조용히 누워 굽이치는 대양을

---

4 인간의 창조적 능력의 상징.

응시하고 있었네. 오직 한 곳, 균열 ——⁵
우리가 서 있던 해변서 멀지 않은, 고정되고,
끝없이 깊고, 음울하고, 헐떡이는 곳 —— 틈으로
셀 수 없는 물줄기들, 급류들, 강물들 튀어 올라
한목소리로 포효하는 그곳을 제외하고서! 그 소리   60
땅과 바다를 온통 뒤덮었네, 바로 그 시각,
별이 총총한 하늘마저 느끼는 듯했으니.

   밤의 정령들과 우연한 세 방랑자들이 본
그 광경은, 차츰 허공으로 흩어지는가 싶더니,
고요한 명상 가운데 되살아나, 내게
한 장엄한 지성, 그 지성의 행위들과
소유물들, 그것이 지니고 갈구하는 것,
있는 그대로의 모습인 동시에, 앞으로
될 그 지성의 상징⁶처럼 보였네.
거기서 나는 지속적인 하나의 흐름 타고   70
고요한 빛으로 흘러나오는 그 소리들에
귀 기울이면서, 무궁한 세계에 의해 지탱되고,
깊고 어두운 심연을 내리덮고 있는

---

5 콜리지의 시 「쿠블라 칸」의 '깊은 낭만적 균열 deep romantic chasm'을 연상시키는 부분. 콜리지는 이 갈라진 틈으로부터 "마치 이 지구가 가쁜 숨을 쉬듯/힘찬 분수가 시시각각 분출되었다 As if this earth in fast thick pants were breathing,/A mighty fountain momently was forced"라고 묘사했다.

6 상징 type: 워즈워스는 눈앞의 경치 속에서 창조적인 마음의 이미지를 발견한다. 또한 동시에 창조적인 마음이 그 경치에 미치는 영향력을 암시하기도 한다.

한 마음의 표상(表象)을 보았네.
이상적 형태로 이끄는 관념 속에서,
남다른 특권 부여받은 영혼 안에서,
초월적 힘의 인식에 의해 지탱되는 한 마음을.
무엇보다도, 그와 같은 마음의 한 기능을
자연이 거기서 예시했었다네,
장엄하고도 경외스러운 주변 환경 가운데서,   80
외적 사물들의 표면에 즐겨 발휘하는
저 상호지배력, 그토록 형성되고, 결합되고,
추출되고, 그토록 호환 가능한 최상의
탁월함을 지녔기에, 가장 둔한 이들조차
보고, 듣고, 인지하고, 느낄 수밖에 없는
그 능력을 나타냄으로써. 그렇게 움직여질 때
모든 존재가 인식하고, 또한 자연이 그렇게
신체적 감각에 드러내는 그 힘은 명백히
더욱 '고상한 마음들'이 자신들만의 것으로
간직하는 저 영광스러운 능력을 닮았다네.   90
이것이 바로 고상한 마음의 소유자들이
우주의 모든 범주를 다루는 정신이니,
그들은 자연스러운 자아들로부터 유사한 변형들을
밖으로 내보낼 수 있으며, 자신들을 위해선

---

7 89~90행: 워즈워스에게 있어, '고상한 마음들higher minds'이란 '저 영광스러운 능력the glorious faculty'인 상상력을 가진 자를 말하며, 그들은 자연계뿐 아니라 존재의 모든 양상과 자신들의 관계를 상상력으로 다스린다.

한 닮은 존재를 창조하네, 그리고 언제든
그것이 창조될 서광이 비치면, 그것을 잡거나
그것의 불가피한 지배력에 붙잡히네,
천상의 가장 먼 별들에서 흘러나오는 조화로운
소리를 듣자 날개를 편 채 공중에 멈춘 천사들처럼.
항구적인 것과 일시적인 것 모두 그들을   100
찬양하고, 그들은 보잘것없는 암시들로부터
가장 위대한 것들을 만들며,[8] 기꺼이
일하고 또 쓰임 받고자 항상 깨어 있기에,
그들을 일깨우기 위한 어떤 특별한 자극도
필요치 않네. 또한 그들이 사는 세계에서
감각적인 것들의 노예가 되지 않으며,
영적 세계는 물론 과거, 현재 그리고
다가올 미래를 통틀어 이 세상 끝까지
대대손손 이 땅에 존재하게 될 인류와
알맞은 소통을 이루기 위해서, 자신들의   110
기민한 충동에 의해 더욱 기민해진다네.
그러한 마음들은 진실로 신의 선물이네,
그것들이 바로 **능력들**이기에. 그러니 육신이
경험할 수 있는 최고의 축복이 그들의 것이네—
모든 이미지와 모든 생각을 통해 습관적으로
주입되는 그들 자신의 정체성에 관한 의식과,

---

8 101~02행: 워즈워스는 일찍이 상상력이란 '단순한 요소들로부터 인상적인 효과를 창출하는 능력'임을 지적한 바 있다.

땅에서 하늘까지, 인간에게서 신에게까지
이르는 교감에 의해 야기되는 모든 애정들,
또한 논증적이건 직관적이건⁹
영혼을 위해 끝없이 해야 할 일, 그리고   120
일상적 삶의 활동들을 위한 명랑함,
최상의 예지 능력을 두려워할 필요가 없고
가장 강렬한 순간 가장 신뢰할 만한 감정들 모두가.
따라서, 우리를 애태우는 불행들과 마음을 짓이기는
잘못들 한가운데서 —— 여기서 마땅한 경의를 표하며
거룩한 성경 말씀을 차용할 수 있다면 —— 이해를
초월하는 평화¹⁰와, 이 순수한 원천에서 비롯된
도덕적 판단들 안에서 안식이 반드시 찾아오리라,
그렇지 않다면 인간의 추구는 헛되고 말겠지.

　오! 이 자유를 일평생 한결같이   130
마음속에 고이 보존하고, 확장시켜온 이는
누구인가? 이것만이 진정한 자유¹¹이니.
이 과정에서 방해도 받지 않고, 오류도 없이,
지치지도 않으면서, 순조롭고 눈부시게

---

9 칸트Kant 식의 '논증적 이해discursive understanding'와 '직관적 이성intuitive reason'의 구분.
10 "이해를 초월하는 평화that peace/Which passeth understanding"는 「빌립보서」(4:7)의 "모든 지각에 뛰어난 하느님의 평강The peace of God which passeth all understanding"의 인용이다.
11 혁명가들이 추구했던, 추상적 이성에 근거한 자유와 대조되는 개념.

꾸준한 진보를 꾀한 복 받은 자가 어디 있을까? ―
이제껏 우린, 보다 소박한 운명을 되짚어보았고,
일탈과 머뭇거렸던 선택, 그리고 가시밭길을
따라 지나온 발자취들 거슬러 가보았네.
하지만― 적막한 산중의 고독에 휩싸여,
그 엄숙한 성전 안에서 나는 최초의   140
방문들을 받았다네. 당시엔 내게 주어진
선물에 소홀한 채. 그것을 이제야 열거하네만,
명상을 즐기고, 종종 고통당하는 인간인 내가―
진리로부터 기쁨에 찬 자신감을 이끌어내며,
자연의 억양과 내 입에서 줄줄이 나올 말들을
혼합하게 될 어조로― 감히 선언하건대―
우여곡절의 삶의 수레바퀴가 도는 동안
무슨 일이 닥쳐와도 난 더 나은 마음을
유지했으며, 또한 아무리 길을 잃어도,
옳고 그름의 추구에 있어서 결코   150
사적인 목적으로 양심을 그르치지 않았고,
어떤 공적인 희망을 추구함에도 이기적 열정을
따르지 않았네. 또한 고의로 하찮은 것들에
마음 쓰거나 저속한 것들 추구하지도 않았고,
점점 무거워지는 천박한 감각 밑에 영혼을
굴복시키면서, 실재의 성스럽고 진실한
빛과 생명을 부여받아 움직이는 우주를
죽음의 우주[12]로 대체하는, 그 자체로

너무도 강력한, 습관과 관습에
빠지도록 부추길지도 모르는 모든   160
개연성으로부터 명민한 경계심을 갖고
삼가 조심했네. 그건 두려움과 사랑,
두려움을 끝내는, 주가 되고 으뜸가는 사랑[13]
덕분이며, 고통과 기쁨의 반작용의 법칙을 지닌,
장엄하거나 아름다운 형상들 앞에서
누렸던 어린 시절의 교감 덕분이네—
알지도 못하고 지껄이는 자들이 성급하게
인간을 악하다고 단정한다 해도. 사랑으로
모든 영원한 장엄이 유지되네, 편재한 사랑으로.
사랑이 사라지면, 우린 먼지와 같네. — 피어나는 꽃들과   170
즐거이 뛰노는 생명들로 가득한 향기로운
봄 들판을 바라보시게. 저 한 쌍의 새끼 양과
어미 양을 보시게, 저들의 자애로운 행동이
그대를 마음 깊이 감동시키리라. 매우
적절하게도, 그댄 이걸 사랑이라 부르네,
그대를 깊이 감동시키는 이건 사랑이니까. 어느
푸른 정자에서 쉬시게, 그리고 홀로 있지 말고

---

12 죽음의 우주a universe of death: 밀턴의 『실낙원』 제2편 622~24행에서 따옴. "죽음의 우주 [······] 거기서 모든 생명은 죽고, 죽음만 살고, 자연은/심술궂어 온갖 섬뜩하고, 기괴한 것들을 생산한다. A universe of death [······] Where all life dies, death lives, and nature breeds/Perverse all monstrous, all prodigious, things."
13 제1권 301~02행 참조: "내 영혼은 아름다운 파종기를 보냈고, 나는/미와 두려움 모두에서 자양분 얻으며 자랐네." 두려움은 사랑에서 끝난다. 두려운 (압도적인) 경험들은 많은 생각을 불러일으키고, 마침내 자연 사랑으로 이어지기 때문이다.

세상에서 가장 좋아하는 사람과 함께하시게.
거기서 머무르시게, 열렬한 기쁨으로 귀 기울이고
바라보면서, 하지만 이 얼마나 처량한 기쁨일까! 180
경외심을 갖고 호흡하는 더욱 고상한 사랑,
대상을 숭배하지만 기도의 무릎 꿇을 때 하늘의
영감 받는 사랑, 지상의 열정들 중 가장 순수한
최상의 것과 결합하여, 찬양의 날개로써
전능자의 왕좌에 상호 찬사를 실어 나르며
영혼을 속박에서 해방시키는 사랑으로
이 사랑이 거룩하게 되지 않는다면.

  이 영적 **사랑**은 활동도 못하고
존재할 수도 없네, 사실상, 절대적 힘과
가장 투명한 통찰력, 확장된 마음, 190
그리고 가장 고양된 기분에 잠긴 **이성**의
또 다른 이름에 불과한 **상상력**[14] 없이는.
이 능력은 이제껏 우리의 오랜 수고를 지탱하는
자양분의 원천이었기에, 우린 그 탄생의
속삭임 희미하게 들려오는 막다른 동굴에서
그 샘의 물줄기 찾았고, 그 줄기 따라서
밝은 낮과 빛으로 나왔네. 한때 갈팡질팡

---

14 189~92행: 워즈워스에게 있어서 상상력은 신과 같은 '절대적 힘'과 '가장 투명한 통찰력,' '확장된 마음' 그리고 '가장 고양된 기분에 잠긴 이성'과 동일시된다. 이것은 콜리지가 『문학평전』에서 언급한 제1상상력과 동일한 개념이다.

길 잃고 큰물이 삼켜버린 그 줄기 놓쳤으나,
자연의 길들 사이로 그 흐름 따라왔기에,
다시 한 번 그것이, 잔잔한 가슴에   200
인간의 일들과 인생의 면모를 반영하며,
힘차게 솟아오르자 반가운 인사를 보냈네.
그리고 마침내, 그 여정으로부터 끝없는 삶에
대한 **믿음**, **인간 존재**, **영원한 세계** 그리고
하느님에 대한 생각을 끊임없이 도출했다네.[15]

 이제껏 상상력이 우리의 주제였듯,
영적 **사랑** 또한 그러했네. 그 둘은 서로
각자의 안에 존재하고, 분리된 채 설 수 없기
때문이네. ― 그러니 **오 인간이여**! 지상에서 그대 힘의
원천은 그대 자신일 뿐, 여기 어떤 도우미도 없네.   210
여기서 다만 그대 홀로 그대의 상태를 지켜낼 뿐,
어떤 다른 존재도 이 역할 그대와 나눌 수 없음에,
어떤 도움의 손길도 이 능력[16] 형성에
관여할 수 없네. 이건 오직 그대의 것으로,
최초의 생기를 주는 원칙은 그대 본성의
내면 깊이 자리 잡은 그대만의 것으로,
외부와의 어떤 교제도 불가능하네, 그렇지 않다면

---

15 194~205행: 워즈워스는 이 시의 초두에서부터 반복적으로 사용했던 강의 이미지를 이제 이 시의 유기적인 구조를 나타내는 상징으로 제시한다. 이것은 「쿠블라 칸」의 성하(聖河), 알프Alph의 이미지와 유사하다.
16 영적 사랑을 수용할 수 있는 능력.

그대 것이 전혀 아닐 터. 다만 그에게 기쁨이,
오, 이곳에 미래의 날들 위한 씨 뿌리고,
기초를 놓은 그에게 기쁨이 있을지어다!   220
우정이, 그리고 사랑이 할 수 있는 모든 것,
아름다운 용모가 나타내거나 사랑스러운 음성이
토로할 수 있는 모든 것에도 불구하고,
그 자체로 불완전하게 빚어진 인간을 완성시키고,
완전케 하는 건 제 몫일 터이니, 지성을 느끼는
경지까지 고양된 영혼의 소유자는 더 겸손한
부드러움 또한 부족하지 않을 것이며, 그의 가슴은
아가를 돌보는 어머니의 가슴처럼 자애롭고,
그의 삶은 여성적 부드러움[17]으로 가득하리라,
소박한 염려들과 섬세한 갈망들,   230
친절한 관심들과 가장 온화한 공감들로.

　　내 부모의 자식이여! 내 영혼의 누이여!
내 어린 시절 그대에게서 받은 모든 자애로움에
대한 감사의 마음을 가장 진지한 시로써
이미 토로했지만,[18] 정말이지, 훗날에도
줄곧 그대에게 그에 못지않은 신세를 졌다오.
왜냐면, 어린 시절 쾌적한 생각의 샘들을

---

17 워즈워스는 남성 안에 있는 여성적 부드러움을 높이 평가했다.
18 워즈워스는 「틴턴 사원」, 『서곡』 제6권과 제10권, 『그래스미어 고향집 Home at Grasmere』, 그 밖의 다른 많은 시들에서 도러시를 찬양한다.

열어주었던, 나와 기질이 맞는 그대 손길의
접촉과 달콤한 영향력에도 불구하고,
그리고 아무의 도움도 없이 나 스스로,   240
삶이나 자연 속에서 슬며시 가슴속으로 파고든
저 섬세한 매력들을 눈여겨보았음에도,
젊음이 다 가도록 난 여전히 너무 외곬으로,
밀턴이 노래하듯, 두려움 깃든 *그런 사랑*을
존귀하게 여기고, 또 *그런 아름다움*[19]을
추구했기 때문이오. 그대는 내 지나친 엄격함을 진정
완화시켜주었소. 그대가 아니었다면, 사랑하는 **벗이여!**
온화한 미덕을 너무 소홀히 했던 내 영혼은,
너무도 자신만만한 원래의 모습 지닌 채,
세차게 흐르는 급류와 친근한 구름 조각들에   250
둘러싸인 바위 하나, 그리고 별들의 총아인 양
너무 오랫동안 엄격한 표정을 간직했을 터.
그러나 그대가 그 갈라진 틈새마다 꽃을 심고,
미풍에 반짝이는 관목 숲으로 주변을 장식하며,
작은 새들로 하여금 덤불 숲 곳곳에
둥지 틀고 지저귀게 했소. 내 마음속에서
그토록 오래 가장 으뜸가는 사랑을
독차지했던 자연이 두번째 위치로
물러나, 기꺼이 저보다 더 고상한

---

19 『실낙원』 제9편 490~91행 참조: "사랑과 미에 두려움이 존재한다terror be in love/And beauty."

어떤 존재의 하녀가 되었던 한때,   260
날마다 흔하디흔한 사물들을 새롭게
바라보는 절묘한 시각이 생겨나고,
좀더 세련된 인간미로 비롯된 선물들이
온 땅 가득 싹트고 있었을 때, 그대의 입김은,
사랑하는 누이여! 나보다 앞서 흘러가는
더욱 잔잔한 냇물 같았소. 그 후,[20] 그대와
일찍이 우정을 나눴던 한 사람이 왔었소.
그녀는 더는 한순간을 장식하는
환영(幻影)[21]이 아니라, 마음에 사는 이,
그러나 또한 나를 위해 소중히 간직된,   270
고상한 것과 저급한 것 모두 꿰뚫는 영이었소,
대지에 충만한 빛의 진수(眞髓)인 양
수천수만의 별빛처럼 가장 눈부시게 빛나고,
이슬 맺힌 풀밭 사이 그녀의 외로운 램프를
밝히는 수줍은 반딧불이같이.
　　　　　　　　　이런 주제에 관해,
콜리지여! 이런 말 하면서, 내 그대에 관해
침묵할 수 있을까? 사랑하고 이해하기 위해

---

20 '그 후'가 언제인지 명확하진 않지만, 메리가 레이스다운의 도러시를 방문했던 1796년 11월과 1797년 6월 사이에 그녀와 워즈워스는 재회했던 것 같다. 워즈워스는 메리에 대한 첫 사랑을 제12권 264~65행에 언급하고 있으나, 그가 아네트를 만나는 동안 그녀는 잠시 잊힌 존재였다.
21 1804년 봄에 메리를 위해서 씌어진 시, 「그녀는 기쁨의 환영 She was a Phantom of Delight」을 암시한다. 그 시에서 그녀는 "순간의 장식을 위해 보내진 사랑스러운 환영 A lovely apparition sent/To be a moment's ornament"으로 묘사되었다.

이 땅에 존재하고, 그대가 있는 곳에서
사랑의 빛 비추는, 오 너그러운 **영혼이여**!
내 침묵할 수 있을까, 그대 이야기를 하지 않고?   280
나와 유사한 그대 영향 또한 내 마음속
깊숙이 스며들었네. 그리하여 두려움이
우쭐대는 통제의 고삐 늦췄고, 생각과
사물들이 스스로 떠도는 가운데 더욱
이성적인 균형 잡는 법 배웠네. 신비,
신체적 감각과 영혼, 삶과 죽음,
시간과 영원을 둘러싼 그 신비가
좀더 습관적으로 유연한 중재를
허용했으니 ─ 시인이든, 더 소박한 이름의
운명이든, 그 어떤 재능을 타고났다 해도,   290
인간 존재에 어울리는, 더 가까운 관심사들을
통해서 얻는 고요한 기쁨이 그것이라.
이로써 호흡하고 존재하는 모든 것에서
터져나온 깊고도 열광적인 기쁨,
감사와 찬미의 환호성이, **섭리**(攝理)의 기둥에
기댄 채, 감동적 진실로써, 희망찬 이성에 대한
신뢰로써 순화되고 억제되고 균형 잡혔네.
그리고 여기서는 의무를 존중하는 가운데,
필요하다면 폭풍우와 사투를 벌이고, 저기선
푸른 계절마다, 삶의 가장 소박한 토양에 언제나   300
아름다운 향초(香草)들을 평화로이 흩뿌리네.

이제야, 오 벗이여! 이 이야기는
예정된 결말에 다다랐고, 가장 탁월하게
존재했던 모든 것을 통해서 이루어진,
한 시인의 마음의 훈련과 완성 단계가
충실히 묘사되었네. 그리고 바라건대,
이제껏 확인된 내 능력들과 지식으로써,
길이 남을 **작품** 하나 창작할 수 있게
되었다고, 외람되지 않게, 여겨도
좋을 만한 그때 (처음부터 우리를　　　　　　　　　　310
이끌어온 목표)에 도달했네.[22]
하지만 어쩔 수 없이 많은 것이 생략되었네,
책들에 관해 정말 많이! 그리고 숲과 들판들
사이에서 수집한 다른 풍요로운 것들은 훨씬
더 많이. 왜냐면 자연의 제2의 은총[23]에는
이제껏 거의 손대지 못했기 때문이네,
자연의 작품들이, 상상력의 선택을 위해서,
일순간 포착되거나 힘겨운 수고들을 통해서
추적되는, 도덕적 가르침의 적절한 예들을 제시할 때,

22　306~11행: 워즈워스는 지금까지, 『서정담시집』 출판 무렵까지의 자신의 이야기를 전했다고 생각한다. 『은둔자』를 처음 계획한 것은 바로 이 무렵(1798년 3월)이었다.
23　315~20행: "들꽃이 어떻게 자라는가 살펴보아라. 그것들은 수고도 하지 않고 길쌈도 하지 않는다. 〔……〕 하늘에 계신 아버지께서는 이 모든 것이 너희에게 있어야 할 것을 잘 알고 계신다."(「마태복음」 6:28~32)라는 구절같이, 자연을 통해서 도덕적 진리를 이끌어 내는 것. 워즈워스도 간혹 이 방식을 따르긴 했지만, 대체로 이런 방식에는 익숙지 않았다.

그것들에 수반되는 보다 피상적인 매력 말이네.

   마침내, 그리고 모든 것 위에, 오 벗이여!
(당연히 애석하게 여기네만) 처음엔
우리 자신의 마음들을 통해서, 그다음엔
각양각색의 성격과 취향을 가진
인간들의 열정이 부딪치는 삶 속에서,
가는 곳마다, 주의 깊은 눈에 비추인
개개인의 다양한 성품들을 통해서 알게 된,
인간 본성과 그 미묘한 작용들을 얼마나 많이
간과했는지. 알맞은 진보를 위해서,
이 복잡하고 어려운 길을 가는 동안,
그 무엇이 부족했건, 무언가 얻기도 했네,
상충되는 이해관계들과 다양한 기질들로
인한 충격 속에서 강한 독립심을 보이며
우뚝 서도록, 알 듯도 했지만 이해되지
않는 것은 견뎌내고 주목하도록,
사랑과 미움, 명예와 수치의 불가사의
속에서 지나치게 섬세한 순수함과
지나치게 가혹한 도덕적 견해들과
지나치게 편협한 동정심에 구애받지 말고
좌측과 우측을 골고루 살피도록, 많은
학우들 중 하나가 강요했기 때문이네. 따라서
사람들 사이에서 내 입장을 취해야 했을 때,

걸음은 한결 쉽고, 이행(移行)은 더 편안했으며,
더 이롭기까지 했네. 마음은 그와 같은
시의적절한 훈련을 통해서, 인간의 두 본성,
즉 느끼는 성향과 관찰하는 성향을 완전히
분리, 간직하는 것을 배우기 때문이네.

   하지만 개인적 관심사에 대해 한마디 덧붙이면 —
프랑스에서 마지못해 돌아온 이래,[24]
나는 집 없는 방랑자의 삶을 살았네,   350
주로 런던에 머물면서, 마음 내키는 대로
영국 시골의 개간된 골짜기들 같은 많은
유쾌한 장소들 혹은 웨일스의 고즈넉한
지역들을 배회했네. 한 젊은이가 — (그의
이름은 칼버트였네[25] — 내 말들에 생명력이
있다면, 그 이름은 영원히 살리라) 기부금 덕택에
내가 방해받지 않고 선한 일을 계속하리라는
확실한 신념에 차서 — 죽어가는 최후의 순간에,
그리고 그가 사랑했던 친족들로부터,   358a

---

24 1792년 늦가을, 워즈워스는 아네트를 남겨두고 프랑스를 떠났다(302쪽 주 30 참고).
25 워즈워스의 학우였던 윌리엄의 동생 레이슬리 칼버트Raisley Calvert. 그는 1795년, 22세의 젊은 나이에 결핵으로 죽었는데, 워즈워스가 생계 걱정 없이 시를 쓸 수 있도록 9백 파운드의 유산을 남겨주었다. 그의 시적 재능을 확신했던 레이슬리의 이 같은 행동은 훗날 워즈워스가 시인으로서의 사명감과 긍지를 갖는 데 매우 중요한 역할을 했다. 워즈워스는 「레이슬리 칼버트를 추도하며To the Memory of Raisley Calvert」라는 소네트를 써서 그를 기념했다.

넉넉지 않은 가산(家産)의 일부를 거둬들여 358b
내 필요에 충분한 유산을 남김으로써, 내가
선택의 기회를 갖고, 제약 없이 자유로이 360
내 길을 가며, 너무 일찍 세속적 근심에 빠지지
않게 해주었네. 그 자신 **시인**은 아니었지만,
세속을 따르는 보통 사람은 더욱 아니었기에,
나의 추구와 노력들이, 더 세련된 감각을
희생하는 어떤 위험 없이, 부를 창출한다거나,
심지어 필수적인 삶의 여건을 보장하는
모든 행위들과는 거리가 멀다고 생각했네.
그가 나를 위한 길을 터주었고, 그래서
냇물은 자연의 굽이 따라 흘렀다네.
      이제 최선의
공적들에 관해 말했고, 우리의 현재의 목적이 370
더 이상의 수고를 요구하지 않는 듯하니,[26]
다른 과제들을 다뤄야겠네. **오 벗이여!**
이 일을 처음 시작했을 때의 기분을
마음에 떠올려보게. 내 이야기의 끝이
이제 더 가까이, 훨씬 더 가까이 왔네. 하지만
그때조차, 산란한 마음과 강렬한 욕구 속에서,
그때까지 살아왔던 내 삶을 향해 말했네,
너는 지금 어디 있느냐고. 네게서 오직

---

26 370~71행: 워즈워스 시의 결점은 한 주제에서 다른 주제로 옮겨가는 전이 부분이 약하다는 것이다.

비난의 소리를 듣고 있지 않느냐고.[27] 곧 나는
날개 단 듯 날아올라, 내가 거쳐왔었고 또   380
머물렀던 세상의 광대한 전망이 발밑에 펼쳐진
것을 보았네. 그래서 종달새처럼, 피로를 모르는
하늘에서, 그리고 종종 땅과 그 깊은 한숨들에
걸맞은 더욱 구슬픈 소리로 노래하며, 그러나
모든 것을 사랑에 집중시키며, 그리고 올바로
이해했다면, 마침내 모든 것을 통해 기쁨을
표현하며 이 노래를 지금까지 끌어왔네.

　앞으로 내게 할당된 삶이 있을지,
또 삶에서, 이제껏 나 자신에 관한 이야기를
털어놓은 행동의 충분한 구실이 될 만한,   390
가치 있는 무언가를 완성할 능력이 있는지
모두가 불확실하네.[28] 그러나 사랑하는 벗이여!
되돌아보면, 그대는 지난날의 그 어떤
생생한 광경보다도 더 선명하게 그 여름날을
떠올리리라, 드넓은 하늘 아래서,
완만한 퀀톡의 높은 산등성이를 자유로이

---

27 375~79행: 이 시가 씌어지기 시작했던 1798년 10월 무렵의 워즈워스의 자문── "이 때문이었을까"(제1권 269행 이하)── 을 회상하는 구절.
28 『13권 서곡』에 착수할 무렵인 1804년 3월 6일에, 워즈워스는 드 퀸시에게 말했다: "이 시는 오랫동안 출판되지 않을 것이며, 이 시보다 더 방대하고 더 중요한 작품이 완성될 때까지 내 생전에는 결코 출판되지 않을걸세. 이 시는 그 작품의 보조물에 지나지 않는다네." 더 중요한 작품은 『은둔자』를 말한다.

오르거나, 나무들 무성한 골짜기를 거닐며,
그대가, 행복에 겨워, 매혹적인 언어로
저 노인, 그 빛나는 눈을 가진 노수부의
비전을 노래했고, 크리스타벨 아가씨의   400
침울한 고뇌를 토로했던 그 여름을.²⁹
그리고 나는, 그러한 수고에 끼어들며,
긴긴 시간 동안 나른한 망각에 빠져들었지,
달밤에 말을 타고 온갖 위험 겪은 후
다행히 요란한 폭포 곁에서 발견된 그 소년,³⁰
혹은 처절한 고난을 겪고 황량한 가시나무
곁에 앉은 그녀³¹에 관해 중얼거리며.
만약 그대가 그 여름을 회상하면서,
당시 우리의 모든 모습들을 떠올린다면,
그 행복한 기억 속에서, 그대는 느낄 테고,   410
적어도 그대만은, 내 **벗이여!** 시인의
마음의 행로를 따라가는 이 여정이 주목할
가치가 없지 않은 노력임을 알게 되니,
그대만은 이 작업의 정당성을 인정하리.

 이 재능의 마지막과 이후의 몫들이 이제껏

---

29 395~401행: 1798년 여름, 알폭스덴Alfoxden 위쪽에 위치한 콴톡Quantock 산등성이를 오르던 시절. 실제로『노수부의 노래 *The Rime of the Ancient Mariner*』는 3월에,『크리스타벨 *Christabel*』제1부는 4월에 완성되었다.
30 404~05행: 워즈워스의 시「백치 소년The Idiot Boy」을 암시하는 구절.
31 406~07행: 워즈워스의 시「가시나무The Thorn」를 암시하는 구절.

준비되어왔네, 우리가 처음에 서툰 시를

쓰면서 매일매일 한껏 제멋에 겨웠던

그때처럼 원기왕성한 상태가 아니라,

이 명상적인 이야기 가운데

다 드러나버린 내 마음과 가슴이 420

더욱 깊이 느끼도록 하는 한편

더 강인하게 견디게 해준, 예리하고도

지속적인, 사사로운 슬픔[32]으로

짓눌리면서. 이제 그대가 가까이

있게 되고, 곧 건강 회복하여 우리에게

오리라는 희망으로 위로가 솟구치네.

그때 우린 재회의 눈물 흘린 후,

다른 위안거리들 틈에서, 그대에게 사랑을

바친 이 시로부터 기쁨을 찾으리.[33]

   오! 하지만 몇 년 더 쓸모 있게 살았으면, 430

그러면 모두 완전해지고, 그대의 경주는 끝나고,

그대 위한 영광의 기념비가 세워질 터인데.[34]

그렇게 되면, (진리의 길을 가기엔 너무 약한)

---

32 1805년 2월, 도어셋Dorset 해안 먼 바다에서 익사한 워즈워스의 동생 존의 죽음을 암시한다. 존은 당시 선장이었다.
33 424~29행: 1805년 5월 초 워즈워스가 이 시를 끝마칠 무렵, 콜리지는 1년이 넘도록 외국에 나가 있었다. 마침내 그가 영국으로 돌아왔을 때 워즈워스는 그 앞에서 이 시를 읽었고, 콜리지는 「윌리엄 워즈워스에게To William Wordsworth」라는 시로써 응답했다.
34 워즈워스는 여기서 자기 자신을 향해서 말한다.

이 시대가 옛 우상숭배로 후퇴한다 해도,
인류가 썰물 빠지듯 그렇게 빨리 예속 상태로
돌아가고, 나라들이 다 함께 굴욕과 수치로
가라앉는다 해도, 우린 여전히 위안을
찾을 수 있으리— 지금까지 배워 알게 된 바,
진정한 행복을 풍성히 누리며 앞날에도 더욱
확고한 신뢰로써 한결같이 신실할 수만 있다면,   440
(신의 **섭리**가 우리에게 그와 같은 은총을
하사한다면) 우린 인류를 구원하는
공동일꾼이 될 것이 확실하기에.
우리, **자연의 예언자**들이 이성의 인증 받고,
믿음의 축복 받은, 영원히 지속될 영감을
그들에게 전할 것이니, 우리가 사랑한 것을
남들도 사랑할 테고, 그 방법 우리가 가르쳐주리.
인간의 마음이 어떻게 그가 거하는 땅보다
수천수만 배 더 아름다워질 수 있는지,
(그 마음, 인류의 모든 희망과 두려움의   450
격변들 속에서도 여전히 변치 않고 남아)
그 자체로 더욱 신성한 자질과 구조[35]로
되어 있기에, 사물들의 외양(外樣) 너머
탁월한 미를 자아내는지 가르쳐주리.

---

35 인간의 마음은 만물을 생동하게 하는 원동력인 신의 현존을 자연의 다른 모든 피조물과 공유하지만, 마음은 더 '신성하다.' 마음만이 신이 부여한 상상력을 소유하고, 그 상상력으로써 신의 존재를 지각할 수 있기 때문이다.

옮긴이 해설

윌리엄 워즈워스 필생의 대작 『서곡』

1. 워즈워스의 생애

영국 낭만주의 시를 대표하는 윌리엄 워즈워스William Wordsworth는 빼어난 자연경관으로 잘 알려진 영국 중서부 호수 지역의 북서쪽에 있는 웨스트 컴벌랜드의 코커머스에서 아버지 존 워즈워스와 어머니 앤 워즈워스의 둘째 아들로 태어났다. 아버지는 론즈데일 백작의 법률 대리인이었기에 워즈워스는 형 리처드Richard, 남동생들인 존John과 크리스토퍼Christopher, 누이동생 도러시Dorothy와 함께 더웬트 강가의 저택에서 유복한 어린 시절을 보냈다. 그러나 워즈워스가 만 8세가 채 못 되었던 1778년 3월 8일, 갑작스럽게 어머니의 죽음을 맞이하게 되었다. 이후 다섯 자녀들은 흩어지게 되어, 6살 난 도러시는 핼리팩스의 먼 친척집에 보내졌고, 워즈워스 4형제는 외가가 있는 펜리스에 잠시 머물게 되었다.

1779년 5월에 워즈워스는 형과 함께 혹스헤드 그래머 스쿨에 입학하여, 이로부터 8년 후 케임브리지 대학에 입학하기까지 앤 타이슨의 집에서 지냈다. 그 후 존과 크리스토퍼도 같은 학교에 입학하여 결국 타이슨의 집에서 4형제가 모두 함께 지내게 되었는데, 1783년 12월에 아버지마저 갑자기 세상을 떠나자, 고아가 된 소년들에게 타이슨은 거의 어머니 같은 존재였다. 워즈워스는 그녀의 따뜻한 보살핌 속에 지냈던 이 시절을 『서곡 The Prelude』에서 애정 어린 필체로 기록한 바 있다. 유년 시절의 워즈워스에게 중요한 영향을 끼친 또 한 사람이 있다. 그에게 라틴어, 그리스어 및 수학을 가르쳤을 뿐 아니라 그의 시적 재능을 일찍 발견하고 시인의 꿈을 갖도록 용기를 주고 격려를 아끼지 않았던, 혹스헤드 그래머 스쿨의 젊은 교장, 윌리엄 테일러 목사가 바로 그 사람이다.

혹스헤드 시절은 워즈워스 생애에서 가장 행복했던 한때인 동시에 장차 시인으로서 성장할 수 있는 자질과 토대를 형성시켜주었던 매우 중요한 시기였다. 그는 방과 후와 휴일이 되면, 때로는 홀로 때로는 또래들과 어울려 시골 마을 곳곳을 돌아다니며, 개암 따기나 새잡이 같은 놀이, 산책, 겨울철엔 스케이팅 등을 즐기며 자유로운 전원생활에 심취하곤 했다. 이 시절에 어린 시인의 감수성이 발달했고, 자연과의 '본능적 교감'을 체험했으며, 『아라비안나이트』를 비롯한 많은 책들을 탐독했다. 워즈워스가 훗날의 그의 시에 자주 등장하는 소박한 산촌 사람들, 목동들, 외로운 방랑자들과의 사귐을 가진 것도 이 시절이었다.

1787년 10월에 워즈워스는 케임브리지의 성 요한 대학에 입학했다. 그러나 케임브리지의 교과목들에 별 흥미를 느끼지 못했던 그는 오히려 독자적으로 각종 외국어 공부와 고전문학작품 읽기에 몰두했고 특히 기하학에 흥미를 보였다. 친척들은 그가 케임브리지에서 두각을 나타내고 영국 교회의 사제나 법률가로 촉망받으며 성장하기를 바랐지만, 학업에 별 뜻이 없었던 워즈워스는 그들의 기대에 부응하지 못하고, 평범한 성적으로

1791년 1월에 대학을 졸업했다.

대학 시절 워즈워스는, 첫번째 여름방학은 혹스헤드에서, 두번째 여름방학은 펜리스에서 도러시와 메리 허친슨Mary Hutchinson과 함께 보냈다. 1790년 여름 방학에는 친구 로버트 존스Robert Jones와 함께 프랑스와 알프스 일대로 도보 여행을 떠났는데, 프랑스는 때마침 바스티유 감옥 함락 1주기를 맞아 그들의 발걸음이 닿는 곳마다 온통 축제로 들썩이고 있었다. 워즈워스는 대학 졸업 직후 런던에서 4개월을 보냈고, 1791년 5월에 또다시 존스와 함께 이번에는 웨일스 일대를 도보로 여행했다. 『서곡』 제14권의 스노든 산 등정에 관한 기록은 이때의 경험을 토대로 한 것이다.

1791년에 워즈워스는 프랑스로 갔고, 11월에서 이듬해 12월 사이에 열렬한 프랑스혁명 지지자가 되었다. 블루아에서 만난, 프랑스 장교 미셸 보퓌Michel Beaupuy의 영향도 지대했을뿐더러, 당시 많은 유럽의 젊은 지식인들처럼 워즈워스도 프랑스혁명을 '영광스러운 개혁'을 가져오는 위대한 정신의 승리로 보았기 때문이다. 그가 4년 연상의 열정적이고 다감한 여인, 아네트 발롱Annette Vallon과 사랑에 빠진 것은 바로 이 무렵(1972년)이었다. 두 사람의 사랑의 결실인 앤 캐롤라인 워즈워스Anne Caroline Wordsworth가 태어날 무렵 워즈워스는 돈도 없었거니와 결혼 준비도 할 겸 영국으로 돌아갔다. 그러나 이듬해인 1793년에 영불전쟁이 발발하여 그녀와의 재회가 불가능하게 되자, 워즈워스는 그녀와 딸에 대한 죄책감, 분열된 애국심 등으로 극도의 불안정한 상태에 놓이게 된다. 그러나 아직은 공화국에 대한 기대를 저버리지 않았고, 윌리엄 고드윈, 톰 페인, 메리 울스턴크래프트 등의 급진주의자들과 어울렸다.

1795년에는 학우인 윌리엄 칼버트의 동생 레이슬리가 워즈워스에게 9백 파운드의 유산을 물려주고 죽었다. 이것은 그가 생계의 위협을 느끼지 않고 시작(詩作)에 전념하기에 넉넉한 금액이었다. 게다가 피니Pinney 형제들의 호의로 워즈워스는 마침내 도러시와 함께 도어셋의 레이스다운에 집을 마련하게 된다. 이로써 도러시는 결혼도 하지 않고, 오빠의 누이요, 벗이요, 위로자요, '영혼의 동반자'로서의 긴 생애를 시작하게 된다.

1797년이 되자 메리 허친슨이 레이스다운을 방문한 것과 때를 같이하여, 콜리지Coleridge도 워즈워스를 찾아왔다. 그의 케임브리지 후배인 콜리지는 학부생 시절에 이미 그의 천재적 재능을 간파했었다. 알프스 도보여행을 소재로 한 워즈워스의 『서술적 소묘들Descriptive Sketches』을 읽고 그를 '당대 최고의 시인'으로 불렀던 것이다. 그해 7월 워즈워스 남매는 콜리지가 사는 네더 스토위와 가까운 알폭스덴으로 이사를 하게 된다. 그 후 세 사람은 거의 매일 만나서 '한 영혼을 가진 세 사람'이라고 할 정도로 매우 친밀한 정신적 교류를 갖게 되었고, 그 결과 많은 훌륭한 작품들이 탄생하게 되었다. 1798년에 익명으로 출판된 『서정담시집Lyrical Ballads』은 그들의 공동작업의 위대한 결실이다. 종래의 고전주의 영시와는 사뭇 다른 시들을 수록함으로써 영국문학사에 커다란 획을 긋게 된 이 책은 2년 만에 매진되어 1800년에는 재판이 나오게 되는데, 이곳에 붙인 유명한 '서문Preface'은 오늘날 '낭만주의 시의 성명서'로 일컬어진다.

1798년 가을, 워즈워스 남매와 콜리지는 독일 함부르크에 갔다. 콜리지가 철학공부를 위해 괴팅겐 대학으로 떠난 후, 워즈워스 남매는 고도(古都)인 고슬라에 머물면서 극심한 추위와 가난과 외로움 속에서도 창작에 몰두했다. 그리고 이듬해 5월에 귀국한 후, 12월에 고향인 호수 지역으로 돌아가 그래스미어의 작은 별장, 도브 코티지에 정착했다.

1800년은 워즈워스 생애에서 작품 활동이 가장 왕성하던 때로서, 『서곡』 초판의 제1권과 제2권, '『은둔자 The Recluse』의 안내서Prospectus'를 포함한 『그래스미어 고향집Home at Grasmere』의 많은 부분, 『서정담시집』의 서문, 그리고 「마이클Michael」 등 다수의 작품들이 이해에 완성되었다. 워즈워스의 뛰어난 작품들은 대체로 1807년까지 씌어졌다. 『합본 시집Poems in Two Volumes』이 나온 것도 그해다. 1814년에 출판된 『소요The Excursion』 이후에도 왕성한 시작 활동이 이어졌으나 시인으로서의 재능은 눈에 띄게 쇠퇴해갔다.

1802년 10월에는 마침내 아네트와의 비극적 사랑을 뒤로하고, 오랜 벗이었던 메리 허친슨과 결혼했으나, 그 후에도 그의 삶은 평탄하지 못했다. 『서곡』을 완성한 1805년에는 해군 대령이던 동생 존이 조난을 당해 죽었고, 소원해져가던 콜리지와의 관계도 점차 악화되어 1810년에는 최악의 상태에 이르렀으며, 1812년에는 어린 자녀들인, 캐서린(Catherine, 6세)과 토머스(Thomas, 3세)가 죽었다. 1813년에 론즈데일 백작의 제안으로 웨스트모어랜드의 우체국장으로 위촉되어 연간 약 4백 파운드의 고정 수입을 얻게 되었으나, 3년 후인 1816년에는 형 리처드의 건강이 급격히 악화되었다. 1830년대 이후에는 도러시의 건강이 쇠약해져갔고 워즈워스 자신도 지병인 결막염으로 자주 고통을 겪었다.

1822년에 출판된 『대륙 여행기Memorials of a Tour on the Continent』와 『교회사 소묘들Ecclesiastical Sketches』 이후 워즈워스는 작품활동을 거의 하지 않았다. 그는 마침내 오랫동안 동경해 마지않았던 '한결같은 평온'을 얻게 된다. 그러나 그가 고요한 수면 아래 침잠하는 동안 그의 시들을 활기차게 했던 고뇌와 격정의 에너지를 상실했던 것이다. 이후 그는 자신과 가족들의 건강을 위해서 유럽 각지로 여행을 했다. 중년 이후에는 정치적으로나 종교적으로 보수적 성향을 띠게 되어, 1826년 한 해는 토리당을 지지하는 선거운동으로 보내기도 했으며, 1832년부터는 『서곡』의 개정 작업에 착수하여 1839년에 끝을 맺었다. 그러나 개정판은 그의 사후에 출판되었다.

1830년대부터 그의 작품들이 미국과 프랑스 등지에서 해적판이 나올 정도로 대내외적으로 명성을 떨치게 되자, 워즈워스의 거처는 점차 관광 명소가 되었을 뿐 아니라 저명인사들까지 그를 찾아가 담소를 나누곤 했다. 1838년과 1839년에는 더럼과 옥스퍼드 대학에서 각각 명예학위를 수여받고, 1840년에는 빅토리아 여왕의 방문을 받았으며, 1843년에는 영국 시인의 가장 큰 영예인 계관시인에 임명되었다. 워즈워스는 1850년에 80세를 일기로 라이들 마운트 자택에서 세상을 떠났고 그래스미어 교회묘지에 매장되었다.

2. 워즈워스의 시세계를 이해하는 키워드 세 가지

(1) 이상화된 어린 시절 Idealized Childhood

워즈워스는 콜리지와 공동 집필한 『서정담시집』 제2판의 서문에서, "모든 좋은 시는 강력한 정서의 자발적인 넘쳐흐름"이라는 유명한 말로 시를 정의했다. 그러나 그 정서가 "고요함 속에서 회상된 정서"임을 덧붙였다. 그는 무엇보다도 과거 회상의 시인이었다. 현재의 대상들이나 사건들은 그가 과거에 경험했던 감정들을 소생시키게 되는데, 그 결과 "두 가지 자아-의식," 즉 현재의 자아-의식과 과거의 자아-의식 사이의 극명한 불일치를 나타내는 시가 탄생한다. 그리고 거의 언제나 그의 진정한 자아는 '어린 시절'의 회상과 경험을 현재에 되살리는 "유년의 자아"이다.

그는 진실로 인간 영혼의 위대한 원천과 지혜가 어린 시절에 깃든다고 믿었던 시인이다. 자연과 혼연일체를 경험하며, 자연현상에 본능적이고 즉물적으로 반응하던 유년 시절의 감수성을 간직하는 한 인간은 살아있다고 본 것이다. 따라서 그의 시인으로서의 생존 전략은 끊임없이 "유년의 자아"로 회귀하는 방식으로 이루어졌음을 여러 시작품들을 통해서 알 수 있다. 시인이 복잡하고 시끄러운 도심의 소란스러움을 뒤로하고 고요하고 평화로운 자연 앞에 섰을 때 영혼의 소생을 체험하게 되는 것도 사실상, 자연 앞에서 회복된 유년의 자아를 통해서 이루어진다.

그러나 시적 원천으로서의 어린 시절의 경험이 영원히 고갈되지 않는 샘물이 될 수는 없는 법이다. 세월이 흐르고 다양한 경험을 축적함에 따라서 인간의 삶은 성숙하게 '변화'해가는 것이 바람직한 성장의 법칙인데, 진정한 자아의 모델을 유년기에 묶어놓고, 성인이 된 후에도 '변화'가 불가능한 그 시절로 끊임없이 되돌아간다는 것은 진보적이라기보다는 퇴행적인 현상인 것이며, 이것이 바로 워즈워스 시가 갖는 한계점이라 하겠다.

(2) 마음의 표상으로서의 자연 Nature as the Emblem of the Mind

'워즈워스,' 하면 가장 먼저 떠오르는 어휘가 '자연'이라고 할 만큼 그는 일반적으로 '자연 시인,' 또는 '호반 시인'으로 널리 알려져 있다. 또한 그 스스로 자신을 '자연의 아이 A Child of Nature'라고 일컬었을 정도로, 그의 삶과 시에서 자연은 다른 어떤 요소보다도 중요한 위치를 점한다. 따라서 다른 낭만주의 시인들의 작품에서처럼 그의 작품에서도 아름답게 혹은 장엄하게 묘사된 자연의 다양한 면모를 쉽사리 발견할 수 있다.

그러나 대체로, 워즈워스의 시에서 자연은 단지 객관적인 대상으로서 '있는 그대로의 자연'이라기보다는, '상상력에 의해서 채색된 자연'이다.

그의 모든 시세계를 압축해서 보여준다는 이유로, 그의 시의 축소판이라고 불리는 「틴턴 사원Tintern Abbey」에서 그는 말한다, 우리가 보는 자연은 우리의 "눈과 귀"가 "절반쯤 창조한" 모습이라고. 예컨대, 단순한 자연현상인 새의 지저귐을 새의 "노래" 혹은 "울음"으로 해석한다든가, 바람이 세차게 불어오는 어느 날 산비탈에 홀로 선 나무를 보며 슬픈 이야기를 지어낸다면, 이러한 행위는 객관적 물체에 투사된 시인의 주관적 정서 및 감수성의 문제인 것이다.

워즈워스는 이 '창조적 감수성,' 즉 상상력이 자연을 지배하여 마음에 작용하는 자연의 효과를 고조시킴으로써, 자연을 그의 '마음의 표상'으로 바꾸어 그의 "가장 순수한 생각들의 닻," "유모," "안내자," "마음의 보호자," 그리고 그의 "모든 도덕적 존재의 영혼"으로 격상시킨다. 그리고 마침내 그 상상력의 도움으로 자연의 만물 속에 깃든 범신론적인 '우주적 영혼'을 만나게 되는 것이다. 그는 이처럼 상상력이나 심오한 느낌에 의해서 눈앞의 실제 상황을 초월하고자 하는 갈망을 '가장 고상한 인간 속성'으로 여겼던 시인이다.

(3) 시점들Spots of Time

성인이 된 워즈워스가 기쁨의 원천으로 삼았던 유년 시절의 경험들은 실제로는 한결같이 고통스럽거나, 슬프거나, 두려운, 부정적인 경험들이었다. 그는 자신의 삶의 여정에서 특별히 오래도록 잊히지 않고 지속적으로 되살아나서 영향을 끼치는 중요한 경험들을, "탁월함"으로써 소생시키는 미덕을 보유하는 "시점들"이라 일컫는다.

만 8세를 한 달 앞두고 어머니를 여의고 13세에 아버지마저 잃었던 소년의 유년 시절이 부정적인 경험으로 가득한 것은 어쩌면 당연한 귀결이었을지도 모른다. 친척들이나 이웃 사람들이 아무리 잘 보살펴주었다고 해도, 남달리 감수성이 예민했고 자의식이 강했던 소년 워즈워스의 마음 한구석은 언제나 '텅 비어' 있었고, 어린 시절 그의 눈에 비친 자연마저도 순수한 기쁨 이면에 까닭 모를 슬픔과 두려움을 동반했음을 그의 시작품들을 통해서 알 수 있다.

그러나 성인이 된 그가 과거의 부정적인 경험의 흔장으로 되돌아갔을 때, 그 장소들은 과거와는 전혀 다른 긍정적인 의미로 다가왔다. 그는 정서적으로 극심한 혼란기였던 과거의 경험을 보다 안정되고 고요해진 현재의 삶 속에서 재해석하고, 어쩌면 무의식적 마음의 변화작용을 통해서 과거의 슬픔과 두려움을 현재의 기쁨과 아름다움으로 바꾸어놓았던 것이다. 그가 일찍 '아름다움'과 '두려움'의 감정을 동일선상에 놓았던 것이라든가, 천재란 "평온과 흥분이 교차되는 가운데 태어나고 성장하는" 존재라는 그의 말은 이러한 역설적인 맥락에서 이해해야 할 것이다.

3. 작품 소개

(1) 텍스트

1798~1799년에 워즈워스는 자신의 유년과 청년 시절을 주제로 하는, 두 부분으로 된 무운시를 썼다. 처음에 그는 여기에 제목을 붙이지 않았다. 이 시는 워즈워스가 콜리지에게 말하는 형식으로 되어 있었는데,

이 시를 본 콜리지가 이 작품을 워즈워스의 "신성한 자서전divine Self-biography"이라고 칭했다. 이 시는 일반적으로 '2부 서곡The Two-Part Prelude'으로 알려져 있다. 그런데 중요한 점은 워즈워스는 이 시를 출판도 하지 않았거니와 이렇게 부르지도 않았다는 것이다.

1801년에 워즈워스는 좀더 자세한 전기를 쓰게 되었고, 1803년 후반부터는 자신의 삶에 관한 무운시인 이 작품에 본격적으로 손을 대기 시작했다. 새로 쓰기 시작한 작품에, '2부 서곡'을 가져왔고, 새 작품은 5권, 8권의 구성을 거쳐 1805년에 마침내 13권으로 된 한 편의 장시, 『13권 서곡The Thirteen-Book Prelude』으로 완성된다. 워즈워스가 이 작품을 "내 마음의 성장the growth of my own mind"에 관한 시라고 자주 언급하기는 했지만, 이 시에도 제목을 붙이지 않았고, 출판도 하지 않았다. 1804년에 워즈워스는, "또 다른 작품이 씌어지고 출판되기까지" 이 시를 출판하지 않으리라고 선언한 바 있다. 이 또 다른 작품은 『은둔자The Recluse』를 뜻한다.

그때로부터, 워즈워스가 매우 중요한 작품을 출판하지 않고 있다는 소문이 파다했고, 심지어 존 윌슨John Wilson 같은 사람은 "워즈워스가 무슨 권리로 동시대인들에게 그러한 작품을 읽을 권리를 주지 않느냐"며 불평을 늘어놓기도 했다. 그러나 워즈워스 자신은 끊임없이 그 작품으로 돌아가 개정에 여념이 없었다. 1829년경에는 대폭 개정을 시도하여, 1832년에 제10권을 두 권으로 나누기까지 했고, 개정판이 완성된 1839년 무렵에는 개정을 거치지 않은 시행이 단 한 줄도 남아 있지 않을 정도였다. 이 최종 원고가 『14권 서곡The Fourteen-Book Prelude』으로 출판된다. 1850년에 이 시가 출판될 당시의 제목은 『서곡, 혹은 어느 시인의 마음의 성장; 자전적인 시 The Prelude, or Growth of a Poet's Mind; An Autobiographical Poem』였다.

현재 이 세 가지 텍스트가 모두 존재한다. 1799년의 텍스트는 다른 텍스트들에 비하여 내용이 빈약하기도 하거니와 그 내용이 개정판들에 다 포함되어 있다. 시인의 전성기라 할 수 있는 1805년의 텍스트가 많은 비평가들에 의해서 세 작품 중 '시적으로 가장 뛰어난 작품'으로 꼽힌다. 1850년 텍스트는, 오랜 시간의 개정 작업이 진행되는 과정에서 나이 든 시인의 변화된 사상으로 인해 대폭 손상을 입었다는 이유에서다. 그러나 이 번역을 위해서는 최종판인 1850년의 텍스트를 택하였다. 우선 최종판은 그 자체로 통일성이 있기도 하거니와, 무엇보다도 시인 자신이 무려 34년이라는 오랜 세월을 두고 개정한 그 노역을 과소평가해서는 안 되리라는 판단 때문이다. 이 작품은 결국 한 시인의 자전적 작품이다. 객관적인 잣대로 작품의 우수성을 평가하기에 앞서 시인이 세상을 향해 외치고 싶은, '나는 이렇게 올바르게 살았다'는 자기 정당화의 절규, 그 자체로 의미가 있고 존중받아 마땅하지 않을까. 작품의 평가는 어차피 독자 개개인의 몫이다.

(2) 무엇의 '서곡'인가?

워즈워스는 1814년에 출판된 『소요』의 서문에서, 이 시가 긴 명상 시 『은둔자』의 일부라는 것과, 이미 완성은 되었으나 아직 출판되지 않은 자서전적인 시(『서곡』을 공개적으로 처음 언급함)가 있는데 그 시도 이 원대한 계획의 일부라고 밝힌 바 있다. 그리고 앞서 지적했듯이, 『서곡』은 『은둔자』가 완성된 후에야 비로소 출판하게 될 것이라고 설명했다.

당초 워즈워스의 계획은 훗날 길이 남게 될 명작을 하나 쓰는 것이었기에, 그는 그 작업을 염두에 두고 자신이 그와 같은 역작을 쓸 만한 자질을 갖췄는지, 또는 자연과 교육을 통해 배운 것들이 과연 그의 성장에 얼마나 도움이 되었는지 하는 것들을 성찰하게 된다. 그러던 중 예비 작업으로 자신의 시적 능력의 근원과 발달과정을 되돌아보는 시를 쓰는 일에 착수하였으며, 종국에는 인간, 자연 그리고 사회를 아우르는 '철학적 시'를 한 편 쓰고, 거기에 '은둔자'라는 제목을 붙이기로 결심하게 된다. 예비 시는 전기적인 작품이 될 것이며, 저자의 마음의 성장을 다루되, 계획 중인 역작을 쓸 수 있을 정도로 충분히 성숙한 단계에 도달하는 시점까지 다룰 것이었다. 따라서 『서곡』은 워즈워스가 자신의 시적 역량을 가늠하기 위해서 쓰게 된 자아성찰적 작품으로서, 『은둔자』라는 거대한 건물의 현관에 해당하는 것이었다. 그러나 워즈워스는 끝내 그 철학적 시를 쓰지 못하고 죽었고, 이 작품만 남게 되었다. 워즈워스 사후에 출판된 이 시에 '서곡'이라는 제목을 붙인 사람은 그의 아내였다.

그런데 흥미롭게도 『서곡』은 워즈워스가 마침내 그 '철학적 시'를 쓸 준비가 되었다는 선언으로 끝나고, 이로써 이 시는 구조적으로 끝과 시작이 하나로 겹치게 된다. 이 시는, 시의 마지막에 도달하는 삶의 단계에 이미 와 있는 시인이 플래시백 기법으로 자신이 어떻게 그 시점까지 오게 되었는가 하는 과정을 다루는 시이기 때문이다. 그리고 이는 곧 이 시가 어떻게 탄생되었는가 하는 근원을 밝히는 시가 되는 것이므로, 결국 이 시는 『은둔자』의 서곡 이전에 그 자체의 서곡이 되는 셈이다.

(3) 19세기 유럽 낭만주의 문학의 이정표

『서곡』은 유럽 낭만주의 문학의 한 획을 긋는 작품으로서, 종교적 고백문학에 버금가는 세속적 고백문학의 한 형태, 다시 말해서 경건한 경험의 세속적 표현이라 할 수 있다. 산문에서 루소의 『고백록』이 있다면, 이 작품은 당대에 시로 쓴 유일한 고백록인 셈이다. 유럽 낭만주의 문학의 공통점이라 할 수 있는, 인간 마음의 신비한 속성에 매료되고 그것을 천착하는 과정이 이 시에서도 잘 드러난다.

일찍이 유럽의 낭만주의 작가들은 시, 희곡, 소설, 전기, 일기, 편지 등을 통해서 자의식의 심연과 절정을 탐색했다. 그 과정에서 어떤 이들은 상상력의 극치에 도달하여 환희를 맛보았던 반면, 다른 이들은 혼돈과 당혹감과 공포를 발견했으며, 이들 모두 고통이나 기쁨을 수용하는 능력에 있어서 보통 사람들을 훨씬 능가한다는 확신에 이르렀다. 인간의 마음은 모든 비극과 희극, 모든 역사의 현장이자, 타락과 구원의 역사가 끊임없이 변주되는 장소이다. 워즈워스의 "영웅적 주제heroic argument"는 바로 "나의 내면에서 일어나는 것What passed within me"이었고, 이 시는 그가, 이전의 어떤 영국 작가도 시도하지 않은 새로운 방식으로, 유아기에서 성인에 이르기까지의 자신의 마음의 행로를 기록할 언어를 찾아 떠나는 탐색의 여정이라고 해도 과언이 아니다.

이 시의 주관적 속성으로 인해 이 작품이 종종 지나치게 유아론적(唯我論的)이라는 혹평을 듣는 것도 사실이다. 그러나 이 시는, 유럽 사회가 프랑스혁명과 나폴레옹 전쟁의 소용돌이를 통해서 고통스럽게 극단적 자의식으로 치달았던 바로 그 시기에 서서히 자리 잡기 시작한 개인적 자의식의 기록이라는 점에서 유럽문학의 이정표라고 할 수 있다. 이 시는 희망이 새로이 싹트는 시대에 살아 있다는 것의 생생한 느낌의 기록인 동시에, 그 희망이 거짓된 것으로 판명된 후 잃은 것과 얻은 것이 무엇인지 분간해내고자 했던 하나의 시도인 것이다. 19세기를 통틀어 프랑스혁명이 유럽 낭만주의를 지배했고 큰 반향을 일으킨 것은 사실이다. 그러나 그 어떤 작품도, 당대의 한 개인의 희망과 좌절들을 기록하고, 또한 희망의 붕괴가 초래한 소용돌이를 적나라하게 드러내는 데 있어서 이 작품을 능가하지 못한다.

(4) 『서곡』

『서곡』은 당대에 새롭게 부상하기 시작했던 소설 장르의 '성장소설 Bildungsroman'과 '예술가 성장소설 Kunstlerroman'에 상응하는 시작품이다. 워즈워스 자신이 이 시를 가리켜 "내 마음의 성장"에 관한 시, 혹은 "나 자신의 시적 교육에 관한 시 a poem on my own poetical education"라고 말한 바 있다.

이 시는 처음부터 끝까지, 마치 가톨릭 신자가 신부에게 고해성사를 하듯, 워즈워스가 콜리지에게 말하는 형식을 띠고 있다. 그러나 콜리지는 현장에 없기에 시인의 말을 직접 들을 수 없는 청자였으므로(게다가 이 시가 출판된 1850년 무렵 콜리지는 이미 오래전에 죽은 사람이었다), 고독한 화자인 시인은 때로는 내적 독백을 하거나, 때로는 자연으로 시선을 돌려, 자연의 물체들과 대화를 나누는 형식을 취한다.

이 시의 구성은 연대순을 따르지 않았다. 워즈워스 생애의 시작점에서 시작되는 것이 아니라, 그가 그래스미어 골짜기를 찾아 떠나는 장면에서 시작된다. 이 장소는 이 시가 끝나는 시점에 시인이 정착했던 곳이다. 그가 골짜기를 찾아가는 이때 마침 부드러운 미풍이 불어오고, 그 바람은 시인의 내면에 그에 상응하는 창조적 미풍, 다시 말해서 예언적 영감을 일으킨다. 이로써 워즈워스는 시인으로서의 소명을 확신하게 되고, 이렇게 해서 씌어지게 되는 것이 바로 『서곡』이다. 시작 과정에서 시인은 이따금 상상력의 고갈을 겪게 되지만, 다시금 소생하는 바람이 불어와 시의 라이트모티프 역할을 한다.

워즈워스가 이야기하는 어린 시절은 과거 사실의 단순한 기록이라기 보다는 현재의 기억에 의해서 되살아나는 과거이다. 이렇게 기억에 의해

재생되는 과거에 의해서 "이전의 자아the former self"가 환기되는 동시에, 이전의 자아는 "변화된 현재의 자아the altered present self"와 나란히 공존한다. 문제는 이와 같은 두 가지 자의식 사이를 오가는 시인이, '순전한 과거의 회상'과 '이후의 명상에 의해 변화된 과거' 사이를 정확히 구분하지 못하고 종종 혼란을 일으킨다는 것이다. 그는 분리된 두 자아 사이의 지속적인 요소들을 찾으면서, ① 기억의 속성과 의미, ② 습관적이고 분석적인 행위에 익숙한 주변 환경에도 불구하고 신선한 감각과 "최초의 창조적 감수성first creative sensibility"을 유지할 수 있는 능력 그리고 ③ 변화무쌍하고 유한한 시간 세계에서 영원하고 지속적인 것들을 발견할 수 있는 가능성 등을 꾸준히 탐색한다. 이 시의 이야기가 실제의 연대순과 일치하는 경우는 매우 드물고, 그 대신 과감한 생략과 혼합을 거치거나 퇴행적으로 진행된다.

학자들은 『서곡』에 기록된 전기적 사실들의 진위 여부에 대하여 갑론을박하며, 불확실성, 부적합성, 부정확한 기억 등을 이 작품의 치명적 결함들로 지적한다. 그러나 제아무리 정확하게 기술한 자서전이라 할지라도 하나의 문학작품인 이상, 저자의 주관적 선택이나 판단에 좌우될 수밖에 없고, 따라서 어느 정도의 허구에서 자유로울 수는 없는 법이다. 특히 자서전에서 저자는 다른 누구보다도 자기 경험에 대한 권위를 갖기에 얼마든지 자신의 의도에 따라서 경험을 취사선택하거나 재배열할 수 있다. 더구나 "회상"이라는 행위와 그 결과를 강조하는 이와 같은 작품에서 기억 자체가 갖는 한계도 있을뿐더러, 기억하는 것과 기억의 내용을 적는 것은 별개의 행위인 것이다. 이 시에서도 기억은 시인으로 하여금 자신의 과거를 탐색하게 하는 동인으로서, 그의 존재에 관한 모든 구절들을 묶어주는 동시에, 설명할 수 없는 구원의 능력을 간직한 채 성인이 된 시인의 주변을 떠도는 경험의 순간들을 보유하고 부각시키는 힘으로 작용한다. 또한 시인은 작품의 의도적인 패턴을 압도하거나 전복할지도 모르는 기억들을 회피하기도 한다. 중요한 것은 『서곡』을, 전기적 사실과는 별개로 독립된 하나의 문학작품으로 평가해야 한다는 것이다.

특히 『서곡』에서 저자의 의도는, 주인공인 시인 자신을 예언자적 '거룩한 사명'을 감당하도록 신의 섭리에 의해 "선택받은 존재"로서 부상시키는 것이었다. 따라서 워즈워스의 삶의 경험들은 이 의도에 따라서 선택, 변경 또는 재배치되며 하나의 패턴을 이룬다. 물론 한 시인의 마음의 성장을 다룬 이 이야기에서 시인은 유한한 한 개인에 불과하다. 그러나 동시에 그는 '모든 희망이 사라진, 낙담과 우울과 절망의 시대'에 모든 인류에게 위로와 기쁨을 가져오도록 특별히 선별된 "시인-예언자poet-prophet"인 것이다. 따라서 그는 자신의 과거의 모든 경험을 동일하게 다루는 것이 아니라, 특수한 사명을 감당할 만한 시인으로 성장하는 데 있어서 '결코 잊히거나 상실되지 않는,' 의미 있고 중요한 경험들만 선별적으로 다룬다. 그리고 한 중요한 사건을 중심으로 자신의 삶의 이야기를 구성한다. 그 사건이 바로 그 자신뿐 아니라 당대의 모든 젊은 지식인들 사이에서 커다란 영적 위기로 인식되었던 프랑스혁명이다.

『서곡』은 크게 세 단계로 구성된다. 첫번째는 정신적 성장의 단계로서, 이것은 간헐적으로 방해를 받기는 하나, 지속적인 성장을 이루는 과정이다. 두번째 단계는 무기력과 절망이라는 정신적 위기로 인해 이 성장과정이 산산조각 나는 단계다. 그러나 세번째 단계에서 마침내 시인의 마음은 다시금 고결함을 회복하게 되고, 오히려 이전보다 더 발전된 위치에 이르게 된다. 고뇌와 절망의 시기를 거치는 동안 정신적 성숙의 단계에 도달한 것이다. 이로써 인간 삶에서 무수히 부딪치는 '고통과 상실과 슬픔이라는 부정적인 경험들을 어떻게 정당화할 것인가 하는, 이 작품 전체에 스며들어 있는 중요한 문제의 해답을 얻게 된다. 모든 삶의 경험은 바로 이해하기만 하면, 기쁨과 만족으로 귀결될 수 있는 것이다.

『서곡』의 또 다른 특징은 워즈워스가 "시점들spots of time"이라고 일컫는, 깨달음의 순간들이 반복적으로 등장한다는 것이다. 그중에서도 두 번의 계시의 순간은 이 시를 이해하는 중요한 열쇠가 된다. 그 첫번째는 워즈워스가 자신의 사명을 발견하는 순간이다. 케임브리지 시절에 그는 자신이 특별히 "선택된 아들a chosen Son"임을 인식하게 되고, 어느 여름 새벽 댄스파티가 끝나고 집으로 돌아가는 길에 자신이 "헌신된 영A dedicated Spirit"이 되어야 한다는 깨달음을 얻는다. 그러나 무엇을 위해서 선택되었으며, 또 무엇에 헌신해야 하는지는 아직 모른다. 프랑스혁명에 걸었던 기대가 산산조각이 난 후에야 그는 자신의 소명이 요란스러운 세속사회를 벗어나 고독하게 명상하는 시인-예언자가 되어 '새르운 형식의 새로운 시'를 쓰는 일임을 깨닫게 된다. 결국 워즈워스의 위기는 소위 '정체성의 위기'였고, 그가 이 땅에서의 소명을 발견하는 순간 그는 이 위기에서 벗어났던 것이다.

두번째 계시는 "스노든 산Mount Snowdon" 등정 순간에 찾아온다. 낮게 드리운 구름을 뚫고 산 정상에 올라서자마자, 달빛이 "섬광처럼" 풀밭 위로 내리꽂히는 것을 보게 된 그는 눈앞에 펼쳐진 모든 광경을 "강력한 마음의 완전한 이미지the perfect image of a mighty mind"로 파악한다. 이 순간 그는 "인간의 마음the mind of man"이 그의 노래의 주된 영역임과, 인간의 마음과 외적 세계와의 연합이 그의 시의 주요 주제임을 인식하게 된다. 이로써 이 계시의 순간은 시인이 비전을 성취하는 순간이 된다.

워즈워스는 시인으로서의 그의 마음의 성장을 기록한 자전적 작품인

이 시를 '인간에게 이르는 하느님의 길'을 설명하는 밀턴의 서사시, 『실낙원』과 비교한다. 본인 스스로 밀턴의 위대한 전통의 계승자로 자처했던 것이다.

작가 연보

1770	4월 7일, 코커머스Cockermouth에서 출생.
1771	코커머스에서 여동생 도러시Dorothy 출생.
1778	3월 8일, 어머니 앤 워즈워스Ann Wordsworth 사망.
1779	혹스헤드 그래머 스쿨Hawkshead Grammar School 입학.
	휴와 앤 타이슨Hugh & Ann Tyson 집에서 하숙.
1783	12월 30일, 아버지 존 워즈워스John Wordsworth 사망.
1785~86	현존하는 최초의 작품, 「혹스헤드 시절 수업 중에 쓴 습작 시Lines Written as a School Exercise at Hawkshead」(1785)와 훗날 「이스웨이트 골짜기The Vale of Esthwaite」로 발전하게 되는 시편들 습작.
1787	3월, 「가슴 아픈 이야기를 듣고 우는 헬렌 마리아 윌리엄스 양을 보며 쓴 소네트Sonnet, on Seeing Miss Helen Maria Williams Weep at a Tale of Distress」가 『유럽The European Magazine』지에 수록.
	10월, 케임브리지의 성 요한 대학St. John's College 입학.
1788~89	「저녁 산책An Evening Walk」 발표, 1793년에 출판.

1790	로버트 존스Robert Jones와 함께 프랑스와 알프스 도보 여행.
1791	1월, 학사 학위 수여. 스노든 산Mount Snowdon 등반.
	11월, 프랑스로 돌아가 파리에서 혁명의 열기를 목격.
1792	프랑스의 공화주의자, 미셸 보퓌Michel Beaupuy와 친교. 아네트 발롱Annette Vallon과 사랑에 빠짐.
	12월 15일, 아네트와의 사이에 딸, 앤 캐롤라인Anne Caroline 출생.
1793	1790년 알프스 도보 여행을 소재로 한 『서술적 소묘들Descriptive Sketches』 출판.
1794	도러시와 재회, 케스윅의 윈디 브라우Windy Brow, Keswick에 거주.
1795	레이슬리 칼버트Raisley Calvert에게서 9백 파운드의 유산 상속.
	런던의 급진주의자 모임에 자주 등장했고, 고드윈Godwin을 정기적으로 방문.
	8월, 브리스톨Bristol에서 콜리지Coleridge와 로버트 사우디Robert Southey 만남.
	도러시와 함께 도어셋Dorset의 레이스다운Racedown에 정착.
	「솔즈베리 평원 기행Adventures on Salisbury Plain」 집필.
1797	『변방 사람들The Borderers』 탈고. 콜리지와 더 가까이 지내고자 알폭스덴Alfoxden으로 이사.
	『폐허가 된 오두막 The Ruined Cottage』의 초고 완성.
1798	『폐허가 된 오두막』 완성.
	『서정담시집 Lyrical Ballads』 출판.
	도러시, 콜리지와 함께 독일 여행. 고슬라Goslar에서 겨울을 지나며 『서곡』의 토대가 되는 전기적 시를 집필.
1799	4월 말, 영국으로 귀국.

	12월, 그래스미어의 도브 코티지Dove Cottage로 이사.
1800	작품 활동이 가장 왕성하던 해. 『서곡』 초판의 제1권과 제2권, '『은둔자The Recluse』의 안내서Prospectus'를 포함한 『그래스미어 고향집Home at Grasmere』의 많은 부분, 『서정담시집』 제2판의 서문, 「마이클Michael」 등 다수 작품 완성.
1802	다수의 서정시 창작. 4월, 개정판 서문을 수록한 『서정담시집』 발행. 8월, 도러시와 함께 아네트와 캐롤라인 방문. 10월 4일, 메리 허친슨Mary Hutchinson과 결혼.
1803	첫 아들 존John 탄생. 8월 중순, 도러시, 콜리지와 함께 스코틀랜드 여행. 9월, 월터 스코트Walter Scott 경 만남.
1804	많은 창작 활동, 특히 『서곡』 집필에 몰두. 「의무에 부치는 송가Ode to Duty」와 『영혼불멸의 송가 Ode: Intimations of Immortality』 완성. 콜리지가 요양차 몰타 섬으로 떠남.
1805	2월, 선장이던 동생 존이 익사. 『서곡』 완성.
1806	『그래스미어 고향집』 완성. 병으로 수척해져 귀국한 콜리지에게 『서곡』을 읽어줌.
1807	『합본 시집 Poems in Two Volumes』 출판.
1808~09	도브 코티지에서 그래스미어의 다른 지역, 앨런 뱅크Allan Bank로 이사. 『신트라 회의 The Convention of Cintra』 출판.
1810	5월 12일, 아들 윌리엄William 출생. 오해로 인해 콜리지와 헤어지고 1812년에 관계 회복.

	『호수지역 안내서 Guide to Lakes』 초판을, 윌킨슨Wilkinson의 『컴벌랜드, 웨스트모어랜드, 랭커셔의 절경들 Select Views in Cumberland, Westmoreland and Lancashire』의 익명의 서문으로 출판.
1811~12	각각 3세와 6세였던 두 자녀, 캐서린Catharine과 토머스Thomas 사망.
1813	웨스트모어랜드 지역 우체국장으로 위촉.
	그래스미어를 떠나 라이들 마운트Rydal Mount로 이사, 거기서 여생 마침.
	『소요 The Excursion』 완성.
1814	『소요』 출판, 비평가들의 공격 받음. 스코틀랜드 여행.
1815	『라일스톤의 하얀 암사슴 The White Doe of Rylstone』 출판.
	비평적 서문을 붙인 최초의 『시 전집Collected Edition of Poems』 출판.
1816~19	콜리지의 『문학평전Biographia Literaria』(1817) 출판.
	각각 1806년과 1798년에 썼던, 『마부The Waggoner』와 『피터 벨Peter Bell』(1819) 출판.
1820	『더든 강 The River Duddon』 연작시 출판. 1790년에 갔던 유럽 지역들 재방문. 『시 전집』 증보판 출판, 1827, 1832, 1836년에 개정판 발행.
1822	『대륙 여행기Memorials of a Tour on the Continent』와 『교회사 소묘들Ecclesiastical Sketches』 출판.
1828	총애하던 딸 도라Dora와 콜리지와 함께 라인Rhine 지역 여행.
1831	스코틀랜드로 다시 여행. 월터 스콧 경을 마지막으로 봄.
1835	『다시 가본 야로Yarrow Revisited』 출판.
1837	프랑스와 이탈리아 여행.
1838	소네트 작품들을 한 권으로 엮음.
1839	『서곡』을 마지막으로 개정.
1842	『초기 시와 후기 시 전집Poems, Chiefly of Early and Late Years』 출판. 여기에

「솔즈베리 평원 기행」과 『변방 사람들』 같은 초기 작품의 개정본이 수록됨.

1843	로버트 사우디의 사망으로 계관시인이 됨.
1847	7월 9일, 도라가 42세로 사망.
1849	마지막 개정을 거친 『시 전집 Poetical Works』 최종본 출판.
1850	4월 23일 사망. 사후에 『서곡』 출판.

기획의 말

'대산세계문학총서'를 펴내며

　근대문학 100년을 넘어 새로운 세기가 펼쳐지고 있지만, 이 땅의 '세계문학'은 아직 너무도 초라하다. 몇몇 의미 있었던 시도에도 불구하고, 전체적으로는 나태하고 편협한 지적 풍토와 빈곤한 번역 소개 여건 및 출판 역량으로 인해, 늘 읽어온 '간판' 작품들이 쓸데없이 중간 되거나 천박한 '상업주의적' 작품들만이 신간 되는 등, 세계문학의 수용이 답보 상태에 머물러 있었음을 부인하기 힘들다. 분명한 자각과 사명감이 절실한 단계에 이른 것이다.

　세계문학의 수용 문제는, 그 올바른 이해와 향유 없이, 다시 말해 세계문학과의 참다운 교류 없이 한국문학의 세계 시민화가 불가능하다는 의미에서, 보다 근본적으로, 우리의 문화적 시야 및 터전의 확대와 그 질적 성숙에 관련되어 있다. 요컨대 이것은, 후미에 갇힌 우리의 좁은 인식론적 전망의 틀을 깨고 세계 전체를 통찰하는 눈으로 진정한 '문화적 이종 교배'의 토양을 가꾸는 작업이며, 그럼으로써 인간 그 자체를 더 깊게 탐색하기 위해 '미로의 실타래'를 풀며 존재의 심연으로 침잠하는 작업이라 할 수 있다.

　우리의 현실을 둘러볼 때, 그 실천을 위한 인문학적 토대는 어느 정도 갖추어진 듯이 보인다. 다양한 언어권의 다양한 영역에서 문학 전공자들이 고루 등장하여 굳은 전통이나 헛된 유행에 기대지 않고 나름의 가치 있는 작가와 작품을 파고들고 있으며, 독자들 또한 진부한 도식을 벗어나 풍요로운 문학적 체험을 원하고 있다. 새롭게 변화한 한국어의 질감 속에서 그 체험이 이루어지기를 바라는 요청 역시 크다. 그러므로 필요한 것은 어쩌면 물적 토대뿐일지도 모른다는 판단이 우리를 안타깝게 해왔다.

이러한 시점에서, 대산문화재단의 과감한 지원 사업과 문학과지성사의 신뢰성 높은 출간을 통해 그 현실화의 첫발을 내딛게 된 것은 우리 문화계의 큰 즐거움이 아닐 수 없다. 오늘의 문학적 지성에 주어진 이 과제가 충실한 결실을 맺을 수 있도록, 우리는 모든 성실을 기울일 것이다.

'대산세계문학총서' 기획위원회

대산세계문학총서

001-002 소설	**트리스트럼 샌디**(전 2권) 로랜스 스턴 지음 | 홍경숙 옮김
003 시	**노래의 책** 하인리히 하이네 지음 | 김재혁 옮김
004-005 소설	**페리키요 사르니엔토**(전 2권)
	호세 호아킨 페르난데스 데 리사르디 지음 | 김현철 옮김
006 시	**알코올** 기욤 아폴리네르 지음 | 이규현 옮김
007 소설	**그들의 눈은 신을 보고 있었다** 조라 닐 허스턴 지음 | 이시영 옮김
008 소설	**행인** 나쓰메 소세키 지음 | 유숙자 옮김
009 희곡	**타오르는 어둠 속에서/어느 계단의 이야기**
	안토니오 부에로 바예호 지음 | 김보영 옮김
010-011 소설	**오블로모프**(전 2권) I. A. 곤차로프 지음 | 최윤락 옮김
012-013 소설	**코린나: 이탈리아 이야기**(전 2권) 마담 드 스탈 지음 | 권유현 옮김
014 희곡	**탬벌레인 대왕/몰타의 유대인/파우스투스 박사**
	크리스토퍼 말로 지음 | 강석주 옮김
015 소설	**러시아 인형** 아돌포 비오이 까사레스 지음 | 안영옥 옮김
016 소설	**문장** 요코미쓰 리이치 지음 | 이양 옮김
017 소설	**안톤 라이저** 칼 필립 모리츠 지음 | 장희권 옮김
018 시	**악의 꽃** 샤를 보들레르 지음 | 윤영애 옮김
019 시	**로만체로** 하인리히 하이네 지음 | 김재혁 옮김
020 소설	**사랑과 교육** 미겔 데 우나무노 지음 | 남진희 옮김
021-030 소설	**서유기**(전 10권) 오승은 지음 | 임홍빈 옮김
031 소설	**변경** 미셸 뷔토르 지음 | 권은미 옮김
032-033 소설	**약혼자들**(전 2권) 알레산드로 만초니 지음 | 김효정 옮김
034 소설	**보헤미아의 숲/숲 속의 오솔길** 아달베르트 슈티프터 지음 | 권영경 옮김
035 소설	**가르강튀아/팡타그뤼엘** 프랑수아 라블레 지음 | 유석호 옮김

036 소설	**사탄의 태양 아래**	조르주 베르나노스 지음	윤진 옮김
037 시	**시집**	스테판 말라르메 지음	황현산 옮김
038 시	**도연명 전집**	도연명 지음	이치수 역주
039 소설	**드리나 강의 다리**	이보 안드리치 지음	김지향 옮김
040 시	**한밤의 가수**	베이다오 지음	배도임 옮김
041 소설	**독사를 죽였어야 했는데**	야샤르 케말 지음	오은경 옮김
042 희곡	**볼포네, 또는 여우**	벤 존슨 지음	임이연 옮김
043 소설	**백마의 기사**	테오도어 슈토름 지음	박경희 옮김
044 소설	**경성지련**	장아이링 지음	김순진 옮김
045 소설	**첫번째 향로**	장아이링 지음	김순진 옮김
046 소설	**끄르일로프 우화집**	이반 끄르일로프 지음	정막래 옮김
047 시	**이백 오칠언절구**	이백 지음	황선재 역주
048 소설	**페테르부르크**	안드레이 벨이 지음	이현숙 옮김
049 소설	**발칸의 전설**	요르단 욥코프 지음	신윤곤 옮김
050 소설	**블라이드데일 로맨스**	나사니엘 호손 지음	김지원·한혜경 옮김
051 희곡	**보헤미아의 빛**	라몬 델 바예-인클란 지음	김선욱 옮김
052 시	**서동 시집**	요한 볼프강 폰 괴테 지음	안문영 외 옮김
053 소설	**비밀요원**	조지프 콘래드 지음	왕은철 옮김
054-055 소설	**헤이케 이야기**(전 2권)	지은이 미상	오찬욱 옮김
056 소설	**몽골의 설화**	데. 체렌소드놈 편저	이안나 옮김
057 소설	**암초**	이디스 워튼 지음	손영미 옮김
058 소설	**수전노**	알 자히드 지음	김정아 옮김
059 소설	**거꾸로**	조리스-카를 위스망스 지음	유진현 옮김
060 소설	**페피타 히메네스**	후안 발레라 지음	박종욱 옮김
061 시	**납**	제오르제 바코비아 지음	김정환 옮김
062 시	**끝과 시작**	비스와바 쉼보르스카 지음	최성은 옮김
063 소설	**과학의 나무**	피오 바로하 지음	조구호 옮김
064 소설	**밀회의 집**	알랭 로브-그리예 지음	임혜숙 옮김
065 소설	**훙까오량 가족**	모옌 지음	박명애 옮김
066 소설	**아서의 섬**	엘사 모란테 지음	천지은 옮김
067 시	**소동파 사선**	소동파 지음	조규백 옮김
068 소설	**위험한 관계**	쇼데를로 드 라클로 지음	윤진 옮김

069 소설	**거장과 마르가리타** 미하일 불가코프 지음	김혜란 옮김
070 소설	**우게쓰 이야기** 우에다 아키나리 지음	이한창 옮김
071 소설	**별과 사랑** 엘레나 포니아토프스카 지음	추인숙 옮김
072-073 소설	**불의 산**(전 2권) 쓰시마 유코 지음	이송희 옮김
074 소설	**인생의 첫출발** 오노레 드 발자크 지음	선영아 옮김
075 소설	**몰로이** 사뮈엘 베케트 지음	김경의 옮김
076 시	**미오 시드의 노래** 지은이 미상	정동섭 옮김
077 희곡	**셰익스피어 로맨스 희곡 전집** 윌리엄 셰익스피어 지음	이상섭 옮김
078 희곡	**돈 카를로스** 프리드리히 폰 실러 지음	장상용 옮김
079-080 소설	**파멜라**(전 2권) 새뮤얼 리처드슨 지음	장은명 옮김
081 시	**이십억 광년의 고독** 다니카와 슌타로 지음	김응교 옮김
082 소설	**잔지바르 또는 마지막 이유** 알프레트 안더쉬 지음	강여규 옮김
083 소설	**에피 브리스트** 테오도르 폰타네 지음	김영주 옮김
084 소설	**악에 관한 세 편의 대화** 블라디미르 솔로비요프 지음	박종소 옮김
085-086 소설	**새로운 인생**(전 2권) 잉고 슐체 지음	노선정 옮김
087 소설	**그것이 어떻게 빛나는지** 토마스 브루시히 지음	문항심 옮김
088-089 산문	**한유문집—창려문초**(전 2권) 한유 지음	이주해 옮김
090 시	**서곡** 윌리엄 워즈워스 지음	김승희 옮김